Essen und Trinken zwischen Ernährung,
Kult und Kultur

Felix Escher, Claus Buddeberg (Hrsg.)

Essen und Trinken zwischen Ernährung, Kult und Kultur

vdf Hochschulverlag AG an der ETH Zürich

Interdisziplinäre Vortragsreihe der Eidgenössischen Technischen
Hochschule Zürich und der Universität Zürich

Sommersemester 2001

Bibliografische Information Der Deutschen Bibliothek
Die Deutsche Bibliothek verzeichnet diese Publikation in der
Deutschen Nationalbibliografie; detaillierte bibliografische
Daten sind im Internet über http://dnb.ddb.de abrufbar.

Reihe Zürcher Hochschulforum, Bd. 34
© 2003
vdf Hochschulverlag AG an der ETH Zürich
Alle Rechte der Verbreitung vorbehalten

Coverabbildung: Andy Warhol, Big Torn Campbell's Soup Can
(Vegetable Beef), 1962 © Pro Litteris, 2003, 8033 Zürich

ISBN 3 7281 2797 3
www.vdf.ethz.ch

Inhaltsverzeichnis

FELIX ESCHER UND CLAUS BUDDEBERG
7 Vorwort

HANS J. NISSEN
9 Essen und Trinken im alten Vorderen Orient. Von den Jägern und Sammlern zur ersten städtischen Kultur

JAKOB TANNER
27 Modern Times: Industrialisierung und Ernährung in Europa und den USA im 19. und 20. Jahrhundert

UWE SPIEKERMANN
53 Demokratisierung der guten Sitten? Essen als Kult und Gastro-Erlebnis

FELIX ESCHER
85 Lebensmittelverarbeitung – Von der Empirie zur Wissenschaft

ULRICH KELLER UND ROBIN A. CHANDA
111 Einfluss der Ernährung auf die Gesundheit in der Schweiz

VOLKER PUDEL
121 Psychologie des Essens

BARBARA BUDDEBERG-FISCHER
139 Epidemiologie und Prävention von Störungen des Essverhaltens

VINZENZ HEDIGER
159 Vom Zuschauen allein wird man nicht satt. Zur Darstellung von Essen und Trinken im Film

PETER VON MATT
179 «Nichts unbändiger doch denn die Wut des leidigen Magens».
Not und Glück des Essens in der Literatur. Von Homer bis
Brecht.

PIERRE BÜHLER
197 «Für Spys und Trank...»: biblisch-christlicher Umgang
mit Essen und Trinken

CHRISTOPH ASENDORF
217 Essen und Trinken in der Kunst der Moderne

241 Autorinnen und Autoren

Vorwort

Die Aufnahme von Nahrung stellt die biologische Grundlage dar, um uns am Leben zu erhalten und uns zu besonderen Leistungen zu befähigen. Essen und Trinken gehen aber weit über diese rein physiologische Funktion hinaus. Sie sind existentiell im weitesten Sinne unseres Daseins und damit unabdingbar verknüpft mit unserer kulturellen Basis. Essen und Trinken werden damit zum Kulturthema schlechthin.

Für die Probleme unserer gegenwärtigen Ernährungssituation – Übersättigung und Fehlernährung in den gut oder überversorgten Teilen der Welt, Mangelernährung und Hunger in weiten Gebieten der Entwicklungsländer – werden mit grossen Anstrengungen Lösungen gesucht. Agrar-, Lebensmittel- und Ernährungswissenschaften beschäftigen sich mit den weltweiten Fragestellungen der «Filière agro-alimentaire» von der naturwissenschaftlichen Seite her. Der naturwissenschaftliche Ansatz allein genügt allerdings nicht. Auch der Einbezug der ökonomischen und politischen Dimension, deren Berücksichtigung sich im Zusammenhang mit Ernährungsfragen sofort aufdrängt, wird die Sicht einseitig lassen. Erst mit der Berücksichtigung der historischen Entwicklung der Ernährung, des religiösen Hintergrundes von Essensregeln, der Darstellung von Essen und Trinken in Literatur, bildender Kunst und Film und vieler weiterer Aspekte wird es möglich sein, sich dem Kulturthema Essen in der nötigen Breite zu nähern.

Die interdisziplinäre Veranstaltungsreihe Uni-ETH des Sommersemesters 2001, aus welcher der vorliegende Band hervorgegangen ist, versuchte, einen Beitrag zum Kulturthema Essen zu leisten und Perspektiven der Ernährung und unserer Beziehung zum Essen und Trinken abzustecken. Die Vorlesungsreihe umfasste in vier Blöcken die kultur- und wissenschaftshistorischen Aspekte, die aktuellen Problemkreise von Ernährung und Gesundheit, die Auseinandersetzung der Literatur, der bildenden Kunst, des Films und der Religion mit Ernährung und Essen sowie die Ernährungsökonomie und -politik. Da nur zwölf Vorlesungstermine zur Verfügung standen, konnte der ganze Themenkreis natürlich nicht umfassend und in allen Teilen ausgewogen angegangen werden. Die elf Beiträge zu den ersten drei Blöcken erscheinen in diesem Band, auf die Herausgabe des einzigen Vortrags zum vierten Themenkreis musste verzichtet werden.

Wir danken der Autorin und den Autoren für die angenehme Zusammenarbeit bei der Redaktion ihrer Vorträge. Ein ganz besonderer Dank gebührt Heidy Sigrist, Institut für Lebensmittel- und Ernährungswissenschaften der ETH. Sie hat zunächst die Vortragsreihe administrativ massgeblich unterstützt und sodann die Herausgabe des Buches mit grossem Einsatz und umsichtig begleitet. Angelika Rodlauer vom vdf Hochschulverlag danken wir für die Unterstützung bei der Herausgabe des Bandes. Schliesslich danken wir dem Kraemer-Fonds des Departements für Agrar- und Lebensmittelwissenschaften der ETH für einen finanziellen Beitrag an die Realisierung des Buchprojektes.

Zürich, im Oktober 2002
Felix Escher, Claus Buddeberg

Hans J. Nissen

Essen und Trinken im alten Vorderen Orient
Von den Jägern und Sammlern zur ersten städtischen Kultur

Es gibt kaum etwas Trivialeres als die Feststellung, dass Essen und Trinken, also die Aufnahme von Nahrung in fester und flüssiger Form, zu den Grundlagen allen Lebens, also auch des menschlichen Lebens, gehört. Ausser im Schlaraffenland fliegen dem Menschen aber keine gebratenen Tauben ins Maul, sondern er muss sich selbst um die Beschaffung der Nahrung bemühen. Als Allesfresser steht ihm zwar eine grosse Bandbreite der umgebenden Natur als potentielle Nahrung zur Verfügung, doch gibt es zeitliche und räumliche Einschränkungen, die die Nahrungsbeschaffung zu einem mühsamen, zeitraubenden Geschäft machen. Im langen Zeitraum, in dem der Mensch sich seine Nahrung aus der Natur aneignete, war es für ihn daher von unschätzbarem Vorteil, sich in Gegenden aufzuhalten, die von der Landschaftsform und vom Klima her die besten Möglichkeiten dafür boten, dass sich diese Beschränkungen so gering wie möglich hielten.

Die stärkste Beschränkung ging von den jahreszeitlichen Schwankungen des pflanzlichen Angebots aus, da fast alle Pflanzen in einen jahreszeitlichen Rhythmus eingebunden sind, der vom Keimen über das Blühen und die Reife bis zum Absinken in eine längere Ruhepause führt, aus der heraus mit dem Keimen der nächste Zyklus wieder beginnt. Mit Ausnahmen ist aus diesem Zyklus meist nur ein kurzer Abschnitt für die Nahrungsbeschaffung interessant, die Phase der Reife, die zur Ernte genutzt werden kann. Dieser Zeitraum der Nahrungsaneignung lässt sich verlängern, da innerhalb desselben Standortes der Zeitpunkt der Reife für die einzelnen Pflanzen sehr verschieden sein kann und sich diese Unterschiede auch für ein und dieselbe Pflanze am Unterschied des Standortes festmachen können.

Das bedeutet, dass sich in einer Region mit klimatisch und landschaftlich gleichen Bedingungen – wir nennen das ein Ökotop – die Reifezeiten der verschiedenen Pflanzen so aneinanderreihen oder überlappen können, dass ausreichende Möglichkeiten zur Nahrungsbeschaffung über einen grösseren Teil des Jahres gegeben sind. In der Regel bleibt jedoch eine längere oder kürzere Phase übrig, in der die Natur keine oder nur wenige essbaren Pflanzen zur Verfügung stellt.

Dieser Beschränkung ist nur mit gezielten Anstrengungen beizukommen. So können infolge von Unterschieden in Temperatur, Höhe oder in der Häufigkeit und Menge der Niederschläge die Reifezeiten bzw. der gesamte Zyklus beispielsweise in einer niedrig gelegenen Ebene mit hohen Temperaturen und geringen Niederschlägen anders liegen als in einem hoch gelegenen Gebirgstal mit niedrigen Temperaturen und reichlichen Niederschlägen – um nur zwei extreme Situationen zu nennen. In günstigen Fällen können sich solche Ökotope solcherart ergänzen, dass sich Reife- und Ruhezeiten verschränken. Mit der Bewegung von einem Ökotop in ein anderes kann der Mensch daher die jahreszeitliche Beschränkung eines Ökotops überwinden.

Solche Wanderungen sind in der Frühzeit wohl die Regel gewesen, wobei sich mit der Zeit Kenntnisse über besonders günstige Standorten festsetzten, die dann in kürzeren oder längeren Zeitabständen immer wieder aufgesucht wurden. Eine recht späte Entwicklung mag dann zu festliegenden Wanderzyklen geführt haben, in denen der Aufenthalt in bestimmten, sich ergänzenden Ökotopen jahreszeitlich wechselte.

Der andere Weg besteht in der Anlage von Vorräten, das heisst im Sammeln von Nahrung über den aktuellen Bedarf hinaus während der Zeit der Reife, und der Aufbewahrung dieses Überschusses, um damit die Zeit der Ruhepause zu überstehen.

Dies ist der Weg, der eingeschlagen werden muss, wenn das Verbleiben an ein und derselben Stelle über das ganze Jahr für erstrebenswert gehalten wird – was offenbar als ein Grundzug des Menschen angesehen werden kann. Voraussetzung ist, dass am jeweiligen Aufenthaltsort die Natur so üppig ist, dass ausreichende Mengen über den täglichen Bedarf hinaus geerntet werden können. Zweitens müssen dort Pflanzenarten heimisch sein, deren Früchte eine längere Lagerungszeit überstehen, und eine dritte Voraussetzung ist schliesslich die Kenntnis von Möglichkeiten und Techniken dieser Lagerung. Letztere gliedert sich noch einmal auf in die Kenntnis der äusserlichen Möglichkeiten der Lagerung, also Behälter aller Art, und zum anderen die Kenntnis, wie bestimmte Nahrungsmittel länger lagerbar gemacht werden können. Dieser letztere Weg soll im Folgenden anschaulich gemacht werden, da er zur frühesten städtischen Kultur hinführt, zum im Titel genannten Endpunkt der hier zu behandelnden Zeitspanne.

Um dieser Entwicklung nachzugehen, eignet sich keine Region besser als der alte Vordere Orient, weil hier in fast idealer Weise einige der skizzierten Voraussetzungen vorhanden waren. Dabei soll der Vordere Orient als Ganzes keineswegs aus den Augen verloren werden, doch werden die Beispiele der folgenden Skizze vorrangig die einander benachbarten Regionen des Euphrat-Tigris-Tieflandes – des heutigen Irak – und des östlich davon gelegenen Hochlands des Westiran mit dem Gebirgszug des Zagros betreffen.

Der Grund für diese Auswahl liegt darin, dass sich hier auf engstem Raum die verschiedenen Landschaftsformen, Höhen und Niederschlagsbedingungen vereint finden, die einzeln und in Kombination für die frühen Entwicklungen besonders förderlich waren. Das beginnt mit den äusserlichen Bedingungen: Dicht nebeneinander liegen weite Flächen auf oder knapp über dem Meeresspiegel und Höhen bis 4000 Meter; wir finden alle Grössen von Ökotopen von der grossen Schwemmebene von Euphrat und Tigris, der kleineren der Flüsse Karun und Kerkha im heutigen Khuzestan über kleine Ebenen im Vorland oder im Gebirge bis zu engen Bergtälern; dicht nebeneinander liegen ebenfalls Gebiete, in denen nie genug Regen für einen geregelten Pflanzenwuchs fällt, und Bereiche, in denen mit einem mittleren Niederschlag von 600 mm pro Jahr die Grenze um das Dreifache des Nötigen überschritten wird; und ebenso benachbart sind Gebiete, die wie die Region um Basra eine der heissesten Gegenden der Erde sind, und Bereiche des ewigen Schnees im Zagrosgebirge.

So gibt es hier auf kleinem Raum eine Vielzahl der genannten Möglichkeiten, durch Wanderung in ein benachbartes Territorium den jahreszeitlichen Beschränkungen zu entgehen. Die Wege sind relativ kurz, und aufgrund der klimatischen Bedingungen und der Böden sind alle diese verschiedenen Ökotope fruchtbar. Frühe Gruppen fanden hier nicht nur ihr Auskommen und konnten sich durch Wanderungen den natürli-

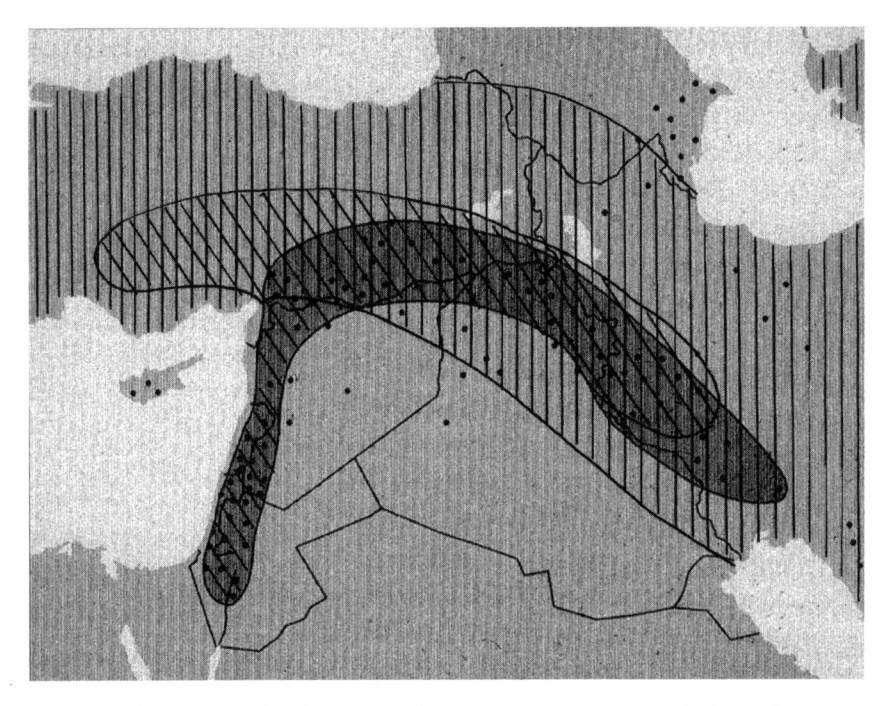

Abb. 1 Verbreitung der Wildformen von Gerste (dunkelgrau und Punkte), Erbsen (schräg schraffiert) und Schaf (senkrecht schraffiert) im Vorderen Orient. Zeichnung des Autors unter Verwendung von (8), Figs. 4–13; 4–17 und 4–24.

chen Beschränkungen entziehen, sondern vermutlich haben die günstigen Wachstumsbedingungen schon früh die Anlage von Vorräten ermöglicht.

Dazu trug vor allem bei, dass die bergigen Teile des Vorderen Orients die Heimat von Wildformen von Pflanzen waren, die sich nicht nur leicht domestizieren liessen, sondern deren Früchte sich für eine längere Aufbewahrung eignen. Hier sind die Wildformen von Gerste und Weizen verbreitet, aber auch von Hülsenfrüchten wie Erbsen und Linsen.

Getreidekörner sind durch Spelzen mit einem natürlichen Schutz versehen, um sie am vorzeitigen Keimen zu hindern; sie eignen sich also gut zur kurzzeitigen Lagerung ohne weitere Massnahmen. Insbesondere aber wenn sie darüber hinaus unter weitgehendem Luft- und Lichtabschluss erfolgt, ist eine recht lange Lagerung möglich. Da wilde Getreidestände so dicht sein können, dass aus dem Sammeln Vorräte angelegt werden können, war unter bestimmten Voraussetzungen das Verweilen an einem Ort über das ganze Jahr – was wir als Sesshaftigkeit bezeichnen – allein aufgrund der aneignenden Lebensweise möglich. So dürfte zu erklären sein, dass wir immer mehr Fälle von Dörfern aus fest gebauten Häusern – sicheres Anzeichen von Sesshaftigkeit – aus Zeiten vor der Nahrungserzeugung antreffen.

Der Vollständigkeit halber sei hinzugefügt, dass die Nahrung natürlich nicht nur aus Getreide und Hülsenfrüchten bestand, sondern auch andere Pflanzen und vor allem Baumfrüchte aller Art umfasste, sodann auch Fleisch, Milch und Milchprodukte aus der beginnenden Tierhaltung – nur dass die genannten Dinge schwer nachzuweisen sind.

Überhaupt sind die Anfänge der Tierhaltung kaum festzumachen. (11) Die Jagd spielte selbstverständlich zu allen Zeiten eine grosse Rolle, wie auch die zahlreichen Knochenfunde in den frühen Lagerplätzen und den Siedlungen zeigen. Aber Knochen als einziges Anzeichen für die Tierverwertung lassen erst dann Veränderungen, die auf eine bewusste Tierhaltung deuten, erkennen, wenn der Prozess der Domestikation schon eine ganze Weile im Gange war. Die Veränderung des Hornquerschnitts bei Ziegen, die als das beste Kriterium zur Unterscheidung zwischen wilden und domestizierten Tieren dieser Gattung gilt, hat sich erst geraume Zeit nach der Domestizierung so ausgebildet, dass sie feststellbar ist. Wie bei den Pflanzen besteht auch bei der Tierwelt die ungemein günstige Ausgangslage, dass hier die Heimat solcher Arten liegt, die sich besonders dafür eigneten, den Bedürfnissen des Menschen zu dienen: Rind, Schaf, Ziege und Schwein wurden den Bedürfnissen des Menschen angepasst, sie wurden «domestiziert» und bildeten fortan einen wichtigen Teil der Nahrungspalette des Menschen. «Domestizieren» bedeutet in diesem Zusammenhang, dass einige der Tiere und Pflanzen auf die Versuche des Menschen, sie seinen Bedürfnissen anzupassen, mit höheren Erträgen antworten oder anderen für den Menschen günstigen Eigenschaften.

Beispiele sind die Herauszüchtung des Wollschafes und diejenige der sechszeiligen Gerste. Das Wildschaf hat ein der Ziege vergleichbares Kleid aus langen, harten Haaren. Unter diesem Kleid findet sich dicht an der Haut ein Wollvlies, das jedoch normalerweise durch die Haardecke am Wachsen gehindert wird. Vermutlich über eine Mutante mit geringem oder fehlendem Haarkleid gelang die Herauszüchtung des Wollschafes.

Bei der Züchtung der sechszeiligen Gerste haben wir es zwar mit einem Phänomen zu tun, das vermutlich erst in die Zeit der vollsesshaften Lebensweise gehört, das aber hier als Beispiel für die günstige Ausgangslage dienen soll. Die normale, wilde Gerste weist an der Ähre zwei Reihen von Körnern auf, sie ist zweizeilig. Unter den ursprünglichen Formen gab es jedoch eine sechszeilige Mutante, die also an jeder Ähre sechs Reihen von Körnern besass. Wann ein gezielter Prozess einsetzte, diese Variante herauszuzüchten, ist nicht bekannt; bekannt ist aber, dass die Gerste, die wir aus den Gebieten mit früher künstlicher Bewässerung kennen, der sechszeiligen Form angehört. Nachzüchtungsversuche des dänischen Botanikers Hans Helbaek haben gezeigt, dass die Zahl der Mutationen signifikant steigt, wenn sich die äusseren Wachstumsbedingungen ändern, wie das bei künstlicher Wasserzufuhr geschieht. (3) Die «Herauszüchtung» der sechszeiligen Gerste war dann ein fast natürlicher Vorgang.

Für die Frühphase der beginnenden Sesshaftigkeit und der beginnenden Domestikation ist allgemein die Vorstellung verbreitet – und so wurde es auch in der Wissenschaft lange gesehen –, dass die lange Zeit der Nahrungsaneignung relativ rasch in die Phase überging, in der Mensch seine Nahrung selbst produzierte. Diese Auffassung wird am besten illustriert durch das Schlagwort der «Neolithischen Revolution», das der britische Prähistoriker V. Gordon Childe in den 50er Jahren prägte, um diesen Wechsel zu fassen, dem er völlig zu recht die wichtigste Rolle bei der Ausbildung der gegenwärtigen menschlichen Gesellschaft zuwies. (1) Uns Heutigen scheint die sesshafte und Nahrung produzierende Lebensweise von so grossem Vorteil, dass wir meinen, auch in der damaligen Zeit müsse der Übergang von der aneignenden zur produzierenden Lebensweise als wesentlicher Fortschritt gesehen worden sein. Nach einem Anfang hätte man alles darangesetzt, sich möglichst schnell mit Hilfe der Nahrungserzeugung von den Unberechenbarkeiten der Natur zu lösen.

Die Forschungen der letzten 30 Jahre haben jedoch das Bild entstehen lassen, dass dies ein jahrtausendelanger Prozess war, in dem die jeweiligen Anteile von angeeigneter zu produzierter Nahrung wechselten. Zwar wird am Ende der Gesamtentwicklung fast die gesamte Nahrung selbst produziert, aber wir kennen zwischendurch auch Beispiele, dass nach einer Phase eines relativ hohen Anteils von produzierter Nahrung eine Phase folgt, in der die Nahrung hauptsächlich gesammelt und gejagt wurde.

Da wir davon auszugehen haben, dass der Mensch extrem konservativ ist und nur unter Zwang zu Veränderungen zu bringen ist, vermuten wir, dass nur wenn sich die herkömmlichen Methoden der Nahrungsgewinnung als unzureichend erwiesen, die arbeitsintensiveren Methoden der Nahrungsproduktion eingesetzt wurden. Beide Weisen der Beschaffung bestanden daher längere Zeit nebeneinander; (8), Fig. 5–9.

Auch die Vorstellung, dass Sesshaftigkeit und Domestikation von Tier und Pflanze ungefähr zur gleichen Zeit auftraten, hat sich geändert, insofern als wir heute feste Siedlungen aus dem so genannten akeramischen Neolithikum, also dem 8./7. Jahrtausend, kennen, in denen die Nahrung hauptsächlich oder zu einem grossen Teil aus der Aneignung stammte. Dabei gehen wir davon aus, dass Siedlungen mit Häusern, deren Mauern aus behauenen, in Mörtel verlegten Steinen bestehen, eine Dauersesshaftigkeit signalisieren. Dauersesshaftigkeit ist also keineswegs an die umfassende Produktion von Nahrung gebunden.

Siedlungen dieser Entwicklungsstufe der gemischten Nahrungsbeschaffung finden wir vor allem in topographisch kleinteiligen Gebieten, in denen das Angebot von wilden Tieren und Pflanzen möglichst breit ist, also das Potential besteht, sich notfalls allein aus der Aneignung ernähren zu können. Siedlungen dieser Zeit finden wir insbesondere in den Bergen Palästinas, im Taurus und im Zagros. Sie liegen weit auseinander, um dadurch die für die Nahrungsaneignung nötigen grossen Schweifbereiche zu gewährleisten. Dies trägt gleichzeitig dazu bei, Nachbarschaftskonflikte zu vermeiden.

Mit Dauersesshaftigkeit und Domestikation von Tier und Pflanze sind im 7./6. Jahrtausend also die Grundlagen für die weitere Entwicklung gelegt, die letztlich zu den Formen einer städtischen Gesellschaft führt. Noch aber ist mit den Möglichkeiten der Mischwirtschaft, in der je nach äusseren Zwängen zwischen der aneignenden und der produzierenden und sicher auch zwischen der vollsesshaften und der nichtsesshaften Lebensweise gewechselt werden konnte, nicht der Schritt getan, der in der Folgezeit quasi zwanghaft zu städtischen Formen hinführte.

Gegründet auf die immer besseren Erfahrungen und die grössere Sicherheit im Pflanzenanbau und in der Tierhaltung, die die Zahl von Fehlschlägen und damit die Notwendigkeit des Ausweichens auf die Aneignung begrenzen, beginnen die Menschen im 6./5. vorchristlichen Jahrtausend ihren Siedlungsraum in die für einen Anbau interessanteren Ebenen auszudehnen. Diese waren vorher weitgehend ausgespart geblieben, weil die dort sehr viel schmalere Bandbreite von Tier- und Pflanzenarten sowie die erschwerte Erreichbarkeit von andersartigen Ökotopen die Möglichkeit des Ausweichens nicht in gleicher Weise geboten hatten.

Mit der Besiedlung grösserer Ökotope begibt sich der Mensch allerdings in einen «goldenen Käfig»: Der Preis für bessere bzw. sicherere Subsistenzmöglichkeiten ist, dass man Fehlschlägen nun nicht mehr durch Ausweichen in die andere Art der Nahrungsbeschaffung beikommen kann, sondern der einzige Weg führt über eine Intensivierung und Absicherung der Anbaumethoden; eine Umkehr ist nun ausgeschlossen. Aber der «goldene Käfig» erweist sich noch an anderer Stelle als Falle. Da nun der erweiterte Schweifbereich um die Siedlung nicht mehr benötigt wird, kann der für die Nahrungsbeschaffung nötige Einzugsbereich um eine Siedlung kleiner werden, und damit können Siedlungen näher aneinander rücken. Damit wird allmählich der Intimbereich um eine Siedlung kleiner, mit der Folge der Entstehung eines Konfliktpotentials zwischen benachbarten Siedlungen. Auch auf dieser Ebene ist es nun nicht mehr möglich, Konflikten – die es sicher vorher auch schon gab – durch räumliche Trennung zu begegnen, sondern es wurde nun vermehrt nötig, Regeln zur Konfliktvermeidung oder Konfliktregelung zu entwerfen.

Die folgende Zeit ist durch konstante Versuche angefüllt, mit diesen Problemen fertig zu werden, wobei drei Komponenten sich gegenseitig vorantrieben: die Landwirtschaft wurde intensiviert; dadurch konnten immer grössere Ebenen in den Siedlungsraum einbezogen werden; die Intensivierung der Landwirtschaft, dann auch durch künstliche Wasserzufuhr, liess die Fläche, die für die Ernährung eines Menschen nötig war, immer mehr schrumpfen, so dass die Siedlungen immer näher aneinander rücken konnten; und drittens musste dadurch das Regelwerk immer dichter und umfassender werden, das einerseits dem Konfliktmanagement diente, andererseits aber auch erst das Funktionieren grösserer Siedlungssysteme mit zentralen Siedlungen ermöglichte.

Das relativ grobe Raster der paläobotanischen und paläozoologischen Untersuchungen lässt uns einstweilen keine Veränderungen der Ernährungsgrundlage und der Ernährungsgewohnheiten erkennen, obwohl wir davon ausgehen müssen, dass die Umstellung von der aneignenden zur produzierenden Lebensweise eine Verengung der Bandbreite der verzehrten Tiere und Pflanzen mit sich brachte – eine einfache Schlussfolgerung daraus, dass sich aus dem gesamten Spektrum der essbaren Tiere und Pflanzen nur ein kleiner Teil zum Anbau und zur Haustier- bzw. Herdenhaltung eignete. Der Hauptanteil der verzehrten Nahrung stammte also von immer weniger Arten von Tieren und Pflanzen. Eine weitere Verengung des Nahrungsspektrums dürfte in der Vorratswirtschaft zu suchen sein, da sich nicht alle zum Anbau genutzten Arten in gleicher Weise für die Vorratshaltung eignen.

Die klimatischen Verhältnisse im Vorderen Orient liessen es leider ausser in extremen Ausnahmesituationen nicht zu, dass organisches Material, also auch Speisereste, erhalten blieben. Wegen dieser eingeschränkten Forschungsmöglichkeiten und der vorher genannten systematischen Behinderungen bleibt das Bild merkwürdig und unrealistisch einheitlich für die auf das Neolithikum folgenden Jahrtausende. Erst mit dem Auftreten der Schrift ändert sich unsere Informationslage wenigstens etwas. Aber damit sind wir bereits am Ende des 4. vorchristlichen Jahrtausends und voll in der Anfangsphase der ersten städtischen Kultur bzw. eigentlich schon an deren Ende.

Diese Phase verbindet sich vor allem mit dem Namen der alten Stadt Uruk im heutigen Südirak. Nachdem die versumpfte und von Überschwemmungen heimgesuchte Schwemmebene von der Mitte des 4. Jahrtausends an infolge einer leichten Klimaverschiebung in grossem Massstab besiedelbar und besiedelt wurde, wuchs eine der wenigen schon seit dem 5. Jahrtausend existierenden Siedlungen innerhalb kurzer Zeit zu einer Stadt an, die um 3200 eine Fläche von mindestens 2_ Quadratkilometern bedeckte und eine Einwohnerzahl zwischen 20'000 und 50'000 hatte. Mit Unterbrechungen wurde die Stadt Uruk scit 1913 auf grosser Fläche untersucht und erbrachte besonders reichhaltige Informationen für die Zeit des ausgehenden 4. Jahrtausends. (6)

Das beginnt mit einer relativ guten Kenntnis der öffentlichen Architektur – von der privaten wissen wir so gut wie nichts –, geht über gute Informationen über die Wirtschaftsverwaltung bis in die Bereiche der Gross- und Kleinkunst.

Innerhalb eines von einer eigenen Mauer gegen das Stadtgebiet abgetrennten Bereiches finden sich eine Reihe von zum Teil sehr grossen Bauten, die eindeutig öffentlichen Charakter haben, auch wenn wir die Funktionen im Einzelnen nicht benennen können. Die grössten dieser Bauten mit 36 x 82 m Ausdehnung wurden früher als Tempel bezeichnet, während man in neuerer Zeit mit Kult- oder Versammlungsbauten eher den Aspekt der Multifunktionalität betont. Zu dieser Beurteilung trägt das Bild bei, das uns ein Text in der in dieser Zeit entstandenen Schrift bietet.

Diese Liste mit insgesamt 120 Titeln, Beamten- und Berufsbezeichnungen ist eine von mehreren solchen Listen, in denen Wörter und Begriffe einer Bedeutungsklasse zusammengefasst wurden (7; 110 ff.). Möglicherweise haben sie schon bei der Formulierung des Schriftssystems eine Rolle gespielt; in jedem Fall haben sie dem Schreibunterricht gedient. Entsprechend kennen wir sie in zahlreichen genau gleichen Abschriften aus derselben Zeit, aber sie wurden auch über lange Jahrhunderte immer wieder mit der genau gleichen Reihenfolge der Einträge abgeschrieben, bis in Zeiten hinein, in denen sich Schrift und Sprache schon erheblich weitergebildet hatten und man diese Listen bzw. die einzelnen Einträge eigentlich gar nicht mehr verstand.

Dem letztgenannten Umstand verdanken wir einen der Hauptschlüssel zum Verständnis der vorliegenden Liste, denn im 12. vorchristlichen Jahrhundert, also 2000 Jahre nach der Abfassung des alten Textes, wurde ein Wörterbuch angelegt, das alte, nicht mehr verständliche Wörter – unter anderem auch aus unserem Text – in die dann üblichen Begriffe übersetzte. Dort ist der erste Eintrag unserer Liste übersetzt mit dem dann normalen Wort für «König». Die dann im alten Text zunächst folgenden Zeilen sind uns eher verständlich, denn sie sind mit einem Zeichen kombiniert, das für Leiter oder etwas Ähnliches steht. Damit verbunden sind Bezeichnungen für «Recht», «Stadt», «Gerste», «Pflug» und «Arbeitskräfte», so dass wir frei übersetzt den «Leiter der Rechtsabteilung», den «Leiter der Stadtverwaltung», den «Leiter der Gerste (d.h. Nahrungs-) Verwaltung», den «Leiter der Pflüger» und den «Leiter der Arbeitskräfte» (bzw. ihres Einsatzes) erhalten. Hier wird uns offenbar die Aufgliederung einer Verwaltung in verschiedene Abteilungen mit bestimmten Verantwortlichkeiten vorgeführt.

Das gerade Erwähnte hat eigentlich nichts mit unserem Thema zu tun, soll aber hauptsächlich die gesellschaftliche Komplexität dieser Zeit herausstreichen – was noch ergänzt werden kann um eine Reihe von Dingen, die wir zum ersten Mal aus dieser Zeit kennen. Nur kurz soll das quasi unvermittelte Auftauchen grösserer Kunst in dieser Zeit genannt werden, was nur so zu erklären ist, dass eine Zeit, die auf so vielen Gebieten Neues bringt, vorher unbekannte Energien auch auf künstlerischem Gebiet freisetzte. Zu nennen sind ebenfalls Neuerungen auf technologischem wie arbeitstechnischen und arbeitsorganisatorischem Gebiet, wie zum Beispiel die Einführung der Töpferscheibe oder des Schleifrades zur Herstellung von Mustern in Stein, Werkzeuge, deren schnelle Rotation durch die Erfindung der Achslagerung möglich wurde.

Auch eine weitere Neuerung dieser Zeit, das Rollsiegel, soll nur kurz erwähnt werden, insofern als es eine Antwort auf verstärkte Kontrollanforderungen einer Wirtschaftsverwaltung darstellt, die mit dem früher üblichen Stempelsiegel nicht mehr auskommt. Siegeln kam in diesem Bereich eine grosse Bedeutung zu, weil mit ihrer Hilfe aus Ton gebildete Verschlüsse von Behältern aller Art nicht nur «versiegelt» werden konnten, sondern mit Hilfe der zahlreichen individualisierten Muster auch die Verantwortlichkeit festgestellt werden konnte.

Das Rollsiegel gehört daher als ein Kontrollinstrument der Wirtschaft in die gleiche Kategorie wird die schon mehrmals erwähnte Schrift, die hauptsächlich der Aufzeichnung von Daten der Wirtschaftsverwaltung diente; 80% unserer Texte gehören in diese Sparte. Die Schrift setzt die Reihe von Formen der Informationsspeicherung fort, die in älterer Zeit aus tönernen Zählmarken zur Speicherung von Zahlen oder Mengen und Stempelsiegeln zur Speicherung der Information über Personen bestanden hatte. Vor dem Auftauchen der Schrift ist an verschiedenen Stellen versucht worden, die Effizienz dieser älteren Methoden zu verstärken, bis am Ende die Schrift als die Methode steht, die alle Probleme beantwortet, auf die die früheren Versuche eine Antwort geben wollten: Probleme, die offenbar daraus entstanden waren, dass eine zentrale Wirtschaftsverwaltung so komplex geworden war, dass die herkömmlichen Methoden der Kontrolle nicht mehr ausreichten.

Somit ist die Schrift als intelligentes Mittel der Informationsspeicherung als Endpunkt einer langen Entwicklungsreihe anzusehen; gleichzeitig markiert sie allerdings als eines der wichtigsten Kulturinstrumente auch den Beginn einer langen Entwicklung. Als Instrument des kulturellen Ausdrucks hat es dann aber noch ein paar hundert Jahre gedauert, bis die Schrift so aus- und umgebildet wurde, dass das geschrieben werden konnte, was *wir* als die kulturelle Konnotation von Schrift verstehen.

Über der Schilderung der verschiedenen Aspekte dieser frühen städtischen Phase habe ich mein eigentliches Thema vernachlässigt; doch diente diese Übersicht der Begründung, warum wir erwarten sollten, dass sich zu dieser Zeit unsere Möglichkeiten verändern, dem Thema Essen und Trinken nachzugehen

Die Hoffnung gründet sich darauf, dass ungefähr 4000 Tontafeln und Fragmente Wirtschaftsgüter behandeln, bei denen es in grossem Masse um Nahrungsmittel geht. (2) Man sollte also meinen, dass man zu Aussagen über die Palette der damals üblichen Nahrungsmittel gelangen könnte. Dass dies nicht in erhofftem Umfang möglich ist, liegt u.a. an der systematischen Beschränkung dessen, was man in diesen Texten überhaupt erwarten kann, denn es kann sich bei den aufgeführten Gütern nur um solche handeln, die in den Bereich der zentralen Wirtschaftsverwaltung und ihrer Speicher gelangen, die also gelagert werden konnten. Eine ganze Reihe von Nahrungsmitteln sind somit in den Texten gar nicht zu erwarten. Dennoch sind Aussagen möglich, die über das hinausgehen, was ohne Texte ausgesagt werden könnte.

Die Nahrungsmittel, die uns am häufigsten in den Texten begegnen, sind Gerste und Dinge, die aus Gerste hergestellt sind. Gerste ist das Grundnahrungsmittel und gut lagerbar und macht in späterer Zeit, wenn schriftliche Nachrichten ausführlicher sind und wir sie besser verstehen, den grössten Teil der Naturalien aus, mit denen die Beschäftigten grosser Wirtschaftsbetriebe «bezahlt» wurden. Auch wenn wir nicht sicher sein können, gehen wir von ähnlichen organisatorischen Strukturen in der Zeit der ersten städtischen Blüte aus. Vermutlich bildete der Zentralbereich von Uruk einen solchen grossen Wirtschaftsbetrieb, der im Sinne eines «oikos» sämtliche Wirtschaftsbereiche unter einem Dach vereinigte und entsprechend über eine grosse Anzahl von Beschäftigten aller Berufe und aller Ebenen gebot.

Leider sind Individualzuweisungen nicht aktenkundig – oder sie sind für uns noch nicht erkennbar, so dass uns auch keine Informationen bekannt sind, was sonst noch zu den Rationen gehörte. Vermutlich enthielten diese aber auch in der Zeit der Archaischen Texte wie später eine Zuteilung von Bier, so dass die uns erhaltenen verschiedenen Texte über die Herstellung grösserer Mengen Bier in diesen Zusammenhang gehören. Leider sind diese keine Rezepte, die uns ein Nachbrauen gestatten würden, aber wir erfahren aus ihnen, dass hierzu verschiedene Gersteprodukte wie Malz und Gerstenschrot benötigt wurden, wohl auch etwas, was wir mit Bierbrot bezeichnen und offensichtlich zur Fermentation nötig war. In solchen Texten werden die Ausgangsmaterialien zusammenrechnet, die nötig sind, verschiedene Mengen von bis zu acht verschiedenen Arten von Bier herzustellen, wobei der Unterschied im verschiedenen Verhältnis der Ausgangsmaterialien Malz und Schrot lag. Offenbar ergab dies unterschiedliche Geschmacksrichtungen (7; 42–46).

Über Pflanzen hören wir sonst erstaunlich wenig, was aber dem Umstand zuzuschreiben ist, dass sich Gemüse und anderes Grünzeug nicht zur Lagerung eignet und vermutlich auf individueller Basis in Gärten gezogen wurde. Ausnahmen könnten Zwiebeln und Knoblauch sein, die, wie wir aus späteren Texten wissen, dann in grossen Mengen auf Feldern angebaut und wohl auch gelagert wurden; doch tauchen die entsprechenden Schriftzeichen in den Archaischen Texten nur selten auf.

Mehr ist über tierische Produkte bekannt, wobei es unserer Zeit vorbehalten ist, hier hauptsächlich an Fleisch zu denken. In den meisten älteren agrarischen Gesellschaften standen im Bereich der tierischen Nahrungsmittel jedoch Milch und Milchprodukte im Vordergrund, so auch in der hier behandelten Zeit, wie schon daraus hervorgeht, dass wir kein Wort bzw. Zeichen für Fleisch kennen. Vermutlich stecken jedoch hinter diesem Fehlen z.T. auch systematische Gründe, wie z.B. dass Fleisch eben nicht als Fleisch, sondern im Lebendzustand zugeteilt wurde. Das relativ häufige Vorkommen von Schweinen könnte ein weiteres Indiz dafür sein, dass Fleisch eine Rolle bei der Ernährung spielte, denn Schweine liefern keine andere Nahrung ausser ihrem Fleisch; «relativ häufig» bezieht sich im übrigen nicht nur auf das Vorkommen in den Verwaltungstexten, sondern darauf, dass unter den Listen eine mit 58 Schweinebezeichnungen ist. Dies sind keine verschiedenen Schweinerassen, sondern vermutlich alle Arten, wie Schweine in Verwaltungstexten vorkommen können; also ein-, zwei, dreijährige, ein-, mehrfarbige neben verschiedenen Arten, die wir aber (noch) nicht identifizieren können.

Das bisweilen genannte Tierprodukt Milch ist allerdings nicht gerade ein Stoff, der lange gelagert werden kann, und so nimmt es kein Wunder, dass Milch nur in kleinen Mengen auftaucht und noch dazu in Texten, deren Bedeutung im Verwaltungsgang wir nicht einschätzen können. Die Mengen an Produkten wie auch an Tieren sind viel zu klein, um für eine grössere Verwaltung eine Rolle spielen zu können. Auch ist unklar, an wen oder von wem diese Dinge an- oder ausgeliefert wurden. Deutlich häufiger sind jedoch Produkte aus Milch, wie Milchfett oder Käse, also Produkte, bei denen durch eine bestimmte Behandlung eine längere Haltbarkeit erreicht wurde. Milchfett muss etwas Ähnliches wie Butterschmalz gewesen sein, das durch Ausschmelzen der ebenfalls nicht lange haltbaren Butter gewonnen wird.

Das bei weitem haltbarste Milchprodukt aber ist Käse. In einem Abschnitt einer der vorhin erwähnten lexikalischen Listen über Nahrungsmittel fällt eine leider stark beschädigte Folge von 13 Zeilen auf, deren Einträge, soweit erhalten, alle mit dem allgemeinen Zeichen für Käse enden. Leider lässt uns nichts auch nur erahnen, welche Unterschiede dahinter stecken. Also lässt sich auch nicht beweisen, dass es sich um eine frühe Form von Emmentaler handeln müsse, wie ein Witzbold aus dem Loch abzuleiten versuchte, das das Zentrum des Zeichens markiert. Auch dass dieses Loch immer gleich gross ist, kann nicht zum Nachweis dienen, dass man damals eine Technik beherrscht habe, die Löcher im Käse immer gleich gross sein zu lassen, worum man sich heute mit grossem Aufwand vergeblich bemüht.

Wenn man schon im Zeichen einen Nachklang einer naturalistischen Form sehen möchte, dann ist der Vorschlag von Herrn Kollege Teuber von der ETH realistischer, dass ein Loch in solchen Käsestücken dazu gedient haben könnte, sie an einer Schnur zum Trocknen aufzuhängen. Im übrigen müssen die Stücke recht klein gewesen sein, denn in einem Text, der verschiedene Tierprodukte, wie Milch, Milchfett, aber auch Wolle, Leder und Dung (vermutlich zum Brennen), aufführt, ist von 18'120 Stück Käse die Rede.

Abb. 2 Verwaltungstext der Zeit um 3000 v. Chr. aus Uruk; 84 x 73 mm. Genannt werden verschiedene Tierprodukte, unter anderem 18'120 Stück Käse (3. Kolumne, 2. Fach). Das Zeichen für Käse ähnelt einem grossen X mit kreisförmiger Vertiefung im Schnittpunkt der beiden Linien. Wegen der Beschädigung ist die Funktion des Textes nicht zu bestimmen. Foto: Margret Nissen.

Neben der Herdenhaltung von Rind, Schaf, Ziege und Schwein hat auch Fischen und Jagen eine grössere Rolle gespielt. Zu nennen ist hier insbesondere die Fischerei, die nach dem Vorkommen von Fisch in den Archaischen Texten einen grossen Teil der Nahrung ausgemacht haben muss. Wir kennen sogar mehrere Zeichen für Fisch, die allerdings vermutlich nicht als Bezeichnung für verschiedene Fischarten zu verstehen sind, sondern für die verschiedenen Arten, wie Fisch konserviert wurde. Denn es verwundert sehr, dass Fisch als leicht verderbliche Ware in den Verwaltungstexten als Ein- oder Ausgabe erscheint, also mindestens einige Tage Lagerung aushalten musste. Wir müssen daher zwingend annehmen, dass Fisch konserviert wurde, bevor er in den Kreislauf der zentralen Verteilung kam. Hierauf könnte eines der Zeichen für Fisch deuten, das einen aufgeklappten Fisch darstellt, der vermutlich gleich nach dem Fang ausgenommen und getrocknet wurde.

Die zur Zeit der frühen Stadtbildung – und der frühen Schrift – zum Teil versumpfte, vor allem von vielen Wasserläufen durchzogene Schwemmebene hielt ausser Wildschweinen und Geflügel nicht allzu viel Jagdwild bereit. Wie zu vermuten, taucht in den Texten der Zentralverwaltung das Wildschwein nur selten auf, aber wir kennen Wildschweine von Abbildungen auf Rollsiegeln. Geflügel kennen wir sowohl aus Abbildungen als auch aus den Texten, wiederum leider ohne dass wir die verschiedenen Arten benennen könnten. In den Verwaltungstexten kommt relativ häufig das Zeichen für Ei vor, meist mit einem dazugesetzten vereinfachten Vogelzeichen. Wir können also damit rechnen, dass auch Eier zur Nahrung gehörten.

Damit sind wir allerdings leider am Ende unserer Informationen über das Essen angelangt. Wie ich schon zuvor bemerkte, hat uns die Existenz von schriftlichen Nachrichten nicht den Informationszuwachs gebracht, den man sich hätte erhoffen können. Eigentlich wird uns nur das bestätigt, was man aus archäobotanischen und archäozoologischen Untersuchungen wissen konnte. Die Vermutung, dass mit einer gewissen Verfeinerung der städtischen Lebensart auch eine Verfeinerung der Esskultur einhergegangen sein könnte, muss eine Vermutung bleiben.

Dazu nur eine Beobachtung, die auf unterschiedliche Esskulturen bzw. Ernährungsgewohnheiten deuten könnte. Die Ausgrabungen des kleinen Ortes Hacinebi in der Südosttürkei ergaben, dass sich innerhalb einer lokal-anatolischen Siedlung des ausgehenden 4. vorchristlichen Jahrtausends eine Enklave befand, die in ihrer materiellen Kultur starke Beziehungen zu Südmesopotamien zeigt. In unserem Zusammenhang ist von Interesse, dass sich die Unterschiede auch in der unterschiedlichen Präferenz von pflanzlicher Nahrung festmachen sowie in unterschiedlichen Schlachtpraktiken, wie sie sich an den unterschiedlichen Schlachtmarken an den Tierknochen zeigen. (10) Offensichtlich gab es also dezidierte Unterschiede in Nahrungswahl und Nahrungszubereitung zwischen der einheimischen und der fremden Bevölkerung. Da die Untersuchungen noch im Gange sind, ist aber noch nicht absehbar, ob mit der südmesopotamischen Herkunft möglicherweise eine verfeinerte Küche verbunden ist.

Zum Thema Trinken lässt sich leider noch weniger sagen, ausser dass alkoholische Getränke in Form mehrerer Sorten Bier verbreitet waren. Von Wein ist keine Rede in den Texten, obwohl in einer Liste von Baum- und Strauchnamen der Weinstock an ziemlich vorderer Stelle erscheint.

Wenn schon jede Art der Vorratshaltung zum Überstehen der nahrungsarmen Jahreszeit – auch auf der Ebene der Familie bzw. Kleingruppe –, eine gewisse Vorbehandlung erforderte, um Nahrungsmittel über ihre natürliche Verfallszeit hinaus zur Verfügung zu halten, so ist dies umso mehr zu vermuten für die aus den Texten ablesbare Form der redistributiven Wirtschaft. Selbst wenn die Umschlagszeit, also die Zeitspanne von der Gewinnung über die Einlieferung in die zentralen Speicher bis zur Ausgabe und zum schliesslichen Erreichen des Endverbrauchers, sehr kurz gehalten wurde – was eher unwahrscheinlich ist –, wird sie noch mehrere Tage umfasst haben und ist damit auf jeden Fall länger als die Verfallszeit der meisten der erwähnten Nahrungsmittel. In den meisten Fällen dürfte die Lagerzeit erheblich länger gedauert haben.

Worin möglicherweise solche neuen Techniken der Vorbehandlung bestanden, wissen wir nicht, auch nicht, zu welchem Zeitpunkt eine neue Wirtschaftsform deren Einführung erfordert haben könnte. Leider sind uns in keinem Fall Bauten oder Vorrichtungen archäologisch bekannt, die dieser Lagerung dienten, die vielleicht durch ihre spezielle Form oder Anlage noch einige Informationen beitragen könnten.

Da auf der anderen Seite in Uruk leider auch keine Wohnhäuser ausgegraben worden sind, ist uns auch die Möglichkeit verwehrt, aus Vorratsräumen, Kochstellen oder ähnlichen Einrichtungen auf der Ebene der Endverbraucher bessere Nachrichten einzuholen. Gerade hier könnte durch zukünftige Grabungen und paläobotanische und paläozoologische Untersuchungen unsere Kenntnis erheblich erweitert werden. Aus den schriftlichen Nachrichten wird vermutlich nie sehr viel mehr herauszuholen sein, da unser Thema völlig ausserhalb der Interessensphäre der Bürokraten und Schreiber lag.

Unter dem Strich bleiben die Ergebnisse etwas mager, zumal wenn man erwartet haben sollte, dass sich mit der frühen städtischen Phase unsere Erkenntnismöglichkeiten erheblich vergrössert hätten. So bleibt nur die erstaunliche Erkenntnis, wie wenig wir über einen der wichtigsten Bereiche der menschlichen Existenz wissen. Aus der zum Teil aus systematischen Gründen eingeschränkten Informationslage kann daraus allzu leichtfertig das Bild von unseren Tag für Tag Gerstebrei mampfenden Altvorderen entstehen. Doch mindestens zu den zahlreichen Festen gab es mit Sicherheit darüber hinaus eine ganze Reihe von Gaumenfreuden. Aber das wird uns wohl für die hier angesprochene Frühzeit für immer verborgen bleiben.

Literatur

Der allgemeine Kontext findet sich ausführlicher in den Titeln (4), (5) und (9) dargestellt. Die übrigen Titel enthalten Informationen zu besonders angesprochenen Details. Zur erweiterten Lektüre sei vor allem auf die ausführliche, nach Themen gegliederte Bibliographie in (5) hingewiesen.

(1) Childe, V. G., 1952: New Light on the Most Ancient East, London.
(2) Englund, R. K., 1998: Texts from the Late Uruk Period. Orbis Biblicus et Orientalis 160/1, Freiburg (Schweiz)/Göttingen.
(3) Helbæk, H., 1969: Plant Collecting, Dry Farming and Irrigation Agriculture in Prehistoric Deh Luran, in: F. Hole et al. (Hrsg.): Prehistory and Human Ecology of the Deh Luran Plain, Ann Arbor 383–426.
(4) Nissen, H. J., 1988: The Early History of the Ancient Near East, 9000–2000 B.C., Chicago.
(5) Nissen, H. J., 1999: Geschichte Alt-Vorderasiens, München (mit 58 Seiten Bibliographie).
(6) Nissen, H. J., 1999: Uruk – eine Grossstadt des 4. Jahrtausends v. Chr., in: W. Seipel, A. Wieczorek (Hrsg.): Von Babylon bis Jerusalem, Mannheim, Band 2, 189–221.
(7) Nissen, H. J., P. Damerow, R. K. Englund, 1993: Archaic Bookkeeping, Chicago.
(8) Redman, C. L., 1978: The Rise of Civilization, San Francisco.
(9) Roaf, M. D., 1991: Weltatlas der Kulturen: Mesopotamien, München.
(10) Stein, G., J. Nicola, 1996: Late Chalcolithic Faunal Remains from Hacinebi, American Journal of Archaeology 100, 257–260.
(11) Vigne, J.-D., M. Mashkour (Hrsg.), 2000: Les débuts de l'élevage au Proche- et Moyen-Orient, Paléorient 25,2.

Jakob Tanner

Modern Times: Industrialisierung und Ernährung in Europa und den USA im 19. und 20. Jahrhundert

Als Charlie Chaplin 1936 seinen Film *Modern Times* herausbrachte, wirkte noch immer die Krisenstimmung nach, die durch die Grosse Depression der frühen 1930er Jahre ausgelöst wurde. Um so komischer musste die Rationalisierungswut, die in diesem Stummfilmstreifen aufs Korn genommen wird, beim Publikum angekommen sein. Filme hatten damals generell eine starke Ausstrahlung. Die Zwischenkriegszeit war die grosse Zeit des Kinos – des Kinos als eines Fabrikationsraums von Traumwelten und Massenaffekten, als eines Orts der Produktion emotionaler Energien, eines Laboratoriums für Experimente mit dem kollektiven Unbewussten. Die bewegten Bilder versetzten die Gefühle der Menschen in Bewegung, konfrontierten sie mit Wünschen und Begehren, mit Ängsten und Horrorbildern.

Modern Times ist – gemessen an der Trivialität vieler Hollywood-Streifen, die damals auf den Markt kamen – ein anspruchsvolles Opus. Das Räderwerk, in das der Protagonist gerät und das ihn fortgesetzt in gefährliche Lebenslagen bringt, weist eine eigentümliche Ambivalenz auf: In der «grossen Maschine», die diesen Film zum Spektakel machte, war nämlich sowohl das Versprechen auf eine Demokratisierung des materiellen Wohlstandes wie auch die Drohung einer Herabstufung des Menschen zum blossen Fortsatz der Technik angelegt. Vermassung und Individualisierung gehen somit Hand in Hand.

Chaplins Film bezieht seinen Witz aus der Sperrigkeit des Einzelnen, der zur Quelle permanenter Störungen im effizienzgetrimmten, durchrationalisierten Kontinuum der fliessbandgestützten Massenproduktion wird. Unvergesslich sind die slapstickartigen Szenen, die sich um das Essen drehen. Bei der Mahlzeit sind Maschine und Mensch schlecht aufeinander abgestimmt, so dass einiges, im wahrsten Sinne des Wortes, daneben geht. Die Lehre, die wir – wenn wir denn etwas lernen möchten – aus dem Film ziehen können, ist die: Ordnung schafft immer auch Unordnung, die Rationalisierung erzeugt Widerständigkeit, es gibt keine Systeme ohne Störung und die Industrialisierung der Menschen stösst auf Grenzen.

Industriegesellschaftliche Normalität und Angst vor dem Wahnsinn

Charlie Chaplins sarkastisch-ironische Vision einer fliessbandbeherrschten Welt war durchaus weitsichtig. In den vergangenen Jahren war sie auf eine besondere Art zum «blutigen Ernst» geworden. Nach der Devise: «La réalité dépasse la fiction» erlebten wir im Frühjahr 2001 die rationelle Beseitigung der Kadaver mechanisch geschlachteter Tiere im Millionenmassstab. Die drastischen Abwehrmassnahmen gegen die hochinfektiöse Maul- und Klauenseuche (MKS)[1] trieben das Plansoll für die Massentötungen allein in Grossbritannien auf über sechs Millionen Tiere hinauf. Bei drei Vierteln davon handelte es sich um Schafe, daneben waren vor allem Rinder und Schweine betroffen. Die meisten dieser Kreaturen waren wahrscheinlich (noch) gesund – doch der Verdacht, sie könnten bereits Träger des heimtückischen Virus sein, genügte, um ihrem Dasein ein vorzeitiges und abruptes Ende zu bereiten. Die Tiertötungsmaschinerie verlief indessen nicht ohne Stockungen. Vor allem bei der Entsorgung machten sich Probleme bemerkbar. Die britische Regierung räumte schon bald Schwierigkeiten beim Abtransport und bei der Vernichtung der Hekatomben toter Tierkörper ein. Der damalige Agrarminister Nick Brown sprach indessen nicht ohne einen gewissen Stolz vom «bisher umfangreichsten logistischen Manöver zu Friedenszeiten». Die Wahl der Worte zeigt, dass man sich in einer Art Krieg gegen die Natur, oder, besser, gegen die industrialisierte, verwissenschaftlichte, kulturalisierte Natur befand.

Die Schlachtordnung, welche die industrielle Zivilisation gegen die Invasion der unsichtbaren Feinde, gegen die Viren und, im Falle von BSE, gegen die Prionen aufgebaut hat, verursachte emotionale Erschütterungen und politische Proteste. Probleme, die üblicherweise ausserhalb des Gesichtsfeldes der Konsumentinnen und Konsumenten liegen, wurden nun visualisiert und massenmedial multipliziert. Zeitungen, Illustrierte, Fernsehen und Internet verbreiteten geradezu apokalyptische Bilder: schwarze Wolken, die bei Kadaververbrennungen in den Himmel stiegen, und Schwertransporter, die Tausende von toten Tieren in riesige, desinfektionsmittelbesprühte Abfallgruben beförderten. Gegen den präventiven Kahlschlag des Tierbestands Tausender Betriebe, die das Pech hatten, sich im Umfeld von auftretenden MKS-Erkrankungen zu befinden, wurde – vor allem von bäuerlicher, aber auch von wissenschaftlicher und tierschützerischer Seite – Einspruch erhoben. Vor allem um die alternative Option einer Impfung spielten sich erratische Kontroversen ab, wobei sich ein langfristiger Präventionsgedanke und kurzfristige Vermarktungszwänge in die Quere kamen. Denn bei der Bekämpfung der Maul- und Klauenseuche ging es weniger um den Schutz der Gesundheit der Menschen als um landwirtschaftspolitische Strukturbereinigungen. Die Vorgehensweise entspricht auch einem ökonomischen Kalkül. Sie ist eine Reaktion auf das hohe Produktivitätsniveau der Milchwirtschaft und der Überkapazitäten im Agrarsektor der Europäischen Union. Noch bis zum Zweiten Weltkrieg wären in allen europäischen Ländern Bauern nicht auf die Idee gekommen, ihre Viehbestände wegen der MKS zu liquidieren. Die von der Seuche erfassten Tiere gaben anschliessend zwar weniger Milch – aber das Fleisch liess sich durchaus ohne gesundheitliche Risiken verzehren. Noch bis in die 1960er Jahre hinein war in der Schweiz und in anderen europäischen Ländern die Durchseuchung von erkrankten Rindern und Kühen verbreitet. Doch die Entwicklung der darauf folgenden Jahrzehnte liess eine solche Haltung zum Anachronismus werden. Zum einen konnten sich nun Bauernfamilien eine Ertragsreduktion bei ihren Hochleistungskühen immer weniger leisten, wenn sie an der allgemeinen Einkommenssteigerung im Agrarsektor partizipieren wollten. Zum andern gab es sowieso zu viel Fleisch, und insbesondere die BSE-Krise der Jahre nach 1996 hatte innerhalb der EU zu überfüllten Gefrierhäusern geführt. So mussten nun die Tiere weg.[2]

Die massenmediale Repräsentation der MKS, die zwischen Schock und nüchterner Beschreibung schwankte, fügte sich gut in ein bereits bekanntes Dispositiv ein, das auf Gefahrenabwehr und Risikomanagement im Ernährungsbereich ausgerichtet ist. Nach einer ganzen Kette von kleineren Skandalen und verunsichernden Meldungen hatte BSE 1996 eine erste breite Debatte ausgelöst. Auch damals stand Grossbritannien im Epizentrum eines medialen Erdbebens, welches das Vertrauen weiter Bevölkerungskreise in die Qualität und Gesundheitsverträglichkeit der modernen Ernährung in einem bisher unbekannten Ausmass und mit noch nicht absehbaren Langzeitfolgen erschütterte. Nachdem in den Jahren zuvor Kritiker noch lächerlich und mundtot gemacht worden waren, erklärten offizielle Experten nun plötzlich, dass diese Krankheit, über deren molekularbiologische Eigenschaften man noch rätselte, durch den massenhaften Verzehr von Tiermehl (was für Wiederkäuer eine perverse Fütterungsart ist) verursacht werde. Die britische Regierung musste darüber hinaus eingestehen, dass BSE (Bovine Spongiforme Enzephalopathie), die sich in den Rinderbeständen schon seit einem Jahrzehnt rasch ausgebreitet hatte, auf Menschen übertragbar sei. Mit dieser Einsicht tauchte dann auch die Frage auf, wer (oder was) denn hier «wahnsinnig» sei. Wären Tiere «wahnsinnig», könnten sie – argumentationslogisch – auch «vernünftig» sein. Es wäre dann nicht möglich, sie der vollen Wucht einer instrumentalisierten menschlichen Vernunft auszusetzen und sie aus ökonomischen Erwägungen heraus millionenfach zu schlachten. Dieser harte Zugriff lässt sich nur dann begründen, wenn Tiere zu reinen «Sachen» degradiert worden sind. Auf diese Weise muss der Status dieser Lebewesen im gesellschaftlichen Zusammenhang kaum mehr reflektiert werden. Würde eine Reflexion stattfinden, so wäre leicht ersichtlich, dass es bei der Rede vom «Wahnsinn» der Tiere schon immer um den Menschen, um seine Angst vor dem Verlust des Verstandes geht. Die Beunruhigung, die diese «Wahnsinns-Perspektive» auszulösen vermag, hat mit der zunehmenden Verunsicherung der Konsumentinnen und Konsumenten im Ernährungsbereich zu tun. Dioxinhaltige Eier, kohlendioxiddurchsetztes Coca-Cola, hormonhaltiges Fleisch, das Auftreten neuer (Pseudo-)Allergien sowie pilz-, bakterien- und virenbefallener Lebensmittel aller Art lenkt den Blick auf Gefahren, die deswegen nicht so leicht aus der Welt geschafft werden können, weil sie durch dieselbe Gesellschaft, die sie bekämpfen möchte, generiert werden.[3]

Industrielle Revolution und Nahrungsmittelangebot

Diese Gegenwartsprobleme haben eine historische Tiefendimension.[4] Ein wichtiger Vorgang war die industrielle Revolution, die vor etwas mehr als 200 Jahren einsetzte. Der Ökonom und Wirtschaftshistoriker Karl Polanyi hat den Umbruchprozess, der mit dem Industrialisierungsprozess eingeleitet wurde und keineswegs auf die Wirtschaft beschränkt blieb, sondern die ganze Gesellschaft umfasste, 1944 in einem einflussreichen Buch als «Grosse Transformation» bezeichnet.[5] «The Great Transformation»: Darunter verstand Polanyi den Übergang von einer *embedded society*, d.h. von einer in Alltagsnormen eingebetteten Gesellschaft, zu einer *market society*, in der sich der Wert der Arbeitskraft nach dem Zusammenspiel von Angebot und Nachfrage auf den Arbeitsmärkten einpendelte. Auch diese Marktgesellschaft war allerdings auf soziale Bindekräfte angewiesen. Es war einer der zentralen Kritikpunkte Polanyis, dass die Marktdynamik das moralische Substrat und die intrinsische Motivationsstruktur der Gesellschaft auszehre, ohne etwas zu deren Regeneration beitragen zu können. Der britische Sozialhistoriker Edward P. Thompson sprach im selben Zusammenhang vom Übergang vom Brot- zum Geldnexus.[6] Darunter versteht er die Ablösung einer Gesellschaft, in der die Sozialkohäsion in starkem Ausmass über Selbstversorgung, über die Produktion des täglichen Brotes gewährleistet wurde, durch einen neuen, kommerziellen Gesellschaftstypus, in dem die Menschen ihre Ansprüche auf Nahrung, aber auch auf andere Ressourcen immer stärker über Geld, über monetäre Kaufkraft geltend machen konnten. Dieser Umbruch, aus dem schliesslich die moderne Industriegesellschaft hervorging, hatte weitreichende Auswirkungen auf die politischen Institutionen und auf die Geschlechterordnung.

Wird der Industrialisierungsprozess auf den Wandel der Ernährung bezogen, so lassen sich – wenn von einem Marktmodell ausgegangen wird – angebots- und nachfrageseitige Entwicklungen unterscheiden. Die Gegenüberstellung von Angebot und Nachfrage ist deswegen sinnvoll, weil so einerseits die Kommerzialisierung sowie die zunehmende Trennung von Produzenten und Konsument/inn/en mit reflektiert werden kann und andererseits eine Strukturierung der Argumente erreicht wird.[7]

Angebotseitig lassen sich vier zusammenhängende Entwicklungen, die im Verlaufe des 19. Jahrhunderts zu einer durchgreifenden Revolutionierung des ganzen Ernährungssektors führten, feststellen.

1. Die Agrarrevolution: Unter diesem Begriff wird ein ganzes Bündel von Veränderungen des Agrarsektors subsumiert, die sich schon seit dem frühen 18. Jahrhundert in verschiedenen Ländern beobachten liessen. Dazu gehören der Übergang von der Dreifelder- zur Fruchtwechselwirtschaft, die Verbesserung des Saatgutes und Zuchterfolge bei Haustieren, die Einführung neuer Anbausorten (Klee und Espersette), der Einsatz neuer Ackerbaugeräte und besserer Zugtiere, die zahlreichen Bodenameliorationen. Mit diesen Massnahmen liess sich eine beträchtliche Steigerung der Arbeits- und der Flächenproduktivität in der Landwirtschaft realisieren. Damit begannen sich für breite Bevölkerungsschichten erstmals seit Jahrhunderten die Ernährungsperspektiven wieder zu verbessern. In der frühen Neuzeit, also seit dem 16. Jahrhundert, hatte vor dem Hintergrund eines raschen Bevölkerungswachstums eine Verarmung der Kost eingesetzt. Je mehr Leute ernährt werden mussten, desto stärker schrumpften die Nahrungsspielräume. Pflanzlicher Kost kam unter diesen Umständen eine immer grössere Bedeutung zu. Seit dem 16. Jahrhundert hatte sich ein so genannter «Brei-Mus-Standard» durchgesetzt; in endlosen Variationen assen breite Bevölkerungsschichten am Morgen Brei, am Mittag Mus und am Abend wieder Brei. Ob das monoton war? Diese Frage soll hier nicht entschieden werden – es ist aufgrund der Quellenlage sehr schwierig, diesbezüglich eine angemessene Antwort zu geben. Die Annahme, diese Kost sei schlicht bemitleidenswert gewesen, sagt jedenfalls mehr über unsere konsumgesellschaftliche Befindlichkeit aus als über die Bedeutung, die diese Speisen für die damaligen Menschen hatten. Wie auch immer: Die entscheidenden Probleme waren die Unsicherheit der Nahrungsversorgung, die häufigen Krisen und die Kontamination der Nahrung mit unterschiedlichsten Krankheitserregern und Halluzinogenen. Mit der Agrarrevolution konnten diese Schwierigkeiten vermindert werden. Die Ausweitung der verfügbaren Nahrungsressourcen und die Verbesserung der Produktionsmethoden hatten zur Folge, dass immer mehr Menschen in die Städte wanderten und sich anderen Beschäftigungen in Industrie und Dienstleistungen zuwandten. Im ausgehenden 19. Jahrhundert erhielt dieser Vorgang nochmals eine neue Qualität: Nun setzte ein Mechanisierungs- und Chemisierungsschub der Landwirtschaft ein, der während des ganzen 20. Jahrhunderts anhielt. Nach dem Zweiten Weltkrieg entwickelte sich daraus das Agrobusiness, das zu einer der Lokomotiven des Wirtschaftswachstums wurde; aufgrund der – im Vergleich zur Gesamtwirtschaft – überdurchschnittlich hohen Produktivitätssteigerungen in der Landwirtschaft wird für die 50er und 60er Jahre auch von einer «zweiten Agrarrevolution» gesprochen.[8]

2. Entstehung und Wachstum von Nahrungsmittelunternehmen: Die Produktivitätssteigerungen in der Landwirtschaft und – seit dem letzten Viertel des 19. Jahrhunderts in Europa wichtig – zunehmende Importe von Getreide und so genannte Kolonialwaren ermöglichten es zusammen mit neuen Entwicklungen in der Maschinen-, der chemischen und der Elektroindustrie, Nahrungsmittel in kapitalintensiven, mechanisierten Produktionsverfahren herstellen. Zu erwähnen sind für die zweite Hälfte des 19. Jahrhunderts etwa die Müllerei, die Bierbrauerei, die Speisefett-, Öl- und Teigwarenindustrie, dann die Babynahrungs-, die Kondensmilch-, die Schokolade- und die Suppenwürfelherstellung. Zudem expandierte die tierische «Veredelungswirtschaft», d.h. die «Veredelung» von pflanzlichen in tierische Kalorien. Die Viehhaltung wurde immer stärker Selbstzweck. Die Tierwirtschaft war nicht mehr, wie in den Jahrhunderten zuvor, in die gesamte landwirtschaftliche Aktivität integriert. Auch der vielfältige Gebrauch von Nutztieren in urbanen Milieus bildete sich rapid zurück. So spezialisierten sich viele Bauern auf Viehhaltung und widmeten sich ausschliesslich der Herstellung von marktgängigem Fleisch, Milch und Milchprodukten, wobei sie sich in vielen Ländern erstaunlich flexibel an den Veränderungen der langfristigen relativen Preise für Getreide und Nahrungsmittel tierischen Ursprungs orientierten. In Fortsetzung einer bereits jahrhundertelangen Tradition rückte das Fleisch im 19. Jahrhundert zum eigentlichen Statussymbol und Wohlstandsindikator auf. Bis zur Entdeckung der Vitamine – dieser Begriff wurde im Jahre 1911 geprägt – herrschte unter Ernährungswissenschaftlern wie auch in der Bevölkerung ein ausgeprägter Proteinglauben vor: Im Fleisch wurde die stärkendste Speise gesehen; ja es stellte geradezu das Supernahrungsmittel der industriellen Zivilisation dar, das vor allem jene essen durften, die gesellschaftlich anerkannte «Arbeit» leisteten. Das waren in erster Linie die Männer in ihrer Eigenschaft als «Familienernährer». Das aus dieser arbeitsgesellschaftlichen Ideologie resultierende Ungleichgewicht der Nahrung am Familientisch stellt einen wichtigen geschlechtsspezifischen Aspekt dieser Verwissenschaftlichungs- und Industrialisierungsdynamik dar.[9]

3. Auf- und Ausbau einer effizienten Verkehrsinfrastruktur: Der dritte Faktor, der für die Ausweitung des Nahrungsmittelangebots in der sich formierenden Industriegesellschaft verantwortlich war, bestand in der Schaffung eines leistungsfähigen Transport- und Kommunikationssystems. Im Nahrungsmittelsektor war vor allem das Zusammenspiel von Eisenbahn, Hochseeschifffahrt und Telegraphie wichtig. Seit Mitte des 19. Jahrhunderts sanken die Transaktionskosten. Es kam zu einer Intensivierung transnationaler Austauschbeziehungen, zu einer Vertiefung der internationalen Arbeitsteilung und – im Endeffekt – zur Herausbildung eines bereits hochgradig integrierten Weltmarktes. Neben den schon genannten Kolonialprodukten und Gewürzen spielte nun zunächst Getreide, d.h. ein Produkt, das sich gut stapeln und transportieren liess, die wichtigste Rolle. Seit den 1870er Jahren fielen in verschiedenen europäischen Ländern – so auch in der Schweiz – die regionalen Getreidemärkte unter dem Druck der Importkonkurrenz zusammen, was eine Umstrukturierung des Agrarsektors in Richtung Vieh-Graswirtschaft zur Folge hatte. Tierisches Protein wurde bis gegen die Jahrhundertwende nur beschränkt, z.B. in Fleischextrakt-Konserven, importiert – berühmt war das in Argentinien hergestellte Liebigsche Fleischextract in der Pyramidenstumpfdose. Im 20. Jahrhundert eröffnete das Gefrierfleisch (das in Australien und Südamerika schon seit den 1870er Jahren angeboten wurde) eine neue Phase internationalen Nahrungsmittelhandels. Zunehmend wurden Nahrungsressourcen im Weltmassstab mobilisiert, wobei dieser Prozess keineswegs geradlinig verlief, sondern zwischen 1914 und 1945 weitgehend unterbrochen war. Doch wer heute im Supermarkt einkaufen geht, kann sehen, dass dieser Prozess nicht zum Stillstand gekommen ist – inzwischen haben wir auch in den Gemüse- und Früchteabteilungen die ganze Welt zuhause. Man kann sich heute die Irritation nur mehr schwer vorstellen, die damals die Menschen angesichts der Vorstellung befallen hatte, dass nun das Getreide, aus dem ihr tägliches Brot gebakken wurde, Zehntausende von Kilometern weit entfernt gewachsen war und geerntet wurde. Diese Art von existentieller Unsicherheit kennen wir nicht mehr – wir haben uns daran gewöhnt, dass unsere Nahrungsmittel nicht vor unserer Haustür wachsen. Wir wissen, dass wir (unter dem Gesichtspunkt der Versorgungssicherheit) nichts mehr darüber wissen müssen, wo und wie das angebaut wurde, was wir essen.[10]

4. Vervielfältigung und Breitenanwendung neuer Konservierungsmethoden: Die moderne Konserve ist ein Produkt der Industrialisierung. Konservierungsverfahren sind uralt – doch zu Beginn des 19. Jahrhunderts kamen neue Erfindungen hinzu. 1809 wurde der Franzose Nicolas-François Appert überschwenglich als Erfinder der nach ihm genannten

«Appertisierung» gefeiert. In Militär und Seefahrt interessierte man sich für das neue «Erhitzen unter Luftabschluss»-Verfahren, das zunächst in seiner Wirkungsweise noch überhaupt nicht verstanden wurde. Appert habe, so ein Kommentator, das Geheimnis entdeckt, die Jahreszeiten anzuhalten und Frühling, Sommer und Herbst in der Flasche weiterleben zu lassen – die poetische Beschreibung der Konserve als ein Vehikel der Zeitüberbrückung zeigt, dass sie Erstaunen hervorzurufen vermochte. Ausserhalb spezifisch staatlicher Verwendungszwecke handelte es sich anfänglich um Luxusprodukte. Im letzten Viertel des 19. Jahrhunderts breiteten sich die schon erwähnten Fleischkonserven in Büchsenform aus. Da die Konservierung in aller Regel nicht nur mit dem Dauerhaftmachen, sondern auch mit Verdichtung, Dosierung und Verpackung einherging, bot sie darüber hinaus einen Ansatzpunkt für die Herstellung eines neuen Typs von Produkten, die von den Markterfordernissen her konzipiert werden konnten. Damit verbunden war der Aufstieg von Markenartikeln, die vor allem im Ernährungsbereich zunehmend das Feld zu beherrschen begannen. Aber erst im 20. Jahrhundert und vor allem während des langfristigen Konjunkturaufschwungs nach dem Zweiten Weltkrieg kam es dann zu einem Vormarsch der Konserven auf breiter Front. Heute gibt es kaum mehr Nahrungsmittel, deren Beständigkeit nicht mit Hilfe technischer oder chemischer Verfahren vor natürlichen Zerfallsprozessen geschützt werden kann. Mit der Technisierung verbunden ist in neuerer Zeit eine weitere Entwicklung im Ernährungsbereich, die Herstellung von *convenience food*, von «Bequemlichkeitsprodukten». «Convenience» verweist dabei auf eine andere Tendenz der modernen Küche als Konservierung: Nicht die Überbrückung von Zeit, sondern die Rationalisierung des Zeitgebrauchs steht hier im Zentrum. Bei *convenience food* handelt es sich um Zeitspargegenstände, die aufwendigere Zubereitungsschritte bereits hinter sich haben und innert kürzester Frist in eine wohlschmeckende Mahlzeit verwandelt werden können. Jene langwierige und komplexe Arbeit, die früher gerade im Ernährungsbereich der Hauswirtschaft zu erledigen war, wurde in eine mechanisierte, rationalisierte Fabrikproduktion ausgelagert; die industrielle Wertschöpfung besteht also in der Einsparung von Zeit. Die Nahrungsmittel gelangen nun zunehmend in Form von praktischen, Zeit sparenden Produkten in einen funktional entlasteten modernen Zwerghaushalt, in dem dafür mehr Zeit für «emotionale Arbeit» zur Verfügung steht.[11]

Zum Schluss dieses Überblicks über die angebotsseitigen Entwicklungen, die einen entscheidenden Einfluss auf die Industrialisierung der Ernährung ausübten, soll auf zwei Punkte hingewiesen werden: *Erstens* zeigt sich deutlich, dass die analytische Unterscheidung von angebots- und nachfrageseitigen Aspekten durcheinandergerät; im Verlaufe des 20. Jahrhunderts kamen die Impulse für diese Entwicklung noch stärker als vorher von der Marktnachfrage her. War die Innovationsdynamik in einer ersten Phase noch stärker abhängig vom technisch Möglichen und vom Erfindungsgeist der Chemiker, Ingenieure und Maschinenkonstrukteure, so waren es nun zunehmend die Imperative des Marketings, die in neue fabrikationstechnische Lösungen umgesetzt werden mussten. Es waren nicht mehr die Techniker, die Neues austüftelten, sondern die Experten im Bereich von Product placement und Sales promotion definierten, was sie haben wollten. *Zweitens* gilt es zu bedenken, dass die vier knapp skizzierten Entwicklungen eng zusammenhängen. Wichtig war vor allem das Zusammenspiel von Mechanisierung, Konservierung, Kommunikation und Transport. Alle diese Prozesse stützten sich gegenseitig und führten zu einer umfassenden Veränderung der Gesellschaft, die als Industrialisierung von Raum und Zeit bezeichnet werden kann.

Fleischwirtschaft und Schlachthäuser

Im Folgenden ist von einem Ernährungsbereich die Rede, in dem sich dieses Zusammenspiel verschiedener Entwicklungen besonders einprägsam zeigen lässt: die moderne, rationalisierte Fleischwirtschaft, deren Durchbruch sich erstmals in den USA in der Entstehung riesiger Schlachthäuser und eines gigantischen industriellen Massenschlachtungsapparates manifestierte.[12] Fleisch stammt von toten Tieren. Diese Transformation von Lebewesen in Lebensmittel geriet im 19. Jahrhundert ebenfalls in den Sog des Industrialisierungsprozesses. In diesem Zusammenhang ist die «Konzentration des Schlachtens an einem Ort» zu sehen, die sich ab 1820 in amerikanischen Städten abzuzeichnen begann. Der mittlere Westen bot mit einem schroffen Nebeneinander von endlosen Weiten und dichten urbanen Agglomerationen die Voraussetzungen dafür. Die ersten Ansätze einer modernen Apparatur der Massenschlachtung waren in Cincinnati/Ohio nach 1830 erkennbar. In der Folge kam es zu einem präzedenzlosen Rationalisierungs- und Konzentrationsschub. Der Architekturtheoretiker und Kulturhistoriker Sigfried Giedion beschreibt in seiner (1948 erstmals publizierten) Studie über «Die Herrschaft der Mechanisierung» eindrücklich, wie zunächst Überschussprobleme und eine riesige Verschwendung auftraten: «Die Folge der Überproduktion war, dass Cincinnati, als es mit der Industrialisierung der Fleischherstellung im grossen Massstab begann, nur die wertvollsten Teile verwenden konnte und man alles übrige in den Fluss warf.»[13] Ab 1860 wurde diese Stadt als Zentrum der Fleischherstellung durch Chicago überflügelt. In dieser neuen Metropole des Schlachtens wurde nun erstmals versucht, die Tiere integral zu nutzen, sie buchstäblich mit Haut und Haaren einem grossindustriellen Verwertungsprozess zuzuführen. Die Muskeln der Tiere kamen als Frischfleisch oder Fleischkonserven in den Verkauf, aus inneren Organen und sonst noch verwertbaren Substanzen wurden Würste hergestellt, aus der Haut machte man Leder, aus den Haaren Bürsten, aus den Knochen Düngemittel oder Leim, aus den Gedärmen Wurstverpackung, Geigensaiten oder Präservative.[14] In den Yards von Chicago, wo die riesigen Fleischfabriken standen, zirkulierte folgender Spruch: «Vom Schwein bleibt absolut nichts unverwertet – bloss für das Quieken hat man noch keine Verwendung gefunden.»[15] Mit dieser ganzheitlichen Verwendung der geschlachteten Tiere kam das grosse Geschäft so richtig ins Rollen. Es ist wichtig zu sehen, dass die Innovation des Fliessbandes nicht etwa

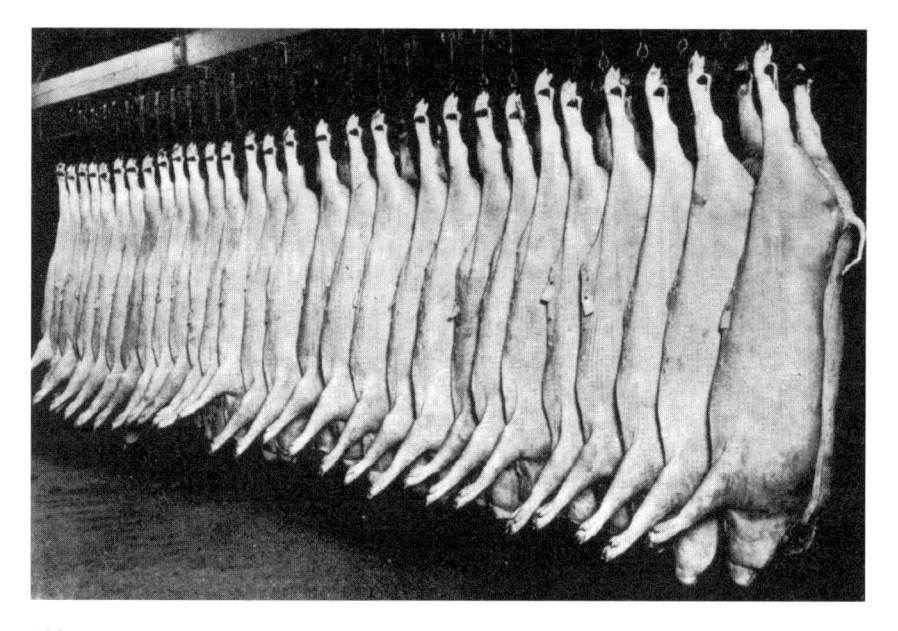

Abb. 1

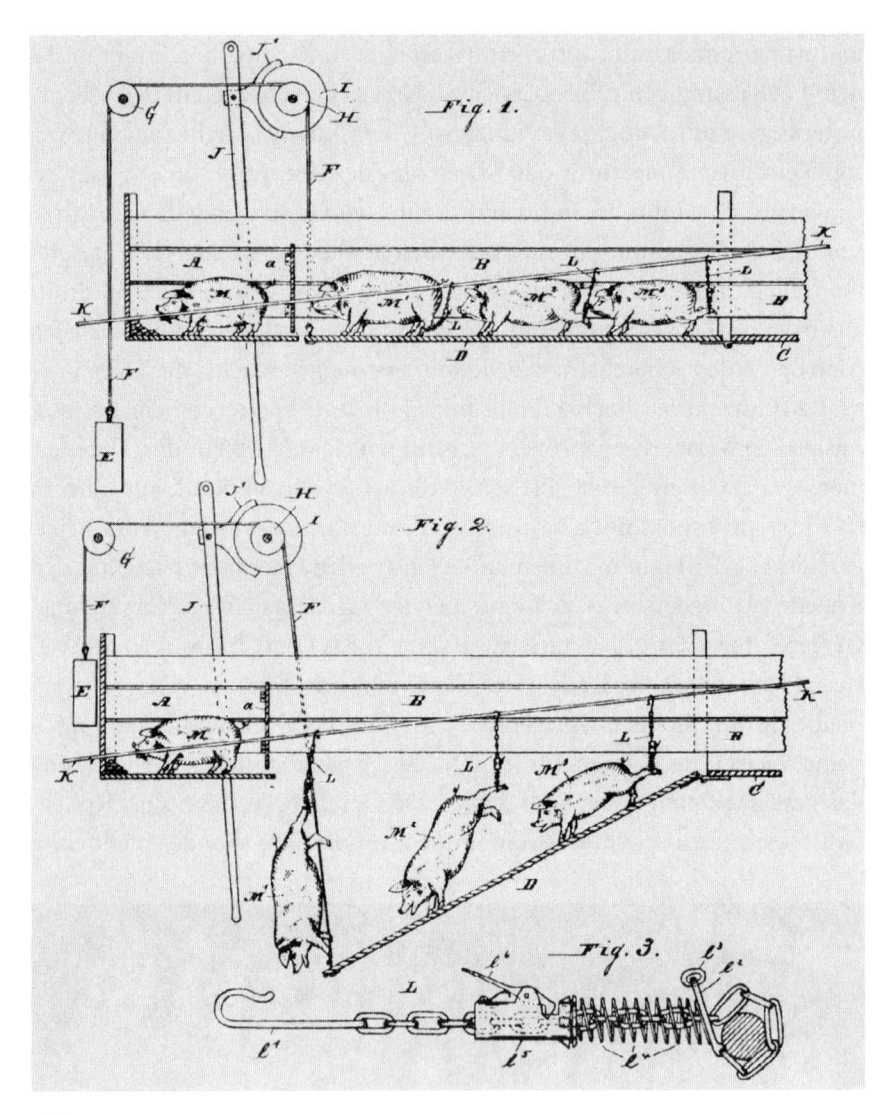

Abb. 2

in der Automobilindustrie, sondern fast ein halbes Jahrhundert früher in der industrialisierten Fleischherstellung beobachtet werden kann.

In diesen Schlachthäusern stellte sich das Problem, wie die widerspenstigen, nicht genormten Tiere in einen stetigen, standardisierten und laufend beschleunigten Produktionsablauf integriert werden konnten. Hier wirkten Rationalisierung und Routine auf eine spezielle Weise zusammen. Abbildung 1 zeigt eine Serie toter Schweine, die als Lebewesen einen Riesenlärm machten und sich geradezu fliessbandinkompatibel aufführten;[16] nun warten sie als standardisierte Fleischmasse auf weitere rationelle Behandlung auf dem Weg an die Verkaufsfront. Um die «organische Substanz» in technische Systeme integrieren zu können, dachte sich ein ganzes Heer von Erfindern immer neue Tricks und Vorkehrungen zum Fangen, Betäuben, Töten, Rückenspalten und Zerlegen der Tiere aus, die auf dem Patentamt gegen Nachahmung geschützt werden konnten. Sigfried Giedion hat diesen spannenden und instruktiven Quellenfundus ausgewertet; unter anderem fand er ebenso perfide wie wirksame Erfindungen, die es ermöglichten, die Schweine zum Schlangestehen vor dem Fliessband zu veranlassen. Abbildung 2 präsentiert eine solche 1882 patentierte technische Lösung für das Problem, dass die Tiere, die zu Hunderten, zu Tausenden, zu Zehntausenden auf Tod und Zerteilung warteten, im letzten Moment hungrig und grausam verängstigt waren.[17] Man könnte sagen: Sie rochen den Braten – und widersetzten sich dem geordneten Aufmarsch vor der Schlachtbank. Doch findige Menschen vermochten die «Tiernatur» zu instrumentalisieren. Das Patent, das hier angewendet wurde, basierte auf folgendem Konzept: Das erste der hungrigen Tiere erhielt auf der schmalen Rampe zuvorderst zu fressen, ihm passierte vorerst nichts. Seine Funktion war die eines Köders. Wenn nämlich die anderen Schweine auch fressen wollten und nachzogen, dann waren sie bereits auf dem Weg zum Fliessband. Denn die Erfindung sah vor, immer jedes zweite Schwein durch eine Fallthüre hinunterzubefördern – wobei noch im Fallen sein Hinterbein kunstvoll in eine Schlinge gelegt wurde, so dass es genau in der Position zu stehen kam, die für den Fortgang des Unternehmens richtig war. Die Techniker kamen auch schon früh auf die Idee, die Schweine noch aus eigener Kraft hochsteigen zu lassen; in ihren Körpern war dann Energie gespeichert, die mit Hilfe der Schwerkraft für den Prozessablauf genutzt werden konnte. Anders gesagt: Das Schwein stieg oben ein, das Fleisch kam unten raus.

In der aufstrebenden Riesenindustrie Chicagos herrschten in sozialpolitischer und hygienisch-sanitarischer Hinsicht miserable Zustände. Es war der Schriftsteller Upton Sinclair, der 1906 mit seinem Roman «The Jungle» eine heftige, nicht nur landesweite, sondern internationale Diskussion über diese Fragen auslöste.[18] Im Anschluss an einen Streik verdingte sich Sinclair 1905 wochenlang als einer der rund 30'000 Arbeiterinnen und Arbeiter auf den Schlachthöfen Chicagos und verfasste mit seinen Aufzeichnungen einen sozialkritischen Roman, den er «den amerikanischen Arbeitern» widmete und der bei seiner Veröffentlichung in der Zeitschrift «Appeal to Reason» einen Skandal auslöste. Der Sozialist und Aktivist Sinclair, der schonungslos die Ausbeutungsmethoden und die kriminellen Machenschaften dieser Industrie aufzeigte, wurde schlagartig eine nationale Berühmtheit. Sein Freund Jack London erklärte, «Der Dschungel» sei «Onkel Toms Hütte der Lohnsklaverei»; dieser Vergleich wurde nicht zuletzt deshalb angestellt, da Sinclair bei der Skandalisierung der Fleischindustrie mit schriftstellerischen Techniken, mit Erzählmustern und narrativen Effekten arbeitete, die einer sozial- und kulturhistorischen Analyse nicht in jeder Hinsicht standhalten; dies ist allerdings kein Argument gegen ein Werk, das ein anerkanntermassen gravierendes Problem in den Brennpunkt der Medienöffentlichkeit rückte und das einen – gemessen an ernährungshygienischen Standards – positiven Impact auf die Qualität der industrialisierten Fleischprodukte hatte.

Die amerikanische Entwicklung war in vielem pionier- und modellhaft. Auch in Europa zeigten sich Zentralisierungstendenzen; in den aufstrebenden Städten entstanden zentrale Schlachthöfe, die meist durch kommunale Behörden überwacht wurden.[19] Im Zuge dieser Entwicklung kam es zu einer folgenschweren Veränderung der Wahrnehmung und der Bedeutung von Tieren. Der Zusammenhang zwischen Opferritual und Fleischverzehr löste sich auf, der Umgang mit den Tieren wurde säkularisiert.[20] Hatten früher die Menschen, die Fleisch assen, noch eine Vorstellung und in den meisten Fällen auch eine eigene Erfahrung davon, was es heisst, ein Tier zu töten und zu zerlegen, so kam es nun zu einer Art Bewusstseinsspaltung: Auf der Konsumseite ging der Kontakt mit diesen Vorgängen verloren. Sie verschwanden gleichsam hinter den Kulissen. Das Fleisch kam aus einem Verkaufsgeschäft – mehr wollte man eigentlich gar nicht mehr wissen. Das ist bis heute so geblieben. In einer Reportage über «artgerechtes Schlachten» hiess es: «Denn der Mensch mag das Schnitzel, aber keine Schlachter.» Das Wiener Schnitzel kann als Paradestück einer solchen emotional entlastenden Eskamotage gelten: Der schöne Name und die appetitliche Paniermehlumhüllung verdrängen die Erinnerung an die ganze Schlachterei, aus der das semantisch-kulinarisch drapierte Fleischstück hervorging. Ein *Filet saignant* lässt zwar beim Schneiden noch etwas Blut auf den Teller fliessen – doch auch hier handelt es sich um ein isoliertes Ereignis, das aus dem grossen Verwertungszusammenhang herausgetrennt ist. Auf der Produktionsseite wurden die Tiere in Analogie dazu nicht mehr als Geschöpfe, sondern immer stärker als reine Wirtschaftsobjekte, als Sachen, als Waren wahrgenommen. Das psychische Komplementärstück zu dieser Versachlichung ist die Vermenschlichung von Haustieren, für die es mittlerweile Hotels, Spitäler, Konfektionsgeschäfte und Friedhöfe gibt.

Probleme der Kommerzialisierung: Nahrungsmittelkonsum und sozialer Wandel

Nach der Schilderung der Industrialisierung der Ernährung, die stärker von der Angebotsseite ausging und Produktionsprozesse und Herstellungsmethoden ins Zentrum stellte, soll nun auf einige Probleme eingegangen werden, welche die Konsumentinnen und Konsumenten dieser Nahrungsmittel hatten. Die Perspektive ist problemorientiert; es wird nicht auf die historische Herausbildung der Konsumentenrolle und auf die aktive Rolle der Konsument/innen eingegangen, sondern es werden die Schwierigkeiten dargestellt, welche sich im Industrialisierungsprozess ergaben. Auch auf der Nachfrageseite lassen sich vier Aspekte unterscheiden.

An *erster Stelle* ist die Kommerzialisierung und die Abhängigkeit einer zunehmenden Anzahl von Menschen von der Geldwirtschaft und einer anonymen Marktkonjunktur zu nennen. Mit dem vollen Einsetzen der Agrarrevolution und dann der Industriellen Revolution verloren immer mehr Kleinbauern, Tauner und Heimarbeiterfamilien ihren Boden. Die starke Steigerung der Boden- und der Flächenproduktivität hatte also eine negative soziale Kehrseite: Immer mehr Land, das während des Mittelalters und der frühen Neuzeit einer gemeinwirtschaftlichen Nutzung unterlag, wurde nun privatisiert. Die so genannte «Einschlagbewegung» machte aus einstigem Allmendland privates Eigentum. Kollektive Nutzungsrechte für Wiesen, Weiden und Wälder wurden zurückgedrängt. Das für Arme wichtige Recht zum Nachernten von Äckern und Feldern wurde abgeschafft. Die «Gemeinrechte», die Rechte des so genannten «gemeinen Mannes», die früher für viele Familien die Lebensgrundlage waren und auch ein Moment des sozialen Ausgleichs darstellten, verschwanden. Der amerikanische Sozialphilosoph C. B. Macpherson hat vom Vordringen des *possessive individualism*, des «Besitzindividualismus», gesprochen, dem nun kollektive Solidarstrukturen zum Opfer fielen.[21] Man soll diese Solidarstrukturen nicht nostalgisch verklären – in den dörflichen Sozialstrukturen steckten starke Zwangsmomente, und die soziale Kontrolle war gross. Dennoch lässt sich sagen, dass mit dem Vormarsch der privaten Eigentumsrechte, der *property rights*, auch ein

Zuwachs an *property power*, an Besitzmacht, verbunden war. Dieser Wandel schlug sich auch im Sprachgebrauch, insbesondere in der Semantik des Begriffs «gemein», nieder. War «Gemeinheit» zunächst noch mit «Gemeineigentum» und «Gemeinsinn» konnotiert, so wurde sie nun zur «Gemeinheit», wie wir sie heute kennen. Wenn wir feststellen: «Das ist aber eine Gemeinheit», dann wollen wir ja nicht sagen, es habe jemand altruistisch-solidarisch gehandelt. Das Gegenteil ist damit gemeint. Diese semantische Verkehrung, die eine Abwertung solidarischer Praktiken beinhaltet, steckt tief in unseren Köpfen.

Es ist wichtig zu sehen, wie einschneidend sich die Privatisierung des Eigentums auf die Ernährungssituation eines grossen Teils der Bevölkerung auswirkte. Die Sozialgeschichte hat diese Vorgänge unter den beiden Stichworten «Proletarisierung» und «Pauperisierung» analysiert. Mit dem vollen Einsetzen der Industriellen Revolution verloren immer mehr Menschen ihren Boden, ihre Subsistenzmöglichkeiten. Sie wanderten zuhauf in die Städte, die nun wie Pilze aus dem Boden schossen oder – sofern sie bereits bestanden – in ungestümes, weitgehend unkontrolliertes Wachstum übergingen. Es bildete sich ein so genannt «freies Proletariat» heraus. Diese Leute, die aus den alten, traditionellen Strukturen herausgeworfen wurden, waren nun von einer anonymen Geldwirtschaft abhängig. Wenn ihnen das Geld ausging, konnte sich ihre existenzielle Situation binnen kurzem drastisch zuspitzen, sie hatten keine anderen Lebensgrundlagen mehr – und wurden zu Paupers. Mit dem Umsichgreifen des Pauperismus akzentuierte sich die «soziale Frage», durch deren Thematisierung sich dann später – seit dem ausgehenden 19. Jahrhundert – die moderne Arbeiterbewegung zu profilieren verstand.

Der *zweite Punkt* bezieht sich auf Lebensmittelfälschungen und Qualitätsverschlechterungen, die zu allen Zeiten zu Klagen Anlass gaben. Für die Vorstellung, es habe in früheren Jahrhunderten unverdorbene, naturbelassene, noch nicht zivilisatorisch degradierte Nahrung gegeben, gibt es kaum eine Evidenz in den Quellen – weshalb diese Sichtweise eher als verklärende Rückschau auf «gute alte Zeiten» zu werten ist.[22] Schon vor Jahrhunderten konzentrierten sich die entsprechenden Probleme in städtischen Gesellschaften, und es erstaunt nicht, dass die systematische Überwachung der Nahrungsqualität und die Entstehung eines Lebensmittelrechts eng mit dem Aufschwung des Städtewesens zusammenhingen. Marktordnungen und Zunftrechte enthielten seit dem Mittelalter Bestimmungen, die das Ziel hatten, die Güte der angebotenen Nahrungsmittel zu gewährleisten. Kornmesser, Brotwieger, Fleischmarktmeister, Weinstecher und weitere Funktionsträger teilten sich in diese wichtige Verwaltungsaufgabe. In flagranti von den Aufsichtsorganen und der so genannten «Viktualienpolizei» ertappten Fälschern drohten harte Sanktionen, die häufig mit einer peinlichen öffentlichen Zurschaustellung am Pranger verbunden waren.

Im Verlaufe des Industrialisierungsprozesses erhielten die Tatbestände der «Fälschung» und «Verschlechterung» nicht nur eine neue Virulenz in Medien und Öffentlichkeit, sondern es wurden auch die Methoden raffinierter, und das Phänomen erreichte bisher nicht gekannte Grössenordnungen.[23] Gleichzeitig entwickelte die Wissenschaft neue Methoden für die Aufdeckung solcher Machenschaften, so dass eine Wettbewerbssituation zwischen den Fälschern und den staatlichen Aufsichtsorganen eintrat.

Das Problem, um das es hier geht, hing mit der Aufhebung der Zünfte an der Wende vom 18. zum 19. Jahrhundert zusammen; man könnte von einer massiven Deregulierung der damaligen Wirtschaft sprechen. Es entstand gewissermassen ein Kontrollvakuum. Zudem nahm mit der Entfaltung des modernen Wirtschaftswachstums die Funktionsdifferenzierung und Professionalisierung zu. Der Prozess fortschreitender Spezialisierung machte Menschen in einer bisher nicht gekannten Weise voneinander abhängig. Im Bereich der Ernährung war es dieser Vorgang einer Verlängerung der Interdependenzketten, der Spezialisten in der Manipulation von Nahrungsmitteln neue Spielräume öffnete. Die Konsumentinnen und Konsumenten erlitten im Gegenzug einen geradezu dramatischen Verlust an Kontrolle über die alltägliche Nahrung. Mit fortschreitender Kommerzialisierung ging das Wissen darüber, woher die Sachen kamen, verloren. Es war nicht mehr nachvollziehbar, welche «filières alimentaires» die Produkte durchlaufen hatten und in welchem Zustand sie schliesslich im Endverkauf angeboten wurden. Bekömmlichkeit und Qualität der Lebensmittel nahmen in dem Masse ab, in dem die Zahl der Verarbeitungs- und Handelszwischenstationen zwischen bäuerlichen Produzenten und Endkonsumenten stieg. Aufgrund der vorliegenden historischen Untersuchungen ist zu vermuten, dass die stärksten Qualitätseinbussen und – als Pendant dazu – die grössten Schwindelprofite im Bereich des Kleinhandels anfielen. Dies hatte indessen kaum etwas mit einer moralischen Inferiorität dieser Berufsgruppe zu tun, sondern resultierte ganz einfach aus der Tatsache, dass in vielen Fällen ein ehrliches Geschäftsgebaren die

Gewinnmargen unter ein kulturell definiertes Existenzminimum gedrückt hätte. Um das Einkommen für ein ehrbares Leben zu verdienen, mussten die Leute schwindeln: Dies ist ein moralisches Dilemma in der Lebensführung, das sich für verschiedene Gesellschaften immer wieder feststellen lässt und mit dem viele «kleine» Korruptionsphänomene erklärt werden können. Schliesslich arbeitete die Verwissenschaftlichung, insbesondere der Erkenntnisfortschritt in der Ernährungsphysiologie und Lebensmittelchemie, auch den Fälschern in die Hände. Um zum Ziel zu kommen, eigneten sich diese ein professionelles Know-how an und erprobten immer elaboriertere und raffiniertere Mittel der Warenmanipulation und -präsentation in betrügerischer Absicht.

Das Arsenal der Stoffe, das etwa zur Anwendung kam, kann auch durch die Lektüre von Gesetzestexten, die dem Übel Einhalt gebieten sollten, vergegenwärtigt werden. Als Beispiel zitiere ich aus einer Verordnung aus Zürich. Sie heisst «Verordnung betreffend die Verwendung gifthaltiger Farbstoffe» und datiert vom 26. Oktober 1886:

> «§ 1. Zum Verkaufe bestimmte Lebensmittel dürfen keine Farbstoffe enthalten, welche aus Verbindungen der Metalle Antimon, Arsen, Barium, Blei, Cadmium, Chrom, Kupfer, Quecksilber, Zinn, Zink oder Wismuth hergestellt sind; ebensowenig dürfen dieselben Anilin-, Phenol-, Naphtol- oder Azofarbstoffe, Akonit, Kardol oder Gummigutti enthalten.»[24]

Der Aufschwung der wissenschaftlichen Untersuchungsmethoden veranlasste im letzten Viertel des 19. Jahrhunderts Politik und staatliche Administration, die sich in dieser Phase sowieso stärker für eine ganze Reihe von sozialen Problemen verantwortlich zu fühlen begannen, zur Einführung neuer Kontrollorgane. In den Städten, den Brennpunkten der Problematik, wurden verstärkt öffentliche Untersuchungsämter eingerichtet, die die örtlichen Polizeibehörden bei der Überwachung der Betriebe im Rahmen der Gewerbeaufsicht mit Sach- und Fachkompetenz unterstützten. Auf nationaler Ebene kam es zur Schaffung von Lebensmittelgesetzen. Gegen die Verschlechterung der Nahrung durch Industrialisierung richteten sich seit Ende des 19. Jahrhundert auch verschiedenste Lebens- und Ernährungsreformbewegungen.[25]

Ein *dritter Aspekt* – den ich nur kurz andeute – bezieht sich auf das Problem der industriellen Zeitorganisation, der fabrikmässigen Arbeitsrhythmen und die Rückwirkungen, welche die Zentralisierung und Mechanisierung der Produktion auf den Lebensalltag von Menschen hatte.

Die Fabrik basierte auf der Trennung von Arbeiten und Wohnen, von Arbeits- und Familienalltag. Die Sozialhistorikerin Tamara K. Hareven hat gezeigt, wie die von der Kindererziehung und der Mahlzeitenordnung bestimmte *family time* und die heteronome, fremdbestimmte *industrial time* desynchronisiert wurden und in ein Spannungsverhältnis gerieten.[26] In den aufstrebenden Industrieregionen hatten Arbeiterfamilien enorme Probleme, diese beiden Zeitmuster wieder aufeinander abzustimmen. Die Mischformen zwischen Verausgabung und Erholung, die in landwirtschaftlichen oder heimindustriellen Sozialmilieus noch vorhanden waren, verschwanden jetzt zunehmend. Die Möglichkeiten, zu Hause zu essen, wurden durch die grossen Distanzen, die häufig zwischen Wohn- und Arbeitsplatz zu überwinden waren, verkleinert. Dadurch ergaben sich beträchtliche Probleme, die auch geschlechtsspezifisch ausgeprägt waren; es waren die Frauen, die für deren Lösung als zuständig betrachtet wurden, was die asymmetrische Arbeitsteilung zwischen den Geschlechtern noch verstärkte.[27]

Damit wende ich mich dem *vierten Aspekt* zu: Die rasante Veränderung des Lebensalltags verhalf auch neuen, minderwertigen Ersatznahrungsmitteln, so genannten «Surrogaten», zum Durchbruch. Gefragt war insbesondere «schnelle Energie», *quick energy*, d.h. Nahrungsmittel, die als *quick lunch* oder *fast food* geeignet waren.[28] Zu erwähnen sind vor allem der Zucker und der Alkohol, die – ernährungswissenschaftlich vergleichbar – leere Kalorien in ansehnlicher Dichte liefern. Im 19. Jahrhundert spielte vor allem der Alkohol eine wichtige Rolle in der Ernährungsweise der «arbeitenden Klassen». In Deutschland und in der Schweiz stand dabei der Kartoffelbranntwein, in der Schweiz meist «Härdöpfeler» genannt, im Vordergrund. Schnaps wurde zum idealen Billig-Instant-Food für alle möglichen Gelegenheiten.

Die Alkoholfrage und Maggis Innovation

Die Thematik, die mit den Surrogaten angesprochen ist, ermöglicht es, eine Brücke zum Maggi-Würfel und damit zu einer Ikone der industrialisierten Ernährung zu schlagen. Dieser Würfel verdankt seine Existenz gewissermassen dem exzessiven Alkoholtrinken.

1882 lancierte die Schweizerische Gemeinnützige Gesellschaft – eine von bürgerlichen Schichten getragene Vereinigung mit sozialpolitischen

Zielsetzungen – eine Eingabe an den Bundesrat, in der sofortige Massnahmen zur Bekämpfung des überhand nehmenden Alkoholismus gefordert wurden. Im selben Jahr hielt der Glarner Arzt und eidgenössische Fabrikinspektor Fridolin Schuler vor dieser Gemeinnützigen Gesellschaft eine Rede, die unter dem Titel «Über die Ernährung der Fabrikbevölkerung und ihre Mängel» abgedruckt wurde.[29] Schuler war – im Gegensatz zu den späteren Abstinenzmissionaren – ein Pragmatiker. Es schwebte ihm die Einführung eines billigen, für Arbeiterfamilien erschwinglichen, eiweiss- und fettreichen *instant-food* für Fabrikarbeiter auf vegetabilischer Basis vor. Dieses Produkt sollte ohne komplizierte Kochvorgänge in der Küche zubereitet, rasch konsumiert und leicht verdaut werden können. Die Arbeit der Hausfrau wurde durch industrielle Vorfertigung substituiert, wodurch sich ein Zeitspareffekt ergab. Schuler hatte auch schon den Unternehmer gefunden, der sich mit diesen Ideen befasst hatte und der das gewünschte Produkt zu liefern in der Lage war: Julius Maggi nämlich, ein Müllereibesitzer, der inzwischen in Kemptthal eine weitere Anlage eröffnet hatte und diese nun auch zur Herstellung von Lebensmittelkonserven nutzen wollte. Nach jahrelangem systematischem Experimentieren mit Leguminosen, insbesondere Erbsen und Bohnen, gelang es ihm, das zukunftsträchtige neue Produkt, nämlich Suppenmehl, zu entwickeln. Maggi wusste um die Widerstände, auf die neue, moderne, unkonventionelle und aus der Sicht der «einfachen Leute» auch fremde, ungewohnte Nahrungsmittel stiessen.

Die Art und Weise, wie Maggi nun vorging, rechtfertigt es, in ihm einen Pionier der Produktinnovation und des modernen Marketings zu sehen. Maggi schloss mit der SGG einen Vertrag ab, in welchem er sich verpflichtete, die Preise im Inland stabil zu halten und die SGG quartalsweise mittels einer Verkaufsstatistik über den Erfolg des neuen Produktes auf dem Laufenden zu halten. Gegenleistung: Die SGG sollte bei allen möglichen Gelegenheiten und sozialpolitischen Institutionen die neuen Suppenwürfel propagieren und zusätzlich eine Broschüre veröffentlichen, um das Produkt zu popularisieren. Maggi setzte von Anfang an auf die Markenproduktstrategie. Er ging nicht davon aus, dass er etwas lieferte, wonach bereits ein Bedarf bestand. Er wusste, dass für jedes neue, noch ungewohnte Produkt der entsprechende Markt erst geschaffen werden muss: durch Reklame, durch Degustation, durch weitere Beeinflussungen. Maggi machte sich nun daran, den Geschmack der Leute mit dem subtilen Arsenal der Werbung zu bearbeiten. Statt anonyme Stapelware (wie Mehl, Zucker, Salz, Getreide etc.) verkaufte er einen profilierten Würfel, dessen Inhaltsstoff hinter der grafisch anspruchsvoll gestalteten Verspackung verschwand. Das Produkt wurde zum Werbeträger. Fünf Jahre nach der Lancierung seiner Würfel eröffnete Maggi ein Reklame- und Pressebüro in Kemptthal; tätig war hier unter anderen der Schriftsteller Frank Wedekind, der so bekannte Werke wie «Frühlings Erwachen», «Der Erdgeist», «Die Büchse der Pandora» und «Die vier Jahreszeiten» verfasst hat und der auch einmal Festungshaft wegen Majestätsbeleidigung abzusitzen hatte. Weil dieser Autor aber durch chronische Geldsorgen geplagt wurde, liess er sich von Maggi anheuern und textete dann in dessen Werbekontor, was das Zeug hielt, um aus dem Würfel etwas Spezielles, Sensationelles, etwas Modernes und Internationales zu machen. Folgende Pressemitteilung stammt aus seiner Feder:

«In Nashville, im Staate Tennessee, lebte ein reicher Sonderling, der vorige Woche, 89 Jahre alt, in Folge eines Sturzes auf der Treppe starb. Seine Bekannten behaupteten von ihm, dass er trotz seines Reichtums die letzten 20 Jahre von nichts als Suppe gelebt habe. In seinem Testament fand sich nun ein Legat von 500'000 Dollars, dem städtischen Waisenhaus ausgesetzt, unter der Bedingung, dass in der Anstalt die tägliche Suppe stets nur aus Maggi's Suppen-Nahrung bereitet werde. Angesichts der kolossalen Erbschaft sollen die Hinterbliebenen noch 10'000 Dollars zur Würzung mit Maggi's Suppen- und Speisewürze beigefügt haben.»[30]

Maggi hatte durchaus Grund, seine Bestrebungen auf dem Gebiete der Produktvermarktung zu intensivieren. Denn die so genannte «rationelle Suppennahrung» hatte vor allem in den anvisierten Unterschichten noch nicht in genügendem Ausmass Fuss gefasst. Seine Veränderungsbemühungen stiessen bei den anvisierten Bevölkerungsschichten nicht auf die gewünschte Resonanz – sie fühlten sich von den bürgerlichen Werten kaum angezogen, und es fehlten ihnen meist schlicht die Zeit und das Geld, um den Empfehlungen tatkräftig nachleben zu können. Die «Einmischung der gebildeten Stände», wie Schuler das nannte, war – in Deutschland und in der Schweiz – letztlich ein ziemlich erfolgloses Unternehmen. Die oft rastlos belehrenden und aufklärenden Oberschichten mussten die bittere Erfahrung machen, dass sich Wandel in den Ernährungsgewohnheiten nur sehr beschränkt herbeiziehen lässt. Auf einer ernährungsphysiologischen Ebene hätte der Plan, den desaströsen Fusel durch eine ebenso billige und fast ebenso rasch konsumierte Maggisuppe zu ersetzen, eigentlich einleuchten müssen. Alle hätten davon profitiert, der industrielle Gewinn hätte sich im Gleichschritt mit der Gesundheit der materiell Minderbemittelten erhöhen können. Unter dem Aspekt der Alltagskultur und der Ernährungsgewohnheiten waren Suppe und Schnaps allerdings etwas anderes.

Die Industrialisierung hat damit nicht nur bisher unbekannte Ernährungsprobleme geschaffen, die noch in das 20. Jahrhundert hineinreichen – das Bürgertum als Träger dieser Entwicklung hat auch die Anstrengungen, diesen neuen Übelständen durch gutes Zureden, durch «fürsorgliche Belagerung» und eine Politik der dargereichten Hand Abhilfe zu verschaffen, weitgehend im Sande verlaufen lassen. Dies sind Erkenntnisse, die vielleicht auch heute – gerade aus einer gesundheits- und entwicklungspolitischen Perspektive – von Belang sein können. Auch in der Gegenwart lässt sich diese Kluft zwischen erhöhtem gesellschaftlichem Problembewusstsein und einer nach wie vor geringen Bereitschaft, die Ernährungsgewohnheiten zu ändern, feststellen.

Mehrdeutigkeiten und das Aushalten von Ambivalenz

Im historischen Rückblick geht es darum, jene Faktoren darzustellen und in ihrem Zusammenspiel zu analysieren, die im Industrialisierungsprozess auf die Ernährungsweise einwirkten und einen Wandel der Esskultur auslösten. Wir könnten nun der Versuchung erliegen, eine schiere Erfolgsgeschichte zu konstruieren und den Weg aus Hunger und Not hin zu Wohlstand und Überfluss nachzeichnen. In ihrer zum Standardwerk aufgerückten Studie über den «Wandel der Ernährungsgewohnheiten unter dem Einfluss der Industrialisierung» sprachen Hans Jürgen Teuteberg und Günther Wiegelmann im Jahre 1972 etwa von einer geglückten «Emanzipation [der Gesellschaft] aus den Schranken der Natur» und werteten die «ausserordentlich rasch und wirksam sich verbessernde Volksernährung» als «grossartigen Wandel».[31] Dieses Urteil ergibt sich für die Autoren vor dem düsteren Hintergrund frühneuzeitlicher Ernährungsprobleme. Eine optimistische Grundhaltung strömt uns auch heute entgegen, wenn wir Verlautbarungen von Lebensmitteltechnologen, Food-Designern oder eingefleischten Anhängern von *functional food* oder *novel food* zuhören. Aus dieser Sicht wäre die Welt sozusagen «in Butter», wenn wir nur endlich unsere atavistischen Widerstände gegen die Infiltration des Alltags mit neuen Technologien aufgeben würden.

Aus sozialgeschichtlicher Perspektive sprechen jedoch viele Gründe dafür, auch die Schwierigkeiten hervorzuheben, mit denen sich die Unterschichten und die so genannten «arbeitenden Klassen» im Zuge der Industriellen Revolution konfrontiert sahen. Und wer könnte heute die Augen verschliessen vor den immensen Problemen, die sich einerseits im globalen Massstab in der Welternährung zeigen und die andererseits auch in den hoch entwickelten, gegen Überproduktion, Übergewichtigkeit und neue, gravierende Risikofaktoren kämpfenden Industrieländern anzutreffen sind.[32]

In der heutigen Debatte lassen sich indessen zunehmende Anzeichen einer intellektuellen Einfältigkeit ausmachen. So wie ein Falz zwei Seiten produziert, scheinen sich im Feld der Ernährung zwei feindliche Lager zu formieren: auf der einen Seite die bösen, profitgierigen Nahrungsmittelproduzenten, auf der anderen die guten, übers Ohr gehauenen Konsumenten. Letzteren wird immer wieder mal was vorgegaukelt, bevor dann der nächste Skandal die schreckliche Wahrheit an den Tag bringt. Die Beschäftigung mit der Ernährungsgeschichte kann helfen, eine solche Aufspaltung des Problems zu vermeiden. Es scheint mir nicht möglich, die unterschiedlichen Tendenzen, die sich in der Entwicklung der Ernährung zeigen, auf einen manichäischen Erzählplot zu reduzieren: Weder ist es haltbar, die Ernährungsgeschichte in einer rosig grundierten Forschrittsperspektive zu situieren, in der alles immer besser und noch besser geworden ist, noch ist es sinnvoll, in düsteren Farben den Untergang einer natürlichen Lebensweise zu beklagen und den baldigen «Tod in den Töpfen»[33] in Aussicht zu stellen. Es spricht vieles dafür, in Tierhaltung, Futtermittelproduktion und Pflanzenbau eine entschlossene Wende in Richtung einer ökologisch nachhaltigen und sozialverträglichen Landwirtschaft anzustreben. Doch die mittlerweile mehr als sechs Milliarden Menschen auf dem Globus können sich nicht ohne Agrobusiness ernähren, und die verklärende Rückschau auf die einfachen Agrartechniken der «guten alten Zeit» resultiert aus einer nostalgischen Schwärmerei. Wir werden in den nächsten Jahrzehnten nicht weniger, sondern immer mehr Einwohner auf dem kleinen blauen Planeten vorfinden. Es kann also nicht um die Frage «mit oder ohne Technik» gehen, sondern was zur Debatte steht, ist die Wahl, die wir im Möglichkeitsraum des technisch Machbaren treffen. Es geht um die Verteilung der Vor- und Nachteile des Technikeinsatzes und ein intelligentes Risikomanagement. Menschen haben nie in einer Welt ohne Risiken gelebt – und es wird auch nie eine solche Welt geben.[34]

Wenn weder das Fortschritts- noch das Untergangsszenario für sich genommen plausibel ist, dann geht es darum, die soziale und kulturelle Zweischneidigkeit der Entwicklung zu akzeptieren und die unvermeidliche Ambivalenz analytisch und lebensweltlich auszuhalten. Eine solche Position hat den grossen Vorteil, dass sie nicht nur einen differenzierten Zugang zur subjektiven Selbstdeutung jener Menschen bietet, die im 19. und 20. Jahrhundert den Industrialisierungsprozess gewissermassen am eigenen Leib erfahren haben. Auch die heutige Situation lässt sich so besser verstehen. Es zeigt sich nämlich, dass die gespaltene Bewertung des epochalen Vorgangs gestern wie heute mitten durch das Bewusstsein der Menschen hindurchgeht.

Gegenwärtig zeigen sich neben den enormen Problemen, die wir mit einer durchindustrialisierten und -technisierten Nahrung haben, auch Chancen für zukunftsweisende Reformen und Innovationen. Wir dürfen aber die Ernährung nicht mehr als eine souveräne Domäne von Experten betrachten. Es braucht neue Formen öffentlicher Einmischung in den verwissenschaftlichten Ernährungssektor, der vom Agrobusiness über die *life sciences* bis hin zur Verpackungs- und Entsorgungsindustrie reicht. Essen ist politisch geworden. Das ist an der Zeit. Und dies eröffnet Chancen für demokratische Entscheidungsprozesse. Wir brauchen den mündigen Bürger, die mündige Bürgerin gerade da, wo es um das Mundwerk im doppelten Sinne geht, nämlich als Ort der Einverleibung und als Werkzeug der Kommunikation.

Anmerkungen

[1] Zur Geschichte der MKS vgl.: Olaf Sommerfeldt, Vakzination gegen Maul- und Klauenseuche: von der Entdeckung des Virus bis zum Verbot von Impfungen, Bielefeld 1998; Mathias Boese, Beitrag zur Geschichte der MKS und ihrer Bekämpfung unter besonderer Berücksichtigung des Schweines, Berlin 2000.

[2] Zur Geschichte der BSE vgl. Maxime Schwartz: Comment les vaches sont devenues folles, Paris 2001; Pierre-Marie Lledo: Histoire de la vache folle, Paris 2001; Manfred Weissenbacher, Rinderwahnsinn: die Seuche Europas, Wien 2001; Christian Wolters: Die BSE-Krise. Agrarpolitik im Spannungsfeld zwischen Handelsfreiheit und Konsumentenschutz, Frankfurt a.M./Wien (u.a.) 1998; Stephen Dealler: Lethal legacy. BSE – the search for the truth, London 1996; Richard W. Lacey: Mad cow disease. The history of BSE in Britain, St. Helier 1994.

[3] Jakob Tanner: Die Ambivalenz der Nahrung. Gift und Genuss aus der Sicht der Kultur- und Naturwissenschaften, in: Gerhard Neumann/Alois Wierlacher/Rainer Wild (Hg.): Essen und Lebensqualität. Natur- und kulturwissenschaftliche Perspektiven, Frankfurt a. M. 2001, S. 175–199.

4 Als einführende Überblicke in die Ernährungsgeschichte eignen sich: Kenneth F. Kiple/Kriemhild Conneè Ornelas (Hg.): The Cambridge World History of Food, 2 Bde., Cambridge 2000; Jean-Louis Flandrin (Hg.): Histoire de l'alimentation, Paris 1996; Massimo Montanari: Der Hunger und der Überfluss: Kulturgeschichte der Ernährung in Europa, München 1993; Sidney Mintz: Die süsse Macht. Kulturgeschichte des Zuckers, Frankfurt a. M. 1987.

5 Karl Polanyi: The Great Transformation, Frankfurt a. M. 1978.

6 Edward P. Thompson: Zeit, Arbeitsdisziplin und Industriekapitalismus, in: ders.: Plebejische Kultur und moralische Ökonomie. Aufsätze zur englischen Sozialgeschichte des 18. und 19. Jahrhunderts, Frankfurt a. M./Berlin/Wien 1980, S. 34–65.

7 Ein solcher Strukturierungsvorschlag findet sich bereits bei Hans Jürgen Teuteberg/Günther Wiegelmann: Der Wandel der Ernährungsgewohnheiten unter dem Einfluss der Industrialisierung, Göttingen 1972.

8 Herman van der Wee: Der gebremste Wohlstand. Wiederaufbau, Wachstum, Strukturwandel 1945–1980, München 1984.

9 Jakob Tanner: Fabrikmahlzeit. Ernährungswissenschaft, Industriearbeit und Volksernährung in der Schweiz, 1890–1950, Zürich 1999.

10 Vgl. etwa: Roger Price: The modernization of rural France: communications networks and agricultural market structures in nineteenth-century France, London 1983.

11 Zur Geschichte der Konserven vgl. etwa: Andrew F. Smith: Souper tomatoes: the story of America's favorite food, New Brunswick 2000; Martin Humbert: Die Entstehung der Konservenindustrie und ihre technische sowie wirtschaftliche Entwicklung in Deutschland im Bereich der Obst- und Gemüsekonserven, Hamburg 1997.

12 Sigfried Giedion: Die Herrschaft der Mechanisierung, Frankfurt a. M. 1982 (erstmals 1948).

13 Giedion: Die Herrschaft der Mechanisierung, S. 245.

14 Upton Sinclair: The Jungle, London/New York 1906 (deutsch: Der Dschungel, Reinbek bei Hamburg 1985).

15 Sinclair: Der Dschungel, S. 46.

16 Abbildung aus: Giedion: Die Herrschaft der Mechanisierung.

17 Abbildung aus: Giedion: Die Herrschaft der Mechanisierung.

18 Vgl. Iwan Scott: Upton Sinclair, the forgotten socialist, Lewiston 1997.

19 Peter Haenger: Das Fleisch und die Metzger. Fleischkonsum und Metzgerhandwerk in Basel seit der Mitte des 19. Jahrhunderts, Zürich 2001. Es gibt weitere Aspekte, die im Zusammenhang mit den Zentralisierungstendenzen Beachtung finden müssten, so z.B. die enge Zusammenarbeit zwischen Fleischverarbeitung und pharmazeutischer Industrie, die sich seit der vorletzten Jahrhundertwende für Hormonpräparate interessierte und sich die entsprechenden Ausgangsstoffe (Urin, Organe) auf Schlachthöfen und bei den Metzgern besorgte. Vgl. dazu Hans Conrad Peyer: Roche, Geschichte eines Unternehmens: 1896–1996, Basel, 1996.

20 Thomas Macho: Lust auf Fleisch? Kulturhistorische Überlegungen zu einem ambivalenten Genuss, in: Gerhard Neumann/Alois Wierlacher/Rainer Wild (Hg.): Essen und Lebensqualität. Natur- und kulturwissenschaftliche Perspektiven, Frankfurt a. M. 2001, S. 157–174.

21 Crawford B. Macpherson: The political theory of possessive individualism. Hobbes to Locke, Oxford 1969.

22 Mary Kilbourne Matossian: Poisons of the Past. Molds, Epidemics, and History, New Haven/London 1989; Piero Camporesi: Das Brot der Träume. Hunger und Halluzinationen im vorindustriellen Europa, Frankfurt a. M. 1990 (erstmals 1980); vgl. auch: Alain Larcan/Henri-Max Lambert: Les intoxications par les dérivés de l'ergot de seigle, Paris 1977; Veit Harold Bauer: Das Antonius-Feuer in Kunst und Medizin (Hg. Sandoz), Basel 1973.

23 John Burnett/Derek J. Oddy (Hg.): The Origins and Development of Food Policies in Europe,

London/New York 1994; John Burnett: Plenty and Want. A Social History of Diet in England from 1815 to the Present Day, Harmondsworth 1966, S. 99–120; Frederick A. Filby: A History of Food Adulteration and Analysis, o. O. 1934.

[24] Staatsarchiv des Kantons Zürich.

[25] Vgl. dazu: Wirz Albert: Die Moral auf dem Teller, Zürich 1993.

[26] Tamara K. Hareven: Family time and industrial time. The relationship between the family and work in a New England industrial community, Cambridge 1982.

[27] Tanner: Fabrikmahlzeit (wie Anm. 9).

[28] Vgl. Mintz: Die süsse Macht (wie Anm. 4).

[29] Fridolin Schuler: Über die Ernährung der Fabrikbevölkerung und ihre Mängel, Zürich 1882; vgl. auch: ders.: Die Ernährungsweise der arbeitenden Klassen in der Schweiz und ihr Einfluss auf die Ausbreitung des Alkoholismus, Bern 1884.

[30] Zitiert nach: Susanne B. Schmidt: Julius Maggi – Singens würziger Weg zur IndustriestadtMaggi-Singens würziger Weg zur Industriestadt, in: Alfred Frei (Hg.): Habermus und Suppenwürze. Singens Weg vom Bauerndorf zur Industriestadt, Konstanz 1987, S. 111–151.

[31] Teuteberg/Wiegelmann: Der Wandel der Ernährungsgewohnheiten (wie Anm. 7), S. 66, 73.

[32] Vgl. dazu Amartya Sen, Poverty and famines. An essay on entitlement and deprivation, Oxford 1997; ders.: On economic inequality, Oxford 1997; Eric Schlosser: Fast food nation. The dark side of the all-American meal, Boston 2001.

[33] Dieses Problem wird schon 1822 beim Gastrosophen Karl Friedrich von Rumohr thematisiert. Vgl.: Karl Friedrich von Rumohr, Geist der Kochkunst, München 1922, S. 62.

[34] Vgl. Gerhard Neumann/Alois Wierlacher/Rainer Wild (Hg.): Essen und Lebensqualität. Natur- und kulturwissenschaftliche Perspektiven, Frankfurt a. M. 2001.

Uwe Spiekermann

Demokratisierung der guten Sitten?
Essen als Kult und Gastro-Erlebnis

Warum interessiert einen Wissenschaftler ein Thema, über das man doch gemeinhin in den Gazetten und Anzeigen liest, dem man sich eher praktisch denn reflektiert nähert? Dazu gilt es ein wenig auszuholen, das Thema in einen allgemeinen Zusammenhang zu stellen: Vor mehr als 80 Jahren deutete der Heidelberger Soziologe Max Weber den durch Wissenschaft, Technik und Kommerzialisierung bewirkten Wandel der Gesellschaft als einen umfassenden Rationalisierungs- und Intellektualisierungsprozess, als eine «Entzauberung der Welt»[1]. Das konnte nicht ohne Folgen bleiben, denn Askese und Pflichterfüllung mag man von Beamten, Wissenschaftlern und Mönchen verlangen können, nicht aber von jedem: «Das aber, was gerade dem modernen Menschen so schwer wird, und der jungen Generation am schwersten, ist: einem solchen Alltag gewachsen zu sein. Alles Jagen nach dem ‹Erlebnis› stammt aus dieser Schwäche. Denn Schwäche ist es: dem Schicksal der Zeit nicht in sein ernstes Antlitz blicken zu können.»[2] Nimmt man dieses ernst, so erscheint auch die Jagd nach dem Gastro-Erlebnis, nach dem Kult als Flucht, als beklagenswerte Eskapade.

Ganz anderes deutete unlängst die Wiener Marketingspezialistin Helene Karmasin die Entwicklungen im Gastronomiebereich. Sie interpretierte Essen, insbesondere aber Ausser-Haus-Essen, als Akt und Ausdruck der Stammesbildung. Als Stamm galt ihr eine Gruppierung, die sich zwischen den Einzelnen und die Gesellschaft schiebt, «grösser als die kleinen familiären Einheiten, kleiner und informeller als die grossen sozialen

Kategorien wie Schicht, Klasse oder Nationalstaat.»[3] Stamm steht für Überschaubarkeit, für menschliches Miteinander. Karmasin versteht Essen als einen sozialen Akt, durch den Gemeinsamkeit immer wieder neu hergestellt werden kann und wird. Die Jagd nach dem Gastro-Erlebnis wird hier nicht als Schwäche verstanden, sondern als eine moderne selbstreflektierte Form, mit der die strukturelle Unmenschlichkeit einer rational organisierten, auf Effizienz und Funktionalität ausgerichteten Gesellschaft gemildert, ja, für den Einzelnen überwunden werden kann.

In diesem Spannungsbogen gewinnt das Thema an Bedeutung, ist es doch ein Ausschnitt der immer wieder wichtigen Frage, wie der Mensch mit den strukturellen Rahmenbedingungen der von ihm selbst geschaffenen Welt umgeht, wie es also mit der menschlichen Identität beschaffen ist.[4] Das will ich als Wissenschaftler aus dem Essen der Gesellschaft herauslesen. Das interessiert mich aber auch als Bürger und Essender – wenn auch mit jeweils etwas anderen Vorzeichen.

Um dieses hehre Ziel zu erreichen, gilt es eingangs kurz die historische Entwicklung der Gastronomie zu skizzieren, um nicht allein vom Tage aus argumentieren zu müssen. Um die Darstellung auf eine solide empirische Basis zu stellen, wird anschliessend die wirtschaftliche Lage der Gastronomie genauer betrachtet werden, sind die dann zu behandelnden Trends und Angebote doch vielfach Ausfluss und Konsequenz ökonomischer Herausforderungen. In einem dritten Teil wird sich zeigen, dass wir uns in einem Prozess des Abschleifens strikter Hierarchien in der Gastronomie befinden. Um all dies zu differenzieren und zugleich anschaulicher zu machen, stehen ausgesuchte Trends in der Gastronomie im Mittelpunkt des vierten Abschnittes, ehe wir dann abschliessend auf die eingangs gestellten Fragen zurückkommen werden, wie nämlich diese Trends einzuschätzen und zu bewerten sind, was wir hieraus über uns und unsere Gegenwart erfahren können.

Gastronomie und moderne Gesellschaft – eine historische Skizze

Um die Gegenwart verständlicher zu machen, ist ein kurzer und kursorischer Blick auf die Geschichte der Gastronomie in den letzten zwei Jahrhunderten hilfreich. Der Einschnitt an der Wende vom 18. zum 19. Jahrhundert ist nicht beliebig gewählt, denn seit Mitte des 18. Jahrhunderts entwickelte sich in Paris das Restaurant, ein kulinarischer Versorgungsbetrieb, den ein selbstständiger Gastronom eigenverantwortlich leitete.[5] Damit trat, anders als etwa bei den früheren Tavernen und Gastwirtschaften, Schenken und Ratskellern, das Essen als solches in den Vordergrund des Angebotes. Zuvor konzentrierte sich das Gastgewerbe vor allem auf die Beherbergung; die Bewirtung war ein notwendiges, nicht aber sonderlich gepflegtes Nebengeschäft.[6] Das Restaurant war aber nicht nur Ausdruck der Emanzipation des gepflegten Essens von der notwendigen Begleitverpflegung auf Reisen. Es war auch eine Emanzipation des Bürgertums von der bis ins frühe 19. Jahrhundert dominierenden adeligen Küche. Das Restaurant offerierte ein spezielles Angebot, der Gast musste zudem nicht ein vorgegebenes Essen verzehren, sondern konnte «à la carte» wählen. Wie das Café, das sich in Westeuropa und Österreich vor allem in der ersten Hälfte des 18. Jahrhunderts ausgebreitet hatte, entstand mit dem Restaurant ein neuer kulinarischer Raum, in dem eine besondere Atmosphäre herrschte. Hier konnte man sich zeigen und wurde gesehen, hier unterhielt man sich mit Freunden und der Familie. Wichtig ist, dass mit dem Restaurant ein kommerzielles Angebot ehedem im Haus angesiedelte Tätigkeiten in die öffentliche Sphäre trug. Zugleich begann spätestens seit Beginn des 19. Jahrhunderts eine umfassende Ästhetisierung des Essens.[7] Die Gastrosophen sahen im guten, im kommunikativen Essen eine spezielle Lebenskunst – erst durch Verzehr wurde der Mensch zum Menschen.[8] Entsprechend verfeinerten sich Speisen und Darbietung, Restaurantinterieurs und gesellschaftliche Essregeln. Meister der Ästhetisierung waren französische Köche, die ihre Kunst, die grande cuisine, im Ausland erfolgreich verbreiteten – erst in Grossbritannien, den Niederlanden und der Schweiz, seit der Jahrhundertmitte dann auch im Deutschen Bund.[9] Am Ende des 19. Jahrhunderts gab es eine französisch geprägte internationale Hotelküche, die in der Person Auguste Escoffiers ihren Höhepunkt fand. Um 1900 war das Restaurant ein arbeitsteiliger Betrieb geworden, die einzelnen Zubereitungsschritte waren minutiös aufgegliedert und aufeinander abgestimmt (Abb. 1).

Während der Betrieb damit den Imperativen der Industrialisierung folgte, wurde das Lokal als Ort des kulinarischen Erlebens ausgebaut. Vom emsigen Arbeiten häufig nur durch eine Wand getrennt, wurde ein gastronomischer Kunstraum geschaffen, in dem man Freizeit gehaltvoll und repräsentativ zugleich gestalten konnte. Doch es ist kein Zufall, dass die heutzutage vielfach beklagte Rationalisierung und Anonymisierung

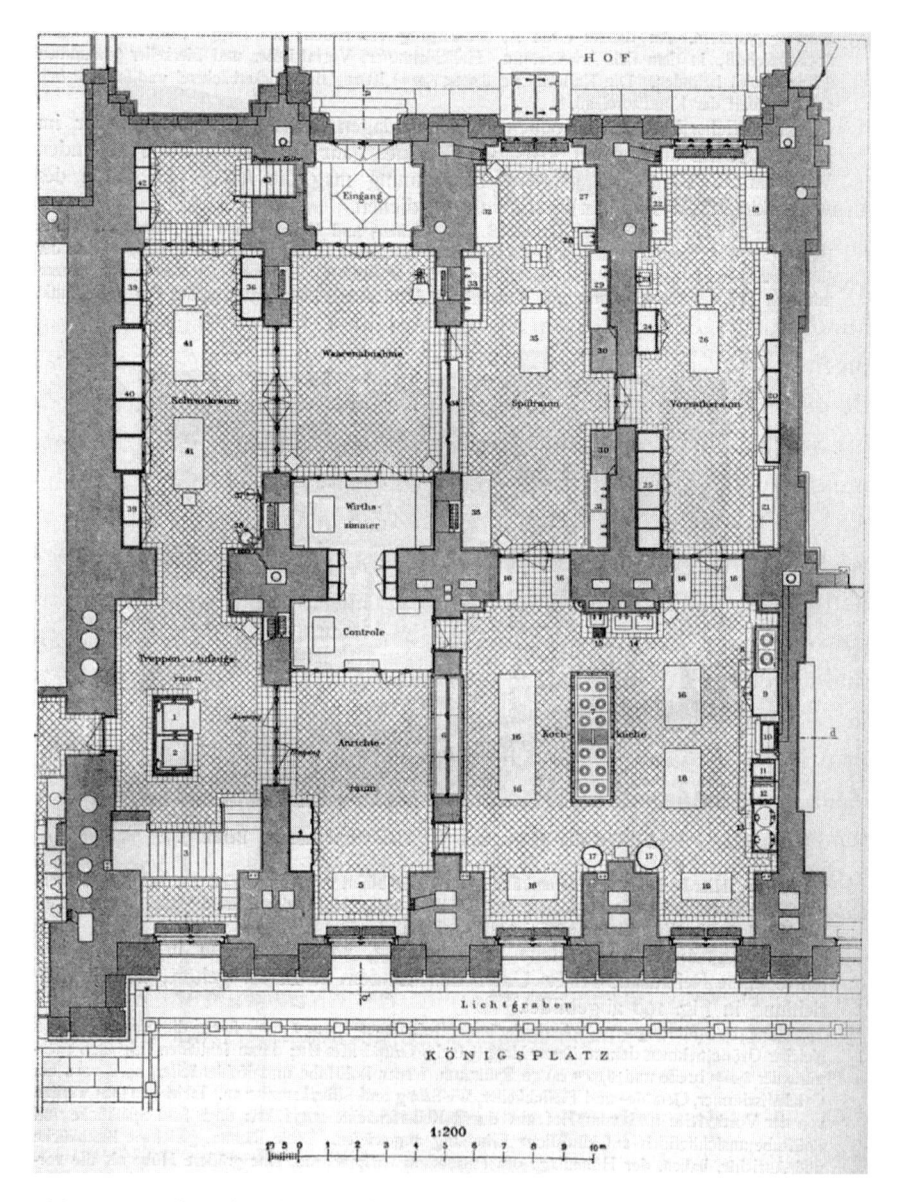

Abb. 1 Die Küchenanlage des Deutschen Reichstages in Berlin 1897[10]

der Gastronomie schon um die Jahrhundertwende deutlich erkennbar war, als solche auch gefeiert wurde. In den Automatenrestaurants der Jahrhundertwende konnte sich der Gast schnell selbst verpflegen (Abb. 2) – eine Modeerscheinung, die aber viel von der untergründigen Entwicklung des Restaurants offenlegt.

Abb. 2 Automatische Konditorei um 1900[11]

Das Automatenrestaurant ist zugleich Beleg für die zunehmende Differenzierung des Gastronomiegewerbes im späten 19. Jahrhunderts. Die Angebote spiegelten den sozialen Status, die Lokalität wurde zum Statussymbol. Die Palette der öffentlichen Speiseangebote weitete sich aus, reichte vom schnellen, auf der Strasse angebotenen Essen über Volksküchen, einfache Wirtschaften, Kneipen, Gaststätten bis hin zum ersten Restaurant am Platze.[12] Seit dem späten 19. Jahrhundert verband sich die Gastronomie noch enger mit dem Freizeitsektor, Ausflugslokale entstanden, Tanz-, Konzert- und bürgerliche Festhallen. Der Abend wurde kulinarisch und kommerziell erschlossen, Bars, Kinos und Varietés etablierten sich in Deutschland schon deutlich vor dem Ersten Weltkrieg, auch wenn ihre erste grosse Zeit in den vermeintlich «goldenen» 1920er Jahren lag.[13] Die betriebliche Differenzierung des späten 19. Jahrhunderts wurde zudem ergänzt durch die nationale und regionale Differenzierung der Speisenangebote. Die französische Küche wurde durch Angebote der nationalen Küchen ergänzt, teils auch ersetzt – in Deutschland etwa verbunden mit dem Namen Alfred Walterspiels.[14]

Die hier nur angerissenen Entwicklungen prägen die Gastronomie bis heute, auch wenn sich seit etwa 1960 wichtige Veränderungen von Betriebsformen und Angebot erkennen lassen. War das Gastgewerbe bis dahin vor allem durch Einzelbetriebe gekennzeichnet, so drang nun die Systemgastronomie vor. Wegbereiter waren in der Bundesrepublik Mövenpick und Wienerwald. Sie boten ein einheitliches Angebot unter einheitlichem Markennamen, konnten dank Kostenvorteilen gerade beim Einkauf das Ausser-Haus-Essen vergleichsweise preiswert gestalten. Seit ca. 1960 nahm dann auch die Zahl ausländischer Spezialitätenrestaurants schnell zu, das Angebot internationalisierte sich. Die sich unmittelbar nach dem 2. Weltkrieg etablierende Imbisskultur – man denke nur an Pommes frites und Currywurst – geriet seit 1971 unter Druck, als McDonald's in München sein erster Restaurant in Deutschland eröffnete. Ende der 1970er Jahre begann mit dem Döner kebap Ethnofastfood seinen Siegeszug.[15] Essen wurde insbesondere in der Jugend Teil des Lebensstils.

Das kulinarische Angebot verbreiterte sich in den 1970er Jahren aber auch durch Angebote der Gemeinschaftsverpflegung (also Mensen, Kantinen, Krankenhaus- und Altenheimküchen). Ernährungswissenschaftliche Kenntnisse wurden nun reflektiert und berücksichtigt.[16] Das traditionelle Gastgewerbe hatte sich hier eher abseits gestellt, auch wenn etwa in den 1920er Jahren das Vordringen von Vitaminlehre und Gemüsebeilagen, Rohkost und Salaten parallel gingen. Die Marktlage veränderte sich in den 1970er Jahren auch durch den schnell wachsenden Markt gastromischer Komplettangebote für den Haushalt. Während das sozial motivierte «Essen auf Rädern» eher satt machen sollte, sind heute etwa Pizzabringdienste in, gewinnen Lieferservice per Internet viele neue Kunden hinzu. Seit den 1980er Jahren schliesslich drängte auch der Lebensmitteleinzelhandel verstärkt in den gastronomischen Bereich. Über Grillcenter, Stehcafés oder eigene Restaurants offeriert er heute ca. 30% aller ausser Haus verzehrten Speisen.[17]

Wir sind damit in der Gegenwart angekommen. Vor Ihnen ausgebreitet liegt das Bild eines dynamischen Wirtschaftssektors, dessen Vertreter stets behaupten, den Wünschen des Gastes zu folgen und zu entsprechen. Zu beachten ist jedoch, dass die Ausbildung der Gastronomie engstens mit der sonstigen ökonomischen und gesellschaftlichen Entwicklung verbunden war. Sie ist damit integraler Bestandteil des von Weber angeführten Rationalisierungs- und Intellektualisierungsprozesses. Doch sie bietet zugleich den Raum für Kult und Gastro-Erlebnis, offeriert diesen aber rechenhaft und reflektiert.

Ein Markt voller Widersprüche – zur wirtschaftlichen Lage der Gastronomie

Um das genauer nachvollziehen zu können, müssen wir auf die wirtschaftliche Lage der Gastronomie eingehen. Sie ist schon seit längerem schwierig (Abb. 3).

DATEN · FAKTEN · TENDENZEN							
Umsätze Volumen in Milliarden DM (Näherungswerte)							
Betriebsartengruppe	1997	Veränderung zu 1996	1998	Veränderung zu 1997	1999	Veränderung zu 1998	2000 (1. Quartal) Veränderung zu 1999
Gastgewerbe insg.	111,3	-0,3 %	112,7	+1,3 %	113,4	+0,6 %	+1,4 %
Hotels,Gasthöfe,Pensionen,Garnis	30,3	-3,8 %	31,8	+4,7 %	32,6	+2,6 %	+6,1 %
Sonst.Beherbergungsgewerbe	2,7	+4,7 %	2,6	-4,0 %	2,6	+0,5 %	+6,5 %
Beherbergungsgewerbe insg.	33,0	-3,2 %	34,3	+4,0 %	35,2	+2,5 %	+6,2 %
Restaurants,Cafés,Eisdielen,Imbißhallen	51,2	+2,1 %	52,0	+1,6 %	52,2	+0,2 %	-0,9 %
Sonst.Gaststättengewerbe	20,3	-5,5 %	19,3	-5,0 %	18,6	-3,8 %	-3,1 %
Gaststättengewerbe insg.	71,6	-0,2 %	71,3	-0,3 %	70,7	-0,6 %	-1,3 %
Kantinen, Caterer	6,7	+15,6 %	7,0	+4,2 %	7,2	+2,1 %	+1,5 %

Abb. 3 Umsätze des Gastgewerbes in der Bundesrepublik Deutschland 1997–1999[18]

Das Gaststättengewerbe hat in der Bundesrepublik schon seit Jahren relative und auch absolute Umsatzeinbussen zu verzeichnen. Der Jahresumsatz liegt bei ca. 36 Mrd. €. In der Schweiz beträgt dieser Wert – dank hoher Preise und eines ausgeprägteren Tourismusgewerbes – 2000 ca. 15,9 Mrd. Franken. Auch hier ist gegenüber 1999 ein Rückgang von 1,6% zu verzeichnen, allerdings hat sich die Ertragslage in der Schweiz leicht verbessert.[19] In diesem Markt wachsen vor allem die grossen Anbieter. Im Jahr 2000 erzielten die 100 grössten Unternehmen der Gastronomie in Deutschland ein Umsatzplus von 5,4%, fast die Hälfte dieses Zuwachses ging auf das Konto von McDonald's und Burger King.[20] Neben Fastfood (+ 8,1%) wachsen vor allem Lieferservice und Take-away-Betriebe. Doch auch das gehobenere Segment gewinnt an Bedeutung, «Event-Catering» (also Bankette, Veranstaltungen und Partyservice) boomt ebenso wie «Fine Dining», also das Mehrgängemenü im exklusiven Ambiente.[21] Der Gastronomiesektor ist offenbar ein sehr heterogener Markt.

Die insgesamt schwierige wirtschaftliche Lage ist gleichwohl überraschend, denn generell handelt es sich bei dem Ausser-Haus-Markt um

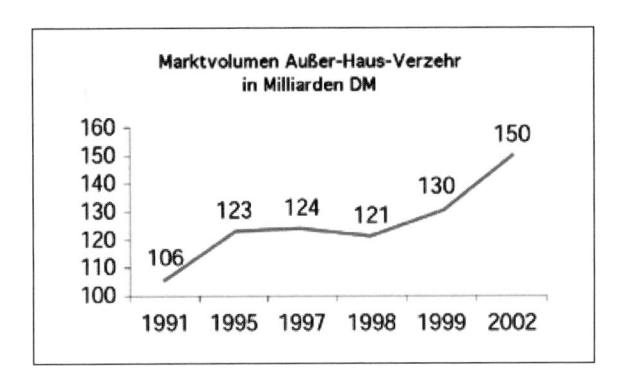

Marktvolumen Außer-Haus-Verzehr in Milliarden DM

Jahr	1991	1995	1997	1998	1999	2002
Volumen	106	123	124	121	130	150

Abb. 4 Entwicklung des Ausser-Haus-Marktes in der Bundesrepublik Deutschland bis 2002[23]

eine Wachstumsbranche; zumal wenn man die USA betrachtet, wo schon mehr als jede 2. Mahlzeit ausser Haus gegessen wird.[22] Zur Zeit werden in der Bundesrepublik jährlich ca. 70 Mrd. € für den Ausser-Haus-Verzehr ausgegeben, gewichtige Marktanteile fallen dabei allerdings auf den Handel bzw. die Gemeinschaftsverpflegung (Abb. 4).

Ähnliches gilt für die Schweiz, hier geht es um ca. 20 Mrd. Franken.[24] Vor diesem ökonomischen Hintergrund sind Trends und Innovationen im Gastgewerbe von besonderer Bedeutung. Gesellschaftliche Veränderungen bieten an sich grosse Marktchancen, doch es stellt sich die Frage, wie diese zu nutzen sind. Hier liegt der ökonomische Beweggrund für immer neue kultige und erlebnisorientierte Angebote. Zufriedene Gäste erfordern mehr als Gediegenheit.[25] Die heutigen Entwicklungen wurden thesenhaft wie wie folgt gebündelt:[26]

1. Kundenorientierung muss Grundlage des Geschäftes werden.
2. Die Gastronomie konkurriert mit Handel, Handwerk und Gemeinschaftsverpflegung, ehedem getrennte Wirtschaftszweige überlappen sich.
3. Die Verbraucheransprüche polarisieren sich, Gewinner sind das gehobene und das einfache Marktsegment.
4. Standorte gewinnen an Bedeutung.
5. Speisen und Getränke werden internationaler, müssen häufiger gewechselt werden.
6. Wachstumschancen liegen vor allem beim Frühstück und in der Nacht, Mittag- und Abendgeschäft stagnieren.
7. Fingerfood gewinnt stark an Bedeutung.
8. Gastronomie muss ein mehrdimensionales Erlebnis bieten, kann sich nicht allein auf Essen und Trinken konzentrieren.

9. Kostendisziplin und erhöhte Mitarbeiterproduktivität werden existenziell.
10. Die Zahl der Einzelbetriebe wird sinken, Ketten mit Markenprofil treten an deren Stelle.

Demnach muss sich die Gastronomie heute einer an sich paradoxen Situation stellen: Auf der einen Seite steht strikte Rechenhaftigkeit, die insbesondere die kühl kalkulierenden Franchiseunternehmen prägt. Auf der anderen Seite aber steht die Suche der Gäste nach Emotionen, nach Erlebnis.[27] «Restaurants, Cafés, Kneipen & Co. werden für Millionen Menschen mehr und mehr zur zweiten Küche und zum zweiten Wohnzimmer.»[28] Der Gast fragt den Kern der Gastfreundschaft nach, private Zuwendung und emotionale Verbundenheit. Die Anbieter nehmen diese Anforderungen auf, bieten ihnen in immer neuen Konzepten Raum für die Illusion nicht kommerzieller Beziehungen.

Heterogene Gastronomie – das Zerbrechen der traditionellen Hierarchien

Innerhalb der Gastronomie zerbrechen derweil die tradierten, vor allem durch ständische und soziale Unterschiede geprägten Barrieren. Gerade Toprestaurants buhlen um zahlungskräftige Kunden, bemühen sich, Menschen in die Lokale zu locken. Beispiele müssen genügen; für die Topgastronomie nur zwei Trends, die beide mit unterschiedlichen Mitteln ähnliche Ziele verfolgen.

Da ist auf der einen Seite ein Trend zu neuer Einfachheit, zu Produkten und Speisen mit Identität. Trendsetter sind dabei seit 1986 die Eurotoques. Sie vereinen gegenwärtig weltweit ca. 3200 Spitzenköche, die sich bewusst als Anwälte der Verbraucher verstehen: «Wir wachen über die Echtheit der Lebensmittel, fördern die besten traditionellen Erzeugnisse unserer Region und setzen uns auf wirtschaftlicher, gesellschaftlicher und politischer Ebene für unverfälschte Naturprodukte ein.»[29] Die Vereinigung, die dank einheitlichem Label einfach erkennbar ist und eine gute PR-Arbeit betreibt, hat sich einen Ehrenkodex gegeben, der jedem Essenden verdeutlicht, dass er mit Ehrenleuten zu tun hat. Seine Artikel lauten:[30]

1. Wahrung des kulinarischen Erbes
2. Verantwortungsbewusstsein unabhängig vom Marktgeschehen
3. Wahrung der Berufsehre
4. Hochwertige Qualität der Lebensmittel
5. Unabhängigkeit von Lieferanten und Nahrungsmittelindustrie
6. Aufrichtigkeit dem Gast gegenüber
7. Freundschaft zwischen den Eurotoques
8. Austausch der regionalen Spezialitäten
9. Werbung nur für gesunde Produkte in der Tradition seines Heimatlandes
10. Ausschluss bei Verstössen

Deutlich erkennbar ist hier, dass gerade Toprestaurants sich nicht auf ihre Speisen und die Anziehungskraft ihrer Lokale verlassen. Diese werden immer auch verbunden mit einer Story, die emotional berührt, die normative Optionen enthält. Hier wird bewusst ein Kult um das Essen betrieben, wird Essen zum Entscheidungshandeln für das Gute und gegen das Böse.[31] Dies gilt auch für die Slowfood-Bewegung, die derweil europaweit mehr als 70'000 gastronomisch interessierte Mitglieder zählt und mit ihren Geschmacksfestivals ganze Städte in Bewegung setzt, so etwa bei den von jeweils über 10'000 Besuchern frequentierten Slowfood-Festivals in Lübeck.[32]

Nicht nur Einfachheit und regionale Herkunft der Produkte zählen, auch Luxus wird reflektiert angeboten. Beispiel ist die 1954 gegründete Vereinigung Relais & Châteaux, mit 452 selbständigen Hotels und Restaurants in 47 Ländern. Jedes Mitglied soll in seiner Art einzigartig sein. Was das bedeuten kann, macht etwa Pflaums Posthotel Pegnitz deutlich.[33]

Dieses Designhotel liegt unweit von Bayreuth, fest verwurzelt in der oberfränkischen Region.[34] Dies prägt die regionale Küche, die allerdings durch französische Luxusprodukte ergänzt wird. Besondere Spezialität des Hauses sind Gourmet-Opern, die auf der hauseigenen Bühne dargeboten werden. Die Opern werden umrahmt von kulinarischen Aufzügen, die man allerdings auch abseits der Inszenierung geniessen kann. Die Preise werden bewusst hoch gehalten, der Gast wird als Sponsor eines Gesamtkunstwerkes verstanden.

Auch hier findet man eine spezielle Story, die unser Sehnen vielleicht ein wenig mehr anregt als die der Eurotoques. Die Zielgruppen sind andere, entsprechend unterschiedlich sind die Stories.

Betrachten wir nun das mittlere Gastronomiesegment, das sich besonderem wirtschaftlichem Druck ausgesetzt sieht. In der Schweiz betrug sein Marktanteil 1999 zwar noch 43,6%, doch dieser sinkt stetig: «Ausländische und Themengastronomie, System- und Fast-Food-Betriebe sowie die Handelsgastronomie verbreiten sich zunehmend auch in städtischen Agglomerationen und ländlichen Einzugsgebieten. Grossverteiler wie Migros, Coop usw. modernisieren und erweitern ihre Restaurant-, Deli- und Take-away-Netze landesweit mit teilweise konkurrenzlosen Preisen.»[35] Die Auswirkungen lassen sich beispielsweise in Bern beobachten, wo seit 1998 eine grössere Zahl von Lokalen mit jahrzehntelanger Tradition geschlossen hat. Als Gründe sieht man dort «extremen Konkurrenzdruck, Überalterung und Stagnation der Bevölkerungszahl sowie den Wegfall des Mittagessens und die schmetterlinghaften Konsumgewohnheiten der Jungen. ‹Die Stammkundschaft stirbt weg und der Nachwuchs rennt den Trendlokalen nach›»[36]. Diese Auszehrung des tradierten mittleren Kerns der Gastronomie lässt sich in der Bundesrepublik Deutschland ebenso beobachten; auch wenn die Gaststätten mit unter einer Million DM Jahresumsatz 1999 noch 51,1% der Umsätze auf sich vereinigen konnten.[37]

Die Reaktionen sind vielgestaltig, auch hier mögen zwei Beispiele genügen: Bodenständigkeit war schon ein Stichwort bei der Pegnitzer Luxusinszenierung. Doch in Ostdeutschland tritt in den letzten Jahren archaisches Essen wieder in den Vordergrund. Das gilt etwa für die vielfach angebotenen Ritteressen, bei denen Völlerei und Verzehr ebenso zum Erlebnis gehören wie Rollenspiel und Verkleidung.[38] Das gilt insbesondere aber für das Essen vom heissen Stein (Abb. 5).

Abb. 5 Essen vom heissen Stein im
«Bacchus» in Dresden 2000[39]

Abb. 6 Biergarten und Eingangsbereich des Alsterpalais Hamburg[42]

Die Gäste wählen hier zu Beginn Fleischsorten und Beilagen aus, erhalten dann Stein und Teller. Der Stein wurde zuvor in einem speziellen Ofen mehrere Stunden auf 350–375 °C erhitzt, die Gäste können dann ihre Speisen selbst zubereiten.[40] Dieses Erlebniskonzept nutzt auch einen z. Zt. in den USA besonders beliebten Trend, nämlich das sog. Dipping, also das Eintunken von Fleisch- und Fischgerichten in vorgefertigten Saucen.[41] Deutlich erkennbar ist hier die Suche nach etwas ganz anderem, das Ausbrechen aus den üblichen Formen der Gastronomie. Der heisse Stein passt gut in eine Zeit, die Selbsterfahrung und Körperlichkeit stark hervorhebt. Hier darf man speisend handgreiflich werden, kann sich an Dingen versuchen, die den Trott des Alltages durchbrechen.

Die Suche nach dem Besondern mündet aber auch in die Suche nach aussergewöhnlichen «Locations», also Orten des Essens. Auch hier mag ein Beispiel genügen: Seit Herbst 1998 bietet das Alsterpalais Hamburg seine Dienste für mehr als 500 Personen in einem früheren Krematorium an (Abb. 6).

«Da bleibt dem Gast erst mal die Spucke weg! Wer vom Parkplatz in Richtung Eingang geht, den umweht plötzlich der Duft nach Weihrauch! Einfach und genial, frech und respektlos.»[43] Das Angebot ist gehoben, der Betrieb soll durchaus breite Schichten erreichen, Mittagsgerichte kosten zivile 7 €, abendliche Hauptgerichte 13 bis 22 €.[44] Die Spannung, die der Gast beim Besuch der früheren Entsorgungsstätte für menschliche Körper empfinden mag, wird auch durch den zweiwöchentlichen Wechsel der Speisekarte unterstützt. Geplante Überraschungen und reflektierte Grenzüberschreitungen sollen sich positiv auf den Ertrag auswirken. Man gibt sich offen, internationale Küche und saisonale Angebote unterstützen diesen Eindruck.

Abb. 7 Cocktailbar und Restaurant im Alsterpalais[45]

Charakteristisch für das mittlere Gastronomiesegment sind dabei Überlappungen von ehedem relativ strikt getrennten Funktionen. Im Alsterpalais verbinden sich in einem Betrieb etwa Restaurant, Café, Ausflugslokal und Bar (Abb. 7).

Der kommerzielle Erfolg derartiger Konzepte führt zu eindeutigen Ratschlägen an moderne Wirte: «Geht raus mit offenen Augen! Seht Euch in alten Bahnhöfen, Ausbesserungsanlagen, leerstehenden Fabriken, etc. um und lasst Eurer Phantasie freien Lauf.»[46]

Die vier vorgestellten Beispiele spiegeln die innere Dynamik, der sich die traditionelle Gastronomie ausgesetzt sieht. Die Furcht vor dem Grau der Mitte des Marktes mündet in sehr unterschiedliche Konzepte, bei denen die Inszenierung vielfach wichtiger als das Essen ist. Die unterschiedlichen Kosten sind dabei vielfach nicht mehr proportional zu den Kosten für die Lebensmittel. Die hohen Anteile vorgefertigter Waren oder etwa von Cook-and-Chill-Angeboten[47] führen zu neuen Unterschieden in der Speisenqualität, über die die Gäste nur selten transparent informiert werden. Essen ist Teil der Inszenierung, wird Kult, entsprechend modisch sind die Trends.

Rekombination des Tradierten – ausgesuchte Trends der Gegenwart

Die Gründe für die zunehmende Heterogenität des Gastronomiegewerbes werden gegenwärtig vor allem in den gesellschaftlichen Veränderungen gesehen. Hohe Formalbildung und Einkommen sind dabei mit hohen Anforderungen im Beruf, aber auch im Privatleben verbunden. Ein flexibler Arbeitsmarkt und zur flexiblen Reaktion fähige Menschen erodieren die tradierten Rhythmen von Gastronomie und häuslichem Essen.[48] Doch gerade die Entrhythmisierung und das damit verbundene situative Essen erlauben neuartige Formen und Institutionen in der Gastronomie und im täglichen Essen.

Dies zeigt sich schon an individuellen Ritualen, so etwa der stets griffbereiten Wasserflasche oder dem regelmässigen Essen mit Freunden.[49] «Foodzapping» wird üblich, also die parallele Nutzung unterschiedlich wertiger Angebote, sei es Junk Food, seien es Bioprodukte. Der Einzelne balanciert essend aus, versucht, die unterschiedlichen Ansprüche an Gesundheit, Nährwert und Spass im Tagesverlauf auf einen Nenner zu bringen. Morgens Gesundheit, abends der Spass.[50] All diese Entwicklungen werden seismographisch genau von Trendscouts analysiert und in passgenaue, betriebswirtschaftlich exakt geplante Gastronomiekonzepte umgesetzt.

Die materielle Seite: Speisen und Getränke

Die Basis aller Konzepte bilden allerdings Verzehrsgewohnheiten, also eine Ist-Analyse des Marktes. Der Blick auf die allgemeine Entwicklung bei den Speisen und Getränken ist auch deshalb angebracht; weil diese nur selten an Kult und Erlebnis erinnert (Abb. 8).

Bei den Speisen dominierten – zumindest vor der BSE-Krise[52] – mit weitem Abstand Fleischgerichte, die traditionell die bürgerliche Küche in ihrer Dreifaltigkeit von Fleisch, Kohlenhydrat- und Gemüsebeilage kennzeichnen. Die Speisen sind in der Regel preiswert, werden vornehmlich in Kantinen, Mensen, im Handel oder aber in Schnellrestaurants angeboten. Dies verdeutlichen insbesondere die belegten Brötchen, die bekanntermassen die mit Abstand wichtigste Fastfood-Speise in Deutsch-

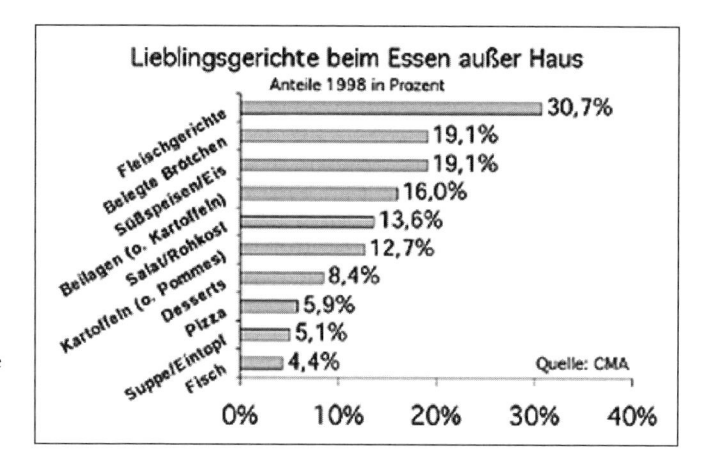

Abb. 8 Lieblingsgerichte beim Essen ausser Haus in der Bundesrepublik Deutschland 1998[51]

Lieblingsgerichte beim Essen außer Haus
Anteile 1998 in Prozent
- Fleischgerichte: 30,7%
- Belegte Brötchen: 19,1%
- Süßspeisen/Eis: 19,1%
- Beilagen (o. Kartoffeln): 16,0%
- Salat/Rohkost: 13,6%
- Kartoffeln (o. Pommes): 12,7%
- Desserts: 8,4%
- Pizza: 5,9%
- Suppe/Eintopf: 5,1%
- Fisch: 4,4%

Quelle: CMA

land bilden. In der Gastronomie werden für den durchschnittlichen Verzehrsfall, wahrlich ein schönes Wort, 1999 10,27 DM aufgewendet.[53]

Ein wenig mehr Raffinesse lässt die folgende Übersicht vermuten, die auf einer Befragung der Grossverbraucher, also der Gastronomie und der Gemeinschaftsverpflegungseinrichtungen, basiert. Sie spiegelt allerdings nur relative Entwicklungen wider (Abb. 9).

Demnach gewinnen gegenwärtig prototypisch gesunde Speisen an Bedeutung. Geflügel, Salat, Gemüse, Fisch, Obst, dazu Angebote der internationalen Küche. Rind- und Schweinefleisch waren demnach schon vor der BSE-Krise kaum mehr im Trend, ihr 1998/99 wieder leicht zu-

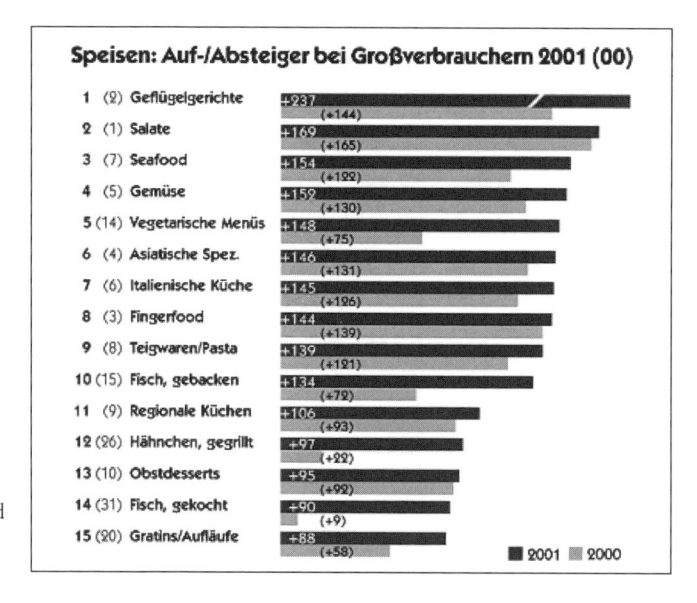

Abb. 9 Speisen: Auf- und Absteiger bei Grossverbrauchern 2001[54]

Speisen: Auf-/Absteiger bei Großverbrauchern 2001 (00)

Rang	(Vorjahr)	Speise	2001	(2000)
1	(2)	Geflügelgerichte	+237	(+144)
2	(1)	Salate	+169	(+165)
3	(7)	Seafood	+154	(+122)
4	(5)	Gemüse	+152	(+130)
5	(14)	Vegetarische Menüs	+148	(+75)
6	(4)	Asiatische Spez.	+146	(+131)
7	(6)	Italienische Küche	+145	(+126)
8	(3)	Fingerfood	+144	(+139)
9	(8)	Teigwaren/Pasta	+139	(+121)
10	(15)	Fisch, gebacken	+134	(+72)
11	(9)	Regionale Küchen	+106	(+93)
12	(26)	Hähnchen, gegrillt	+97	(+22)
13	(10)	Obstdesserts	+95	(+92)
14	(31)	Fisch, gekocht	+90	(+9)
15	(20)	Gratins/Aufläufe	+88	(+58)

■ 2001 ■ 2000

nehmender Konsum konzentrierte sich auf den häuslichen Verzehr. Kult ist von diesen Angaben erst einmal nicht zu erwarten, es sei denn, das Erlebnis läge in einer langsamen Gewöhnung an eine Kost, die gesundheitliche Kriterien ein wenig stärker gewichtet.

Speisen bieten in der Gastronomie zwar die Basis des Angebotes, doch liegt der Verdienst bei Getränken bekanntermassen höher. Der Blick auf Getränke ist aber auch deshalb sinnvoll, weil hier die eigentliche Domäne des mittleren Gastronomiesegmentes liegt. In der Schweiz waren dies 1999 etwa 46%. Bei den Ausgaben, die 2000 im Ausserhausverzehr ca. 9 Mrd. Franken für das Essen und rund 6,9 Mrd. Franken für Getränke betrugen[55], dominiert der Kaffee mit zwei Fünfteln, es folgt mit einem Viertel das Wasser, dann Rotwein, Colagetränke und Bier.[56]

In der Bundesrepublik ist die Situation deutlich anders. Auf dem insgesamt stagnierenden Getränkemarkt dominiert der Kaffee, dann aber folgt das Bier. Säfte und nichtalkoholische Erfrischungsgetränke spielen hier ebenfalls eine deutlich wichtigere Rolle.[57] Die Trends bei den Grossverbrauchern konzentrieren sich entsprechend auf die Hauptsegmente (Abb. 10).

Kaffeespezialitäten stehen hier an der Spitze, Wasser und Säfte gewinnen besondere Bedeutung. Offenbar im Trend ist ferner Tee, daneben aber auch Alkoholika, wie trockene Weine, Spezialbiere oder aber Cocktails. Im Getränkesegment dürfte daher mehr Potential für Kultiges stecken als im Speisenbereich.

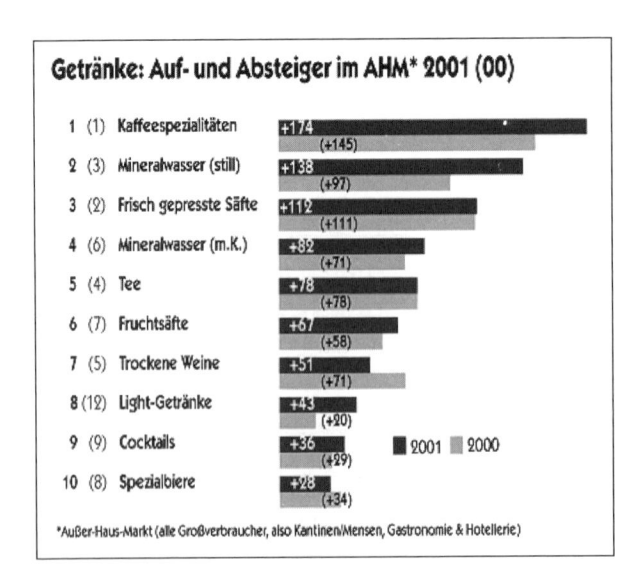

Abb. 10 Getränke: Auf- und Absteiger bei Grossverbrauchern 2001[58]

Snacking in allen Schichten: Fingerfood

Starten wir unseren kurzen Ausflug hin zu aktuellen Konzepten mit einem «Megatrend»: Fingerfood gewinnt in der Gastronomie, aber auch im Handel schnell an Bedeutung, neue Mahlzeitenstrukturen sind Auslöser und Folge zugleich. Snacking, also das Essen kleiner, doch gehaltvoller Mahlzeiten, gründet auf diesem Fingerfood.[59] Es steht seit ca. drei Jahren an der Spitze gastronomischer Trends (Abb. 11).

Fingerfood ist ein offener Begriff. Entsprechend breit sind die Verwendungsmöglichkeiten, die alle Segmente des Marktes durchziehen. Fingerfood bedeutet die Abkehr von vollständigen Mahlzeiten, bedeutet vielfach, dass die Portionsgrösse auf den Appetithappen reduziert wird. Miniatur aber erlaubt neue Breite. Denn mit Fingerfood kann man viele

Abb. 11 Fingerfood als dominanter Trend 2001[60]

sehr unterschiedliche Speisen kosten, die Vielfalt des Angebotes lässt sich so effizienter in Angriff nehmen. Fingerfood ist für die Gastronomie daher zugleich Chance und Herausforderung. Auf der einen Seite entsprechen die Appetithappen dem ästhetischen Anspruch gerade gehobener Angebote. Caterer und Partyservice-Unternehmen erzielen mit diesen Angeboten hohe Wachstumsraten.[61] Fingerfood ist Partyfood, wird verbunden mit Freizeit und selbstbestimmtem Essen.

Doch auch abseits derart organisierten Frohsinns setzt man seitens der «Erlebnisgastronomie» auf die handgreiflichen Angebote. Snackstände gewinnen im Handel und an Freizeitorten, etwa im Kino, an Bedeutung.[62] Und auch das mittlere Gastronomiesegment sieht hier Wachstumschancen ausserhalb des eigenen Hauses. Gerade Familienfeiern und Empfänge setzen auf die kleinen Happen, Frauenzeitschriften beraten die Damen des Hauses fachgerecht.[63] Altbekannte Hors d'œuvres, Antipasti und Canapés finden als Fingerfood den Anschluss an den stets gesuchten Trend, sind so modisch zu verkaufen.

Auf der anderen Seite bricht Fingerfood jedoch mit tradierten Formen insbesondere der gehobenen Gastronomie. Gutes Essen ist immer mit Disziplin verbunden, die sich in einem bestimmten Verhalten, in der Verwendung bestimmter Objekte äussert. Auch wenn Fingerfood derweil gar als Zwischengang in Toprestaurants angeboten wird, so wird doch die Serviette hier nicht als Ersatz für das Besteck gereicht. An dessen Stelle tritt allerdings ab und an der Sticker. Das direkte Langen und Greifen nach dem gerade wahrgenommenen Essen verändert etablierte Esssitten, verändert damit auch den Zuschnitt von Gastronomie. Diese Handlungsdimension sollte bedacht werden, auch wenn die Speisen selbst durchaus schmackhaft und von hoher Qualität sein können.[64]

Qualität und Innovation: Kaffeebars

«Immer mehr junge Leute entdecken das Kaffeetrinken neu.»[65] Diese simple Botschaft gilt nicht nur für die Schweiz. Denn neue Kaffeebars ziehen gerade junge Leute wieder an (Abb. 12).
In Berlin startete etwa im September 1999 das Café Einstein den Betrieb. Nach dem Motto «die kleine feine Belohnung zwischendurch» bietet man der Zielgruppe der Berufstätigen 20 verschiedene Kaffeemischungen aus eigener Rösterei. Alkohol wird nicht ausgeschenkt, wohl aber Tee, Säfte,

Abb. 12 Kaffeebars in Berlin[66]

Wasser und Kakao. 2002 bestehen zwölf Kaffeebars und zwei Kaffeehäuser, in denen auch süsse und salzige Snacks, vor allem aber belegte Baguettes und Ciabattas angeboten werden. Das Konzept ist auf Expansion angelegt, 20 weitere Lokale sind in Berlin, 200 bundesweit geplant.[67] Deutlich anders positioniert sich der «Jacobs J-Cup», dessen erstes Lokal im Oktober 2000 öffnete: «Das Sortiment ist stark auf Take-away ausgerichtet und beinhaltet das gleichnamige Kaffeegetränk J-Cups, heiss oder frozen und in 4 Flavours, sowie Snacks – Muffins, Bagels und Sandwiches –, beides kombiniert im Menü J-Pac für 5,80 DM. Das modern junge Konzept richtet sich an Schüler und Studenten – Kids und Youngsters, die den heissen Energizer eher süss und milchig mögen. Die Coffeebar: eine kommunikationsstarke Formel, ohne abgegrenzte Theke in futuristisch kühl designter Optik mit nach Tageszeit wechselnder Musik-, Licht- und Farbgestaltung.»[68] Soweit das Zitat in einer mir unbekannten Sprache. Diese beiden Beispiele stehen für eine Renaissance des Cafés, das nicht länger als Treffpunkt von Ausflüglergruppen oder Seniorinnen verstanden werden soll. In der Bundesrepublik entstanden seit 1990, verstärkt jedoch seit den späten 1990er Jahren zahlreiche neue Kaffeebars.[69] Neben den seit längerem etablierten «Segafredo» (75 Bars) und «Lavazza» (21) sind vor allem «World Coffee» (16), «Wiener's Kaffeebar» (10) und «Balzac Coffee» (8) zu nennen.[70]

Geschwindigkeit ist das Credo dieser neuen Angebote, die auch in der Schweiz an Bedeutung gewinnen. «Starbucks Coffee» eröffnete am

8. März 2001 auch in Zürich sein Tore[71], schon zuvor wurde hier das erste Aroma-Café von McDonald's eröffnet.[72] Nachdem der Test in der Schweiz erfolgreich war, investiert Starbucks nun gezielt in der Bundesrepublik Deutschland.[73] Die Kaffeebars bieten dabei bewusst hohe Qualität, servieren die Getränke in speziell designten Lokalen und Porzellantassen. Die Betriebe haben nur noch wenig mit dem Mythos des literarischen Kaffeehauses gemein, auch wenn sie Namen wie etwa «Balzac Coffee» tragen.

Kaffeebars drängen in die Innenstädte, zielen auf die mobilen jüngeren Kunden, unterstützen mit ihren Angeboten den Trend zum Snacking. Hinter ihnen stehen vielfach finanzkräftige Firmen, die häufig auch im Kaffeebereich tätig sind. So werden sie auch zum Testmarkt für Innovationen auf Kaffeebasis. Beispiele sind etwa Angebote wie Xpress von Nestlé – kalter Kaffee aus der Dose – oder 24, ein kohlensäurehaltiger Kaffeedrink.[74] Qualität und Dynamik machen aus den Kaffeebars jedenfalls zukunftsträchtige Versorgungs- und Kommunikationsorte.

Gesundes Fastfood: Suppenbars

Der Begriff Bar erlebt jedoch nicht nur bei Alkoholika, Cocktails und Kaffee eine Renaissance.[75] Seit 1999 neu auf dem Gastromarkt sind auch sog. Suppenbars, die in den grösseren Städten schnell eine geneigte Kundschaft fanden (Abb. 13). Gerade in den Metropolen Berlin, Hamburg, Frankfurt, Köln und München haben sie sich mittlerweile fest etabliert, während es sie in der Schweiz noch nicht gibt.
Die Suppenbars stehen zum einen für die zunehmende Überlappung von traditioneller Gastronomie und Fastfoodbetrieben. Sie sind zum anderen Ausdruck eines Trends hin zu gesundem Fastfood, ein Trend, der in den

Abb. 13 Suppenbar in Berlin[76]

Abb. 14 Suppenzutaten bei «Soup Kultur» in Berlin[78]

USA (Daily Soup in New York) und Grossbritannien (Soup Opera in London) schon seit den frühen 1990er Jahren zu beobachten war.[77] Bewusst versucht man, gegen das Negativimage von traditionellem Fastfood anzugehen (Abb. 14).

Bei «Soup Kultur» in Berlin werden die Speisen in der Regel täglich frisch zubereitet. Fleisch, Gemüse und Zutaten stammen aus biologischem Anbau, werden im Berliner Umland nach saisonalem Angebot eingekauft. Knapp 50 verschiedene Suppen sind im Programm, ca. zehn werden davon pro Tag angeboten.[79] Die Kalkulation gründet nicht allein auf dem Verzehr in den kleinen Lokalen. Ein Lieferservice versorgt Abonnenten, darunter auch Schulen und Kindertagesstätten. Dank der Vielfalt an Variationsmöglichkeiten profitieren die Suppenbars auch vom Trend nach vegetarischer Kost.

Die Welt auf dem Teller: Ethnofood am Beispiel Sushi

Die Suppenbars können sich die Konzentration auf ein Produkt leisten, da dessen innere Vielfalt jedem ansatzweise bekannt ist. Die Konzepte zielen dabei immer wieder auf internationale Küche. Die Suche nach neuen, unbekannten Geschmacksnoten lässt uns immer wieder neue kulinarische Welten erschliessen. Nicht mehr die ehedem dominierenden italienischen[80], jugoslawischen oder griechischen Küchen sind im Trend, chinesische, indische oder türkische Restaurants stagnieren. Stattdessen drängen mexikanische und vor allem japanische Angebote vor.[81] Sushibars und (nomen est omen!) -factorys drängen seit ca. 1998 stark in den Vordergrund, eine gehobene Gastronomie folgt auf dem Fuss. Sushi gilt als leichte, bekömmliche und gesunde Kost, sie wird von Fachleuten frisch zubereitet, besitzt den Charme des Exotischen und ist zudem eine Augenweide (Abb. 15).

Abb. 15 Verschiedene Sushiangebote[82]

Suhsi ist Kult, kaum eine Grossstadt in der Bundesrepublik, Österreich und der Schweiz, in der dieses exotische Fastfood nicht angeboten wird.[83] Die Kombination von Reis, fettarmem rohen Fisch sowie exotischen Gewürzen nötigt auch Ernährungswissenschaftlern Respekt ab. Doch der Kult um die neuen Speisen, der uns durch das ungewöhnliche Essen mit Stäbchen auch mit einer ganz anderen Art von Esssitte vertraut macht, führt letztlich in eine völlig andere Richtung. Das wird deutlich, schaut man sich die Lokale näher an (Abb. 16).

Abb. 16 Sushi Circle in Frankfurt a. M. und Hamburg[84]

Das Prinzip des Fliessbandes hat in der Sushi-factory direkt Einzug gehalten. Ausgebildete Fachleute bereiten die Speisen vor den Augen der Gäste zu, befriedigen so deren Schaulust. Die fertigen Sushi werden auf einen Teller gestellt, mit einer durchsichtigen Plastikhaube geschützt und dann auf ein rotierendes Fliessband gestellt. Die Gäste nehmen sich die vor ihren Augen rotierenden Speisen je nach Hunger und Geschmack herunter, verzehren sie dann direkt. Trotz Schönheit und Schmackhaftigkeit der Speisen wird Essen hier Nährarbeit, vollzieht sich in einer Geschwindigkeit, die den Betreiber erfreut. In Japan liegt die durchschnittliche Sitzfrequenz in einer Kaiten-sushi-Bar bei ca. 7 Minuten.[85] Dieser Wert wird im deutschsprachigen Raum nicht erreicht, zu exotisch ist das Flair. Gleichwohl ist das Essumfeld so ausgestaltet, dass der Besuch nur möglichst kurz währt. Das Essen steht im Mittelpunkt, Getränke machen nur einen sehr geringen Umsatzanteil aus.[86] Die Stühle sind bewusst schmal gehalten, ca. 70 Zentimeter sind pro Gast vorgesehen. Die Preisgestaltung sieht nur wenige Grundpreise vor, die Zahlung erfolgt an einer Kasse beim Verlassen des Lokales. Sushi befriedigt schnell den Hunger, doch ist zu fragen, ob dies alleiniger Zweck eines guten Essens ist. Der japanische Philosoph Tadashi Ogawa versteht Sushi jedenfalls eher als Kauf von Zeit als den Kauf von Essen. Es sei Ausdruck eines Lebensstils, der vom Einverleiben des aller Kontexte beraubten Endproduktes gekennzeichnet ist. Wesentlich ist jedenfalls die unmittelbare Verbindung der Art der Speisenzubereitung und -darbietung mit den zentralen Werten unseres Arbeitslebens. Sushi ist Kult und Erlebnis, nicht unbedingt Kultur und Leben.

Arbeits- und Erlebniswelten: Afterwork-Partys

Die enge Verbindung von Gastro-Erlebnis und Arbeitswelt zeigt sich auch beim letzten vorzustellenden Konzept. Vor knapp zwei Jahren begann man in Hamburg sog. Afterwork-Partys zu veranstalten, derweil gehören sie in den meisten Grossstädten zum feierlichen Alltag. Die Vorbilder stammen wieder einmal aus New York und London. Der Name ist bei diesem Konzept Programm. Unmittelbar im Anschluss an die alltägliche Arbeit, «ungeduscht und gut gelaunt», starten in Diskotheken oder aber Szene-Gastronomiebetrieben ab 17 oder 18 Uhr Tanzpartys. Sie enden zumeist gegen Mitternacht, spätestens um 1 Uhr ist Schluss, steht doch

Abb. 17 Nach der Arbeit das Vergnügen[87]

der nächste Arbeitstag bevor. Der unmittelbare Übergang von Arbeit zu Party erfordert ein Speisenangebot, das sich von üblichen Angeboten kaum abhebt, Snacks und Büffets werden bevorzugt (Abb. 17).

Glaubt man den Veranstaltern, so treffen sich hier Leute, «die am Ende eines Arbeitstages nicht von einem Abend vor dem Fernseher träumen, sondern die nach 18 Uhr erst richtig aufdrehen. Die Lust auf einen gut gemixten Cocktail und ein paar leichte Snacks haben. Die bereit sind zu kommunizieren, auch wenn ihr Telefon den ganzen Tag nicht stillgestanden hat. Und die natürlich Lust auf coole Musik haben.»[88] Die Spassgesellschaft feiert sich hier selbst, die Kultjünger müssen nicht mehr auf das Wochenende warten, um feste feiern zu können.[89]

Der ganze Kult macht auch aus Sicht der Gastronomie Sinn. Die Lokale werden länger ausgelastet, die Frequentierung konzentriert sich weniger stark auf das Wochenende. Auch die Arbeitszeiten der Bediensteten sind erträglicher zu gestalten, vor allem aber werden zahlungskräftige und ausgabefreudige Zielgruppen gezielt erschlossen. Mit sehr unterschiedlichen Musikangeboten, die bis hin zur Klassik reichen, wird insbesondere die Gruppe der 30–50-Jährigen angesprochen, die in der Partyszene gewiss unterrepräsentiert ist.[90]

«Genussmenschen ohne Herz»? – Essen zwischen Inszenierung und Sinnsuche

Ich komme zum letzten Punkt. Angesichts von Afterwork-Partys bin ich versucht, abermals bei Max Weber Zuflucht zu suchen, und zwar bei seiner Darstellung der «letzten Menschen»: «Fachmenschen ohne Geist, Genussmenschen ohne Herz, dies Nichts bildet sich ein, eine nie vorher

erreichte Stufe des Menschentums erstiegen zu haben.»[91] Dieses mag hart, ja zu hart klingen. Denn ich hoffe gezeigt zu haben, dass die Entwicklung der Gastronomie integraler Bestandteil des von Weber angeführten Rationalisierungs- und Intellektualisierungsprozesses ist. Der Gastronomiebereich nähert sich dem gesamten Lebensmittelmarkt an, seine Produkte müssen ähnlichen Kriterien genügen wie etwa im Lebensmittelhandel. Denn dort wird nicht mehr allein Produktqualität gefordert, sondern umfassende Prozessqualität, die gerade in «emotionale Qualitäten» mündet. Es handelt sich etwa um
- «Produkte, die eine Geschichte erzählen,
- Produkte, die mit einem Erlebnis verknüpft sind,
- Produkte, die Entfremdung und Anonymität überwinden,
- authentische Produkte,
- Produkte, die einen besonderen Prestigewert haben, oder einen bestimmten Lebensstil verkörpern,
- Produkte, die einfach nur sympathisch sind.»[92]

Das «Ladenlächeln des Verkäufers» (Ernst Bloch) und die bedachte Freundlichkeit des Obers erscheinen hier als zwei Seiten derselben Medaille. Der Kult um das Essen und das Streben nach Gastro-Erlebnis gehen in umfassender Kommerzialisierung auf. Sie bilden ein Segment des stahlharten Gehäuses der Gegenwart, dem Max Weber mit charismatischer Stärke begegnen wollte.

Vor diesem Hintergrund erscheint Helene Karmasins Verweis auf die sich am Essen orientierenden und positionierenden Stämme erst einmal als harmlos. Doch sie verweist auf die mit dem Ausser-Haus-Essen verbundenen Sehnsüchte, auf menschliches Streben, das sich auch in voll kommerzialisierten Umfeldern nicht vollends integrieren lässt. Gerade in Zeiten von hohem Wohlstand und hoher Formalbildung ist vielfach ein spielerisch-wissender Umgang mit den Kommerzialisierungsstrategien zu sehen, denen man sich aussetzt, ohne in ihnen aufzugehen, die man nutzt und für seine Bedürfnisse verzweckt. Hier scheint mir nach wie vor ein Potential abseits des Kultes und abseits des inszenierten Erlebnisses zu liegen. Fand ich doch bei der Vorbereitung ein schönes Zitat des Frankfurter Publizisten Werner Claussen: «Wer bewusst isst, zeigt, dass er nicht vom selben Stamm ist.»[93] Sosehr Karmasin uns die Augen für die geheime Botschaft unserer Speisen öffnet, so sehr reduziert sie Essen auf Gemeinsames. Stamm bedeutet immer Mitmachen und Einvernehmen, verweist auf den Zusammenhalt der Herde. Doch bewusstes Essen lebt von der Differenz, von der individuellen Scheidekunst. Essen ist immer eine Grenzsituation, in der wir uns für das entscheiden müssen, was wir uns einverleiben. Dabei ist der Kontext wichtig, das Wissen von den Lebensmitteln, von der rechten Art ihres Verzehrs. Claussen schreibt zurecht, wir «bestehen auf gutem Essen und Trinken nicht nur, weil es dem Gaumen guttut, sondern weil es zivilisiert.»[94] Und: «Die Entwicklung der Geschmacknerven bleibt unabdingbare Voraussetzung, dass unterdrückte Menschen Erfahrungen von einem anderen als dem bloss Vorgesetzten und schon Vorgekauten bekommen.»[95] Das bewusste Essen des Einzelnen ist Ausdruck einer Grundhaltung, die Selbstbewusstsein und Stärke voraussetzt. Stark sein heisst, auf der Differenz zu bestehen, als Individuum besonderes zu verlangen und zu schaffen. Doch diese Ausbildung ist einsam, und von einer Demokratisierung guter Sitten kann daher realistisch nicht die Rede sein.

So bleibt am Ende weiterhin die Diskrepanz zwischen der Sehnsucht des Einzelnen nach Nähe und Geborgenheit und den strukturellen Zwängen rationaler Wirtschaftsbetriebe einerseits, individuellen Essens andererseits. Und es bleibt die offene Frage, wie der Einzelne sich wissend dazu stellt. Die stolze Stärke eines Max Webers, das realistische Aushalten eines kühl-rationalen Alltags ohne «Erlebnis» mag nicht jeden ansprechen, doch wäre dies bis heute die Antwort, die ein Wissenschaftler geben müsste: der Verweis auf die Kraft, die im eigenen Handeln und Gestalten, die in der eigenen kulinarischen Praxis steckt.

Anmerkungen

1. Weber, Max: Wissenschaft als Beruf, in: ders.: Gesammelte Aufsätze zur Wissenschaftslehre, 3. erw. u. verb. Aufl., hg. v. Johannes Winckelmann, Tübingen 1968, 594.
2. Weber, 1968, 605. Vgl. hierzu insbesondere Peukert, Detlev J. K.: Beobachtungen zu Kulturkritik im Geschichtsbild Max Webers, in: ders.: Max Webers Diagnose der Moderne, Göttingen 1989, 27–43.
3. Karmasin, Helene: Die geheime Botschaft unserer Speisen. Was Essen über uns aussagt, München 1999, 159.
4. Vgl. auch Finkelstein, Joanne: Dining Out: The Self in Search of Civility, Studies in Symbolic Interaction 6, 1985, 183–212.
5. Umfassend unterrichtet Spang, Rebecca L.: The Invention of the Restaurant. Paris and the Modern Gastronomic Culture, Cambridge/London 2000. Als Einschnitt gilt gemeinhin das Jahr 1744, als Boulanger seinen Gästen erstmals «à la carte» servierte.
6. Einen Überblick vermittelt Jenn, Albrecht: Die deutsche Gastronomie. Eine historische und betriebswirtschaftliche Betrachtung, Frankfurt a. M. 1993.
7. Vgl. auch Barlösius, Eva/Manz, Wolfgang: Der Wandel der Kochkunst als genussorientierte Speisengestaltung. Webers Theorie der Ausdifferenzierung und Rationalisierung als Grundlage einer Ernährungssoziologie, Kölner Zeitschrift für Soziologie und Sozialpsychologie 40, 1988, 728–746.
8. Vgl. hierzu (aus eher deutscher Sicht) Hauer, Thomas: Carl Friedrich von Rumohr und der Geist der bürgerlichen Küche, Phil. Diss. Karlsruhe 2000 (Ms.).
9. Zur deutschen Entwicklung vgl. Drummer, Christian: «Ausbreitung und Wandel des ausserhäuslichen Verzehrs im Zeitalter der modernen Urbanisierung: Die Entstehung des Restaurantswesens in ausgewählten deutschen Grossstädten (1880–1930)», Hausarbeit im Rahmen der Ersten Staatsprüfung für das Lehramt für die Sekundarstufe II, o.O. o.J. (Münster 1993) (Ms.).
10. Abb. n. Wagner, Heinrich/Koch, Hugo: Kaffeehäuser und Restaurants, in: Handbuch der Architektur, T. 4, Halbbd. 4, H. 1, 5. Aufl., Stuttgart 1904, 85–156, hier 120.
11. Abb. n. Wagner, Heinrich/Koch, Hugo: Trink- und Imbisshallen, in: Handbuch der Architektur, T. 4, Halbbd. 4, H. 1, 5. Aufl., Stuttgart 1904, 10–20, hier 20.
12. Gute Einblicke erlauben Schufftan, Georg: Studien über die gewerbliche Entwickelung des Gast- und Schankwirtswesens in Deutschland, Phil. Diss. Breslau 1903; Gollmer, Richard (Hg.): Die vornehme Gastlichkeit der Neuzeit. Ein Handbuch der modernen Geselligkeit, Tafeldekoration und Kücheneinrichtung, Leipzig 1909.
13. Zur englischen Entwicklung vgl. Rappaport, Erika Diane: Shopping for Pleasure. Women in the Making of Londons West End, Princeton 2000.
14. Vgl. Barlösius, Eva: Soziale und historische Aspekte der deutschen Küche, in: Mennell, Stephen: Die Kultivierung des Appetits. Die Geschichte des Essens vom Mittelalter bis heute, Frankfurt a.M., 423–444, v. a. 437–438.
15. Vgl. Seidel-Pielen, Eberhard: Aufgespiesst. Wie der Döner über die Deutschen kam, Berlin 1996.
16. Die Verwissenschaftlichung der Gemeinschaftsverpflegung intensivierte sich allerdings schon in den 1930er und 1940er Jahren. In der zweiten Kriegshälfte wurde schliesslich mehr als ein Drittel der Deutschen durch deren Institutionen verpflegt.
17. Zum Hintergrund vgl. Tenberg, Ingo/Schröder, Hendrik: Home Meal Replacement – Neue gastronomische Dienstleistungen im deutschen Einzelhandel, Essen 2000 (Arbeitspapiere des Lehrstuhls für Marketing und Handel an der Universität Essen, Nr. 8).

[18] Angaben n. http://dehoga-online.de/daten/umsaetze.htm. Vgl. auch Spörel, Ulrich: Branchenentwicklung im Gastgewerbe 1999, Wirtschaft und Statistik 2000, 420–422. Die Entwicklung im ersten Halbjahr 2000 ergab, verglichen mit dem ersten Halbjahr 1999, folgende reale Veränderungen: Gastgewerbe insgesamt: +1,5%; Beherbergungsgewerbe: +5,0%; Gaststättengewerbe: -2,2%; Kantinen und Caterer: +0,1% (Dehoga-Hotelmarktanalyse 2000, Berlin 2000, 2).

[19] Angaben n.: Ausländische Küche und Vergnügungsgastronomie im Aufwind. Medien-Information von GastroSuisse anlässlich der Jahresmedienkonferenz v. 18. April 2001 in Zürich (Ms.) bzw.: Ertragslage leicht verbessert. Medien-Information von GastroSuisse anlässlich der Jahresmedienkonferenz v. 18. April 2001 in Zürich (Ms.). Demnach stieg die Zahl der Gastronomiebetriebe in den letzten Jahren um mehr als 1000, die Zahl der Arbeitsplätze betrug 224'000. 1998 ergab die Eidgenössische Betriebszählung 28'290 gastgewerbliche Betriebsstätten (inkl. Beherbergung), darunter 18'872 Restaurants sowie 1705 Bars (Angaben n.: Die wichtigsten Strukturdaten des Gastgewerbes. Medien-Information von GastroSuisse anlässlich der Jahresmedienkonferenz v. 18. April 2000 in Zürich [Ms.]). Detaillierte Informationen für 2000 enthält food service: Top 25 – Schweiz, http://www.gv-praxis/factstrends/rankings/~.

[20] McDonald's erwirtschaftete 2000 in 1091 Restaurants einen Nettoumsatz von 4474 Mio. DM, bei Burger King betrug dieser 664,7 Mio. DM in 268 Restaurants (Angaben n.: 2000: Top 100 – Die grössten Unternehmen / Systeme der Gastronomie in Deutschland (foodservice 04/2001), http://www.gv-praxis.de/factstrends/rankings/top100fsranking2000.html). Vgl. auch Weiß: Gretel: Erfolg mit Markenstärke und Gästezufriedenheit. Die grössten Unternehmen, Systeme und Gruppen der Gastronomie (ohne Hotellerie) in Deutschland – Entwicklung im Jahr 2000, Lebensmittelzeitung 2001, Nr. 10, 66.

[21] Angaben n.: 2000: Die Top 100 mit 5,4% plus (http://www.gv-praxis.de/factstrends/rankings/top100fstext2000.html).

[22] Sloan, A. Elizabeth: Lunch no longer traditional, Food Technology 53, 1999, Nr. 1, 24; Hollingsworth, Pierce: Fast Food Today Means Food, Fast, Food Technology 56, 2002, Nr. 2, 18.

[23] Abb. n.: Ausser-Haus-Verzehr steigt rapide (24.07.2000), http://www.sb-artikel.de/thema/maerkte/artikel/00248/index.html.

[24] Verpflegungsmarkt in Bewegung, http://marketingold.ch/ausser.htm.

[25] Zur wissenschaftlichen Einordnung vgl. Warde, Alan/Martens, Lydia: Eating Out. Social Differentiation, Consumption and Pleasure, Cambridge 2000.

[26] Leicht verändert n.: Wachholz, Marianne/Weiß, Gretel: Zehn Thesen zur Zukunft der Gastronomie in Deutschland (März 1997), http://www.gv-praxis.de/factstrends/specials/thesen10.html.

[27] Zum gesellschaftlichen Umfeld vgl. Schulze, Gerhard: Die Erlebnisgesellschaft. Zur Ästhetisierung des Alltagslebens, in: Steffen, Dagmar (Hg.): Welche Dinge braucht der Mensch? Hintergründe, Folgen und Perspektiven der heutigen Alltagskultur, Giessen 1995, 38–44. Für den kulinarischen Bereich vgl. allgemein Kleinspehn, Thomas: Vom Schlachtemahl zum Erlebnisessen, in: Geschmacksache, hg. v.d. Kunst- und Ausstellungshalle der Bundesrepublik Deutschland, Göttingen 1996, 263–284.

[28] Wachholz, Marianne/Weiß, Gretel: Zwölf Grundsätze für Erfolg am gastronomischen Point of Sale – Massnahmen an der Grossbaustelle Professionalität, Profil und Profit (März 1998) (http://www.gv-praxis.de/factstrends/specials/grundsaetze12.html).

[29] Eurotoques-Philosophie, http://www.eurotoques.de/homepage/infoact/kodex.htm.

[30] Zusammengestellt n.: Eurotoques-Ehrenkodex, http://www.eurotoques.de/homepage/rot/kodex.htm.

³¹ Vgl. etwa Köche für mehr Esskultur, UGB-Forum 15, 1998, 339–340; Siebeck, Wolfram: Kampf dem Schnellfrass!, Die Zeit 55, 2000, Nr. 22 v. 25.05., Leben 13.

³² Vgl. Ziller, Peter: Reine Geschmacksachen. Warum der Beitrag der Edelgastronomie zur Agrarwende trotz höchster Ansprüche zu vernachlässigen ist, Frankfurter Rundschau 58, 2002, Nr. 40 v. 16.02., 3.

³³ Siehe http://www.ppp.com.

³⁴ Vgl. Haegele, Anja: Wagner in Gelee. Pegnitz! Auch ein Ort der Oper. Der rührige Hotelier buhlt um den Gast als Mäzen. Er serviert Brot und Spiele, Die Zeit 55, 2000, Nr. 13 v. 23.03., 84.

³⁵ Moergeli, Arthur W.: Gästekonzepte will der Markt, GastroJournal 2000, Nr. 43 (http://www.gastrojournal.ch/...). Dort auch die dem Branchenspiegel von GastroSuisse entnommene Zahlenangabe.

³⁶ Lucca, Patrick M.: Die neue Gastronomie fordert ihre Opfer, GastroJournal 2001, Nr. 9 (http://www.gastrojournal.ch/...). Die zitierte Einschätzung stammt vom Gastronomen Martin P. Zehtner.

³⁷ Angaben n. Spörel, 2000, 423.

³⁸ Röhrig, Christian: Mittelalterkult, Slow 17, 2000, 32–35.

³⁹ Abbildung n. http://www.bacchus-dresden.de/Heisserstein.htm.

⁴⁰ Vgl. auch Stadler, Josef: Waldhotel am Fichtelsee, Fichtelgebirge. Auf dem heissen Stein: Erlebnisessen rund um die Uhr!, http://www.gastronomie-report.de/themen/konzepte/konzept19.htm.

⁴¹ Vgl. hierzu Sloan, A. Elizabeth: It's Eatertainment!, Food Technology 53, 1999, Nr. 5, 22. Erwähnt werden hier auch Esstheater, die in der Bundesrepublik seit 1993 begrenzten Erfolg haben, vgl. Pomp Duck and Circumstance (Prospekt), o.O. o.J.

⁴² Abbildungen n. http://www.jazzguide.de/alsterpalais/index.htm bzw. http://www.hamburg.de/Bezirke/Nord/bezirk/11.htm.

⁴³ Restaurant – Cafe – Bar Alsterpalais, Hamburg. Shocking – Ein Krematorium als Gastro-Tempel! (2000), http://www.gastronomie-report.de/themen/konzepte/konzep26.htm.

⁴⁴ Angaben nach http://schlemmerinfo.de/deu/restaurants/hamburg/allgemein/international/1130/. Dieser Informationstext enthält keinen direkten Hinweis auf den früheren Verwendungszweck des Gebäudes; es soll denn doch nicht zu morbide sein.

⁴⁵ http://www.jazzguide.de/alsterpalais/a50in.htm.

⁴⁶ Restaurant (2000). Ein gutes Schweizer Beispiel ist das umgebaute Zentralgefängnis in Luzern, vgl. Koch, Klaus: Hartes Lager hinter Gittern, Frankfurter Rundschau 58, 2002, Nr. 40 v. 16.02., M10.

⁴⁷ Convenience Food aus dem Kühlregal. Was ist davon zu halten?, Gordian 100, 2000, 38–39.

⁴⁸ Vgl. hierzu etwa Spiekermann, Uwe: Esskultur heute – Was, wie und wo essen wir?, in: Gesunde Ernährung zwischen Natur- und Kulturwissenschaft, hg. v.d. Dr. Rainer Wild-Stiftung, Münster 1999, 41–56, v.a. 46–48.

⁴⁹ Entsprechende Rituale werden auch durch Hotels unterstützt, so etwa durch die in der Schweiz seit 1998 durchgeführten Esstheater, vgl. Richard, Franzisika: Das Hotel als Schauplatz, GastroJournal 2000, Nr. 51 (http://www.gastrojournal.ch/...).

⁵⁰ Vgl. Druck, Dieter: Future Food. Zwischen Fun und Function, Lebensmittel Praxis 2000, H. 7, 89–91, hier 90.

⁵¹ Abb. n.: Das Meiste geht für Hauptmahlzeiten drauf, http://www.sb-artikel.de/thema/maerkte/artikel/00248/unterseite0/index.phtml.

⁵² Diese führte zu geschlechtsspezifisch unterschiedlichen Reaktionen. Vgl.: BSE-Krise lässt Männer kalt. Rinderseuche beeinflusst Verzehrsgewohnheiten kaum – Studie, Lebensmittelzeitung 2002, Nr. 1, 26.

53 Essen ausser Haus – ein Wachstumsmarkt (21.03.2000), http://www.gv-net.de/artikel.asp?artikelid=143&rubrikid=5&rubrik=. Die Werte liegen in der Schweiz deutlich, nämlich um fast das Doppelte höher, nämlich bei 15.33 Franken beim Mittag-, bei 28.17 Franken beim Abendessen (Ausländische Küche [2001]).

54 Abb. n.: Auf- und Absteiger Speisen und Getränke (food-service 07-08/2001), http://www.gv-praxis.de/factstrends/studien/~.

55 Angaben n.: Ausländische Küche und Vergnügungsgastronomie im Aufwind. Medien-Information von GastroSuisse anlässlich der Jahresmedienkonferenz v. 18. April 2001 in Zürich (Ms.). 1999 lagen die Vergleichswerte noch bei 9,4 bzw. 6,7 Mrd. Franken (Gastro Suisse-Branchenspiegel 2000. Pressemitteilung von GastroSuisse anlässlich der Jahresmedienkonferenz v. 18. April 2000 in Zürich [Ms.]).

56 Angaben n.: Die Trumpfkarte der traditionellen Gastronomie. Beim Getränkekonsum klingeln die Kassen der traditionellen Gastronomie, GastroJournal 2000, Nr. 36 (http://www.gastrojournal.ch/...).

57 Detaillierte Daten und Analysen enthält Getränke Special Report Oktober 2000, http://www.lebensmittelzeitung.de/specials/getraenke/getraenke.html.

58 Abb. n.: Auf- und Absteiger Speisen und Getränke (food-service 07-08/2001), http://www.gv-praxis.de/ factstrends/studien/~.

59 Zu den USA vgl. Sloan, A. Elizabeth: Bite-Size goes Big-time, Food Technology 53, 1999, Nr. 7, 30. Sloan, A. Elizabeth: Way Beyond Burritos, Food Technology 52, 1998, Nr. 7, 24.

60 Eschenhuber, Peter: Tex-Mex, US, Sushi, Asia & Co. Crossover Cooking – Mit Spezialitäten aus aller Welt, Gastronomiereport 2001, H. 2, 13–16, hier 14.

61 Romeis, Sabine: Fingerfood à la Käfer, Küche 2001, Ausgabe vom 09.04., http://www.lpvnet.de/...

62 Vgl. Pocher, Christian: Trendy: Finger Food. WDR-KostProbe, Sendung v. 3. Juli 2000, http://www.wdr.de/tv/service/kostprobe/kp_archiv/2000/07/03_05.html.

63 Vgl. etwa Krein, Sandra: Einladung zum Cocktail, http://www.frauen.de/37/artikel.asp?domain_id=51&artikel_id=2946. Die Verbindung zwischen häuslichem und ausserhäuslichem Verzehr ist aber auch für breitere soziale Schichten kennzeichnend. Seit mehreren Jahren schon wirbt die britische Handelskette Tesco erfolgreich mit dem Slogan «Eat it or take away» – Iss es, oder nimm es mit (nach Hause) (1 Stunde 20 Minuten – Essen in Rekordzeit, http://www.sb-artikel.de/thema/maerkte/artikel/00248/unterseite1/index.html).

64 Vgl. etwa das Angebot n. http://www.dasbuffet.de/Finger_Food.htm.

65 Brunner, Hans: Kaffeespezialitäten sind Lifestyle, GastroJournal 2001, Nr. 4 (http://www.gastrojournal.ch/...).

66 Abb. n.: Konzepte-Rundblick (food-service 09/2000), http://www.gv-praxis.de/factstrends/specials/kaffee_konzepterundblick.html bzw. Kaffee-Marken im Kaffeebar-Business (food-service 12/2000), ~/kaffee_kaffeemarken.html.

67 Dabei setzt man vor allem auf Kaffee «to go», vgl. Der Trend: Kaffee im Gehen (23.01.2001), http://www.gv-net.de/artikel.asp?artikelid=2337&Rubrikid=141&Rubrik=Berichte.

68 Kaffee-Marken (2000).

69 Vgl. hierzu allgemein Spiekermann, Uwe: Kaffee und Lifestyle. Kaffeebars als Trendprodukt der Jahrtausendwende, in: Dietrich, Eva/Rossfeld, Roman (Hg.): Am Limit. Kaffeegenuss als Grenzerfahrung, Zürich 2002, 106–119.

70 20 Kaffeebar-Konzepte in Deutschland (food-service 02/2001), http://www.gv-praxis.de/factstrends/specials/kaffee_topp20konzepte.html.

71 Vgl. Nold, Matthias: Coffeehouse Starbucks zum Ersten. Soeben hat mitten in Zürich das erste Starbucks Coffeehouse Kontinentaleuropas seine Türen geöffnet, GastroJournal 2001, Nr. 10 (http://www.gastrojournal.ch/...); Wittwer, John: Amerikanisches Coffee-Feeling. Ab

72 Januar 2001 will die Passaggio AG mit einer schnell wachsenden Anzahl Starbucks-Shops die Schweizer Kaffee-Welt neu aufmischen, GastroJournal 2000, Nr. 43 (ebd.).
72 Brunner, Hans: Kaffeeduft liegt in der Luft, GastroJournal 2000, Nr. 50 (http://www.gastrojournal.ch/...). Allerdings verzeichnet die gesamte Café-Branche in der Schweiz z. Zt. einen Aufschwung, vgl. ders.: Land der Kaffeetrinker, GastroJournal 2001, Nr. 4 (ebd.).
73 Vgl. Huhn, Carsten: Expansion mit Espresso. Weg vom Kaffee- und Kuchenimage. Die neuen Kaffeebars ziehen junge und wohlhabende Kunden an, Die Zeit 56, 2001, Nr. 47 v. 15.11., 36.
74 Vgl. Ein Glücksfall für die Gastronomie – Im Kaffeegeschäft steckt Power und Profit! (2001), http://www. gastronomie-report.de/themen/kaffee/kaffee1.htm.
75 Vgl. Thöring, Remo: «Heute trinkt man Spirituosen pur», GastroJournal 2000, Nr. 35 (http://www. gastrojournal.ch/...); Euler, Barbara E.: Im Caipi-Fahrwasser auf Erfolgskurs gehen. Marktübersicht Spirituosen, Gastronomiereport 2001, H. 1, 31–33.
76 Abb. n.: Tod den Tütensuppen, http://www.rtl.de/137456.html.
77 Im ansonsten gut gelungenen Werk von Jakle, John A./Sculle, Keith A.: Fast Food. Roadside Restaurants in the Automobile Age, Baltimore/London 1999, wird dieser Trend allerdings nicht erwähnt. Ein gutes Beispiel wäre etwa die Fastfoodkette Souper!Salad!.
78 Abb. n. http://uuhome.de/soupkultur/SK/wir1.htm.
79 Angaben n.: Wir haben Grundsätze, http://uuhome.de/soupkultur/SK/wir2.htm.
80 Diese bedingte Krise der italienischen Küche gilt offenbar auch für die Schweiz, vgl. Richard, Franziska: Italienisch – authentisch?, GastroJournal 2001, Nr. 14 (http://www.gastrojournal.ch/...). Die mit gastronomischen Angeboten in der Fremde normalerweise einhergehenden geschmacklichen Abstriche führen zu einem Verlust von Authentizität, der dann auch kommerziell spürbar wird.
81 Gegenwärtig kommen in der Bundesrepublik auch Tapasbars verstärkt auf. Vgl. hierzu Tapas-Bars – spanische Restaurants in Deutschland (2001), http://www.abseits.de/tapas.htm (Konzept), bzw. Welsing, Anne: Tapas-Bars im Trend, WDR-KostProbe, Sendung v. 31. Juli 2000, http://www.wdr.de/tv/service/kostprobe/kp_archiv/2000/07/31_04.html (Speisen).
82 Abb. n.: http://home.gay.ch/Sushi.htm bzw. http://www.wold-e.de/ArsVivendi/Sushi.htm.
83 Vgl. etwa Kunath, Wolfgang: Klein, edel, teuer, schön. Sushi-Bars. Die Reduzierung von Menge und Masse, Frankfurter Rundschau 2000, Nr. 48 v. 26.02., ZB 6.
84 Abb. n. http://www.sushi-circle.de/restaurants/frankfurt.htm bzw. ~/hamburg.htm.
85 Ogawa, Tadashi: Das Essen im hochtechnisierten Zeitalter – mit besonderer Berücksichtigung der japanischen Situation, Internationaler Arbeitskreis für Kulturforschung des Essens. Mitteilungen 2001, H. 8, 2–12. Dieser Beitrag ist auch für die folgende Deutung grundlegend.
86 Richard, Franziska: Sushi – ein Reisbällchen fordert das Abendland heraus, GastroJournal 2000, Nr. 43 (http://www.gastrojournal.ch/...), gibt den Anteil mit ca. 15–20 % an.
87 Abb. n. http://www.afterworkclub.de.
88 «Das Ende des Puschenkinos» (2001), http://www.afterworkclub.de/presse.html.
89 Vgl. etwa Neulich bei der After-Business-Party im Kölner DownTown... (10.07.2000), http://www.single.de/magazin/lifestyle?id=3298&cmd=Anzeigen; Community, Clubbing und Kronleuchter, http://www. lifestyle-tr.de/archiv/Okt_00/Coverstory/coverstory.htm.
90 Vgl. After-Work-Parties (31.03.2001), http://www.abseits.de/after_work_party.htm.
91 Weber, Max: Die protestantische Ethik und der «Geist» des Kapitalismus, Archiv für Sozialwissenschaft und Sozialpolitik 20, 1904/05, 1–54; 21, 1905, 1–110, hier 109.
92 Alvensleben, Reimar v.: Welche Produkte will der Markt? Beitrag zum Agrarpolitischen Symposium der Akademie für Politik und Zeitgeschehen der Hanns-Seidel-Stiftung, Wildbad-Kreuth, 1.–3.11.2000 (Ms.).
93 Claussen, Detlev: Kleine Frankfurter Schule des Essens und Trinkens, Bremen 1987, 22.
94 Claussen, 1987, 23.
95 Claussen, 1987, 25.

Felix Escher

Lebensmittelverarbeitung – Von der Empirie zur Wissenschaft

Einleitung

Wenn im Folgenden die Rede von der Lebensmittelverarbeitung ist, dann werden darunter alle Schritte vom Rohstoff bis zum genussfertigen Produkt verstanden, also die verschiedenen Stufen der eigentlichen Herstellung und Zubereitung und die Massnahmen zur Haltbarmachung, aber auch die Lagerung und die Verteilung der Rohstoffe, Zwischen- und Endprodukte. Zudem sind alle Massstäbe der Verarbeitung vom kleingewerblichen Prozess bis zur grossindustriellen Linie berücksichtigt.

Der Titel stellt sodann die Begriffe «Empirie» und «Wissenschaft» einander gegenüber. Empirie soll im Sinne unseres alltäglichen Sprachgebrauchs ausdrücken, dass Beobachtungen und Erfahrungen zur Entwicklung bestimmter Methoden der Lebensmittelherstellung und -haltbarmachung geführt haben. Demgegenüber versucht die Wissenschaft – die ja ihrerseits oft empirisch-analytisch ist –, derartige Methoden nach den grundlegenden Prinzipien zu ordnen, Gemeinsamkeiten zu finden, Theorien aufzubauen, also Erkenntnisse und Einsichten zu gewinnen, aus denen dann wiederum weitere Entwicklungen und Anwendungen abgeleitet werden.

Die Lebensmittelwissenschaft stellt einen Bereich der Natur- und Ingenieurwissenschaften dar und löst in der Regel zwei Reaktionen aus. In akademischen Kreisen stösst man zunächst auf Unverständnis, das sich oft in einem milden Lächeln ausdrückt. Kann Essen und Trinken überhaupt etwas mit Wissenschaft zu tun haben? Kochen können wir ja schliesslich alle, und wir wissen auch, was gut schmeckt. So führte John

Hawthorn, einer der prominenten Förderer der Lebensmittelwissenschaft, 1965 aus: «Food Science as a term came into more general use in the middle 1950s. It describes a branch of science in plain English, which many have found a pleasant change, but which rather shocks some academics.»[1] Um es gleich vorwegzunehmen: Meist führen einige erklärende Worte zum notwendigen Verständnis, insbesondere weil diejenigen, die den Fachbereich zunächst belächeln, doch rasch realisieren, wie komplex Lebensmittel als Naturprodukte sind und wie anspruchsvoll damit die zur wissenschaftlichen Bearbeitung notwendige Chemie, Physik und Biologie werden kann.

Viel wichtiger ist die zweite Reaktion, nämlich diejenige des Konsumenten. Mit der zunehmend kritischen Haltung gegenüber allen naturwissenschaftlichen Entwicklungen ist es ein kleiner Schritt, eine «falsch» konzipierte Lebensmittelwissenschaft für Fehlleistungen und einen offenbar falschen Fortschritt verantwortlich zu machen. Diese durchaus nachvollziehbare Kritik kommt unter anderem daher, dass die wissenschaftliche Auseinandersetzung mit Essen und Trinken, wie sie in den Forschungslabors der Universitäten und der Industrie stattfindet, ständig an Einsehbarkeit verloren hat. So wie sich der Produktionsprozess für Lebensmittel aus den Augen und damit aus der Erfahrung des Konsumenten wegbewegt hat, so hat sich auch die Lebensmittelwissenschaft zu einem komplexen Spezialbereich entwickelt, dessen Verständnis bei Konsumenten nicht a priori vorausgesetzt werden kann. Die Wissenschaft wird damit verdächtig.

Der vorliegende Beitrag soll versuchen, diesen Verdacht zu entkräften. Er will zeigen, wie sich parallel zur Entwicklung der allgemeinen Natur- und Ingenieurwissenschaften auch die wissenschaftliche Aktivität rund um die Lebensmittelverarbeitung entwickelt hat. Es hätte ja nicht sein können, dass der technische Fortschritt, ob man ihn nun positiv oder negativ beurteilt, einfach vor der Lebensmittelverarbeitung Halt gemacht hätte. Der Übergang von der reinen Empirie zur Wissenschaft und die heutige Notwendigkeit, sich mit Essen und Trinken auf der Basis von Chemie, Biochemie, Biologie, Mikrobiologie, Molekularbiologie, Physik und Verfahrenstechnik auseinander zu setzen, werden am Beispiel der pasteurisierten und sterilisierten Konserven, der durch Wasserentzug haltbar gemachten Lebensmittel, der frischen Obst- und Gemüseprodukte und schliesslich der aus unkonventionellen Rohstoffen texturierten Lebensmittel dargestellt.

Geschichtlicher Kurzabriss

Aus dem Beitrag von Hans Nissen zu diesem Buch wird klar, dass die Herstellung von Lebensmitteln, und darunter insbesondere das, was wir als Zubereitung bezeichnen, auf die Zeit der Jäger und Sammler zurückgeht und sich mit dem Beginn des eigentlichen Landbaus in einer ersten Stufe rasch entwickelt hat. Prozesse wie das Garen, Fermentieren, Trocknen, Räuchern und Rösten waren ebenso bekannt wie die Herstellung von Käse, Bier oder Brot. Nach einer kürzlich erschienenen Arbeit aus Schottland sollen Nüsse schon in prähistorischer Zeit unter das Feuer geschichtet und geröstet worden sein.[2]

So kann man denn feststellen, dass die meisten Verfahren zur Haltbarmachung von Lebensmitteln sehr traditionell und schon fast seit Urzeiten bekannt sind. Sie lassen sich in vier Gruppen zusammenfassen und gehören immer noch zu *den* klassischen Methoden zur Sicherstellung unserer Nahrungsmittelversorgung:

- Senkung des Wassergehalts durch Konzentrieren, Trocknen, Räuchern, Salzen und Zuckern
- Senkung der Temperatur durch Kühllagerung und Gefrieren
- mikrobiologische Fermentationen (Milchsäuregärung, alkoholische Gärung) und Einlegen in Essig oder Alkohol
- «chemische» Konservierung durch Räuchern, Anwendung von Gewürzen und Einsatz von mit Nitrat vermengtem Kochsalz.

Mit der Industrialisierung im 19. Jahrhundert kamen zwei Prinzipien neu dazu, nämlich die Hitzebehandlung zur Pasteurisation und Sterilisation und die Anwendung von Konservierungsmitteln, die mit chemischer Synthese gewonnen wurden. Interessant dürfte die Feststellung sein, dass zwei weitere Verfahren, die der Konsument als «modern» betitelt und entsprechend argwöhnisch beurteilt, auch bereits hundert Jahre alt sind: Die Anwendung von ionisierenden Strahlen, im Alltag mit Lebensmittelbestrahlung bezeichnet, wird in einem Patent von 1905 vorgeschlagen,[3] und die Möglichkeit der Entkeimung von Milch mit sehr hohen statischen Drücken, d.h. mit einigen Tausend bar, in einer Publikation von 1899[4] beschrieben. In beiden Fällen ist das passiert, was nur als natürlich betrachtet werden kann. Nach der Entdeckung der Radioaktivität einerseits und den ersten Tiefseeforschungen zur Biologie unter hohen Drücken andererseits kamen die entsprechenden Wissenschafter rasch auf die Idee, ihre Prinzipien in möglichst vielen Bereichen der damals aktuellen Technologieszene anzuwenden.

Hitzesterilisation und Hitzepasteurisation

Nach verschiedenen Quellen gehen Fruchtkonserven in verschlossenen Gläsern, die bei Raumtemperatur haltbar sind, zurück auf das 17. Jahrhundert. Man muss annehmen, dass die sauren und damit, abgesehen von z.B. der alkoholischen Gärung, nicht dem allgemeinen mikrobiologischen Verderb ausgesetzten Fruchtprodukte durch Einkochen aufkonzentriert und heiss eingefüllt wurden. Bei den im 18. Jahrhundert erwähnten Fleischkonserven handelte es sich offenbar um gebratenes Fleisch in einer sehr dicken Sauce, und die Produkte wurden für die Versorgung auf See propagiert.[5]

In historisch vereinfachender Weise darf die Geburtsstunde der modernen hitzesterilisierten Konserve auf das Jahr 1810 gelegt werden, als der Franzose Nicolas Appert die Sterilisation in verschliessbaren Gläsern im Detail beschrieb und eine entsprechende Industrie aufzog[6-8] *(Abbildung 1)*. Appert war nicht der einzige seiner Zeit, der einen derartigen Prozess entwickelte, wohl aber der heute bekannteste, unter anderem, weil er für die Erfindung – so wollen es wenigstens die meisten Quellen – mit einem Industriepreis von Napoleon I. belohnt wurde. Sehr bald wurden Gläser mit Blechdosen ergänzt, und die Konserventechnik nahm einen beachtlichen Aufschwung, insbesondere im Zusammenhang mit der Versorgung auf hoher See und von militärischen Truppen.

Appert und seine Zeitgenossen waren überzeugt, dass die Haltbarkeit der stundenlang bei 100 °C erhitzten Gläser und Dosen auf dem vollständigen Ausschluss von Sauerstoff beruht. Erst später wurde erkannt, dass nicht der Sauerstoffausschluss, sondern die Inaktivierung von Mikroorganismen durch die Hitze zur notwendigen Stabilität führt. Louis Pasteur setzte sein heute als Pasteurisation bekanntes Verfahren am Beispiel der Weinbehandlung auf die richtige Basis.[9] Es wurde auch erkannt, dass unter Sauerstoffausschluss, also unter anaeroben Verhältnissen, sehr wohl Mikroorganismen wachsen können, darunter die Sporenbildner der Gattung *Clostridium*. Erhitzt man die Gläser oder Dosen nicht hoch und lange genug, werden diese *Clostridium*-Sporen nicht nur nicht inakti-

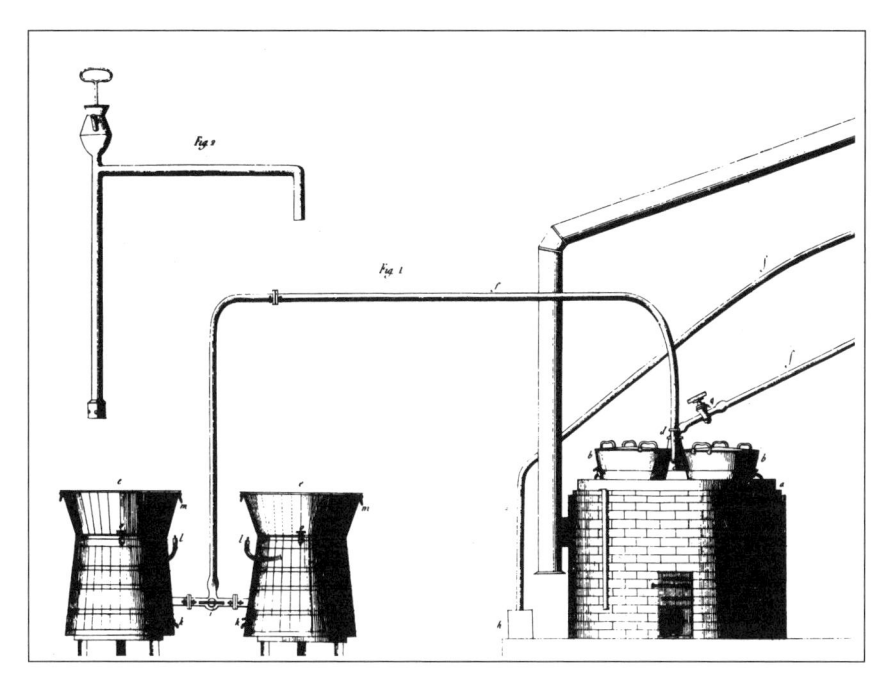

Abb. 1 Einrichtung zur Sterilisation von Gläsern in Apperts Fabrik um 1830. Die dampfbeheizten Kochkessel waren die Vorläufer der modernen Druckautoklaven. Aus Lit. 5.

viert, sondern sie keimen im Gegenteil aus, und es kommt unter anderem zur Bildung des gefährlichen Botulinus-Toxins durch *Clostridium botulinum*. Es muss dabei erwähnt werden, dass diese gefährlichen Sporenbildner sich nur in wenig sauren Lebensmitteln mit einem pH-Wert höher als 4,5 entwickeln, also in Fleisch, Gemüse, etc. In Fruchtkonserven besteht diese Gefahr nicht.

Die Erkenntnis über hitzeresistente Sporen und die damit verbundene Notwendigkeit einer genügend hohen und langen Erhitzung setzte sich in der stark aufblühenden Konservenindustrie nur langsam durch. Es fehlten zudem die notwendigen mikrobiologischen Analysenmethoden. So kam es, dass aus Konserven Lebensmittelvergiftungen in einem Ausmass auftraten, das wir heute nicht tolerieren würden. Trotz dieses Risikos nahm die Konserve unentwegt ihren Aufschwung. 1895 wurden in den USA allein 80 Mio. Sardinen-, 72 Mio. Mais- und 96 Mio. Lachskonserven hergestellt.[10]

Die dauernden Schwierigkeiten mit unsterilen Produkten gaben ab 1895 insbesondere in den USA Anlass zu umfassenden Untersuchungen über die Hitzeinaktivierung von hitzeresistenten Bakteriensporen, und

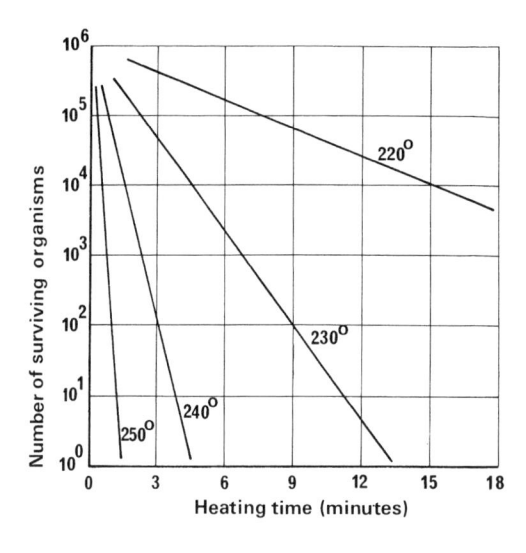

Abb. 2 Einfluss der Erhitzungszeit bei unterschiedlichen Temperaturen auf die Anzahl überlebender hitzeresistenten Sporen. Die Temperaturen sind in °Fahrenheit angegeben. Aus Lit. 5.

zwar vor allem an der University of Wisconsin (H. L. Russell[11]) und am Massachusetts Institute of Technology (MIT) in Boston (S. C. Prescott und W. L. Underwood[10, 12]). Die Versuche zeigten, dass Populationen von Bakteriensporen nach einer logarithmischen Gesetzmässigkeit absterben. Nach einer bestimmten Erhitzungszeit bleibt immer noch eine endliche, wenn auch immer kleinere Restzahl an überlebenden Keimen. Zudem nimmt die für die Inaktivierung einer bestimmten Sporenpopulation notwendige Zeit mit steigender Temperatur rasch ab. Im Durchschnitt verkürzt sich die Erhitzungsdauer mit der Temperaturerhöhung um 10 °C auf einen Zehntel. Diese Zusammenhänge sind in der Grafik aus einer frühen amerikanischen Publikation schematisch dargestellt *(Abbildung 2)*. Man erkennt die logarithmische Inaktivierung der Bakteriensporen, die bei der Temperaturerhöhung von 104 °C (220 °F) bis 121 °C (250 °F) immer schneller läuft.

Gleichzeitig wurde erkannt, dass die Temperatur im Innern der Dose langsamer als im Sterilisator (Autoklav, Retorte) steigt. Die Untersuchungen dazu wurden in den USA von der National Canners Association (W. D. Bigelow[13]) und an der Rutgers University, New Jersey (C. O. Ball[14]), mit Temperaturfühlern in Dosen gemacht. *Abbildung 3* zeigt eine historische Messeinrichtung, *Abbildung 4* in einer Grafik von Bigelow das langsame Aufheizen eines hochviskosen Produktes im Zentrum einer Dose.

Damit war um 1920 die Basis für die Behandlung von Sterilisationsprozessen gelegt. Man konnte mit genügender Sicherheit das logarithmische Absterbeverhalten von Mikroorganismen voraussetzen[15], und man

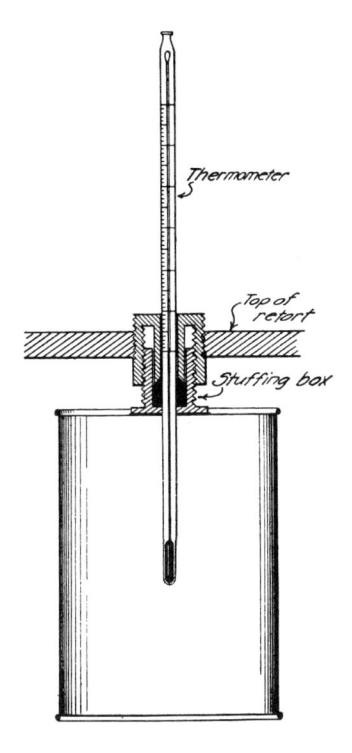

Abb. 3 Einrichtung von Bigelow et al. (1920) für die Messung der Kerntemperatur von Dosen während der Sterilisation. Aus Lit. 13.

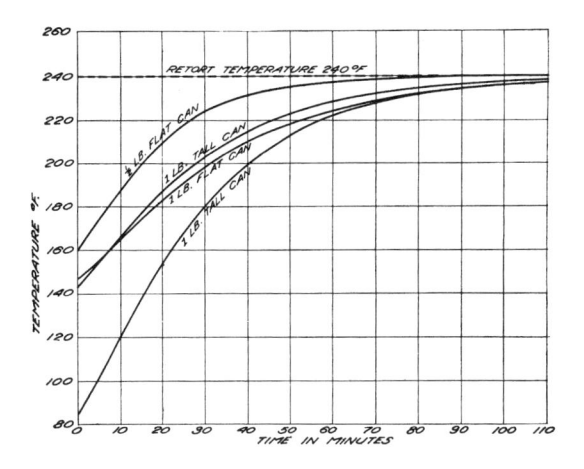

Abb. 4 Messresultate von Bigelow et al. (1920) zur Entwicklung der Kerntemperatur in mit Lachs gefüllten Dosen unterschiedlicher Grösse während der Sterilisation bei konstanter Autoklavtemperatur. Aus Lit. 13.

kannte das Aufheiz- resp. Abkühlverhalten von Dosen. Beide Elemente wurden rechnerisch zusammengefasst und mit der zu erreichenden Sterilität der Produkte verknüpft.[14] Denn nach dem logarithmischen Absterbegesetz wird die überlebende Restpopulation zwar immer kleiner, aber nie null. Es existiert deshalb in einer Charge von Konserven immer die Wahrscheinlichkeit unsteriler Einheiten, die nicht auf Fehlmanipulation zurückgeführt werden können. Allerdings darf heute dieses Restrisiko aus der langjährigen Erfahrung der Konservenindustrie und den daraus abgeleiteten Grundsätzen der Guten Herstellungspraxis (GHP) für industriell gefertigte Sterilkonserven auf null gesetzt werden. Für *Clostridium botulinum* werden die Prozessbedingungen so gewählt, dass das statistische Risiko kleiner als 1 nichtsterile Einheit in 1 Mrd. Einheiten ist. Für kritische Produkte wie Fleischwaren, die man aus Qualitätsgründen nur beschränkt erhitzen kann, wird als zusätzliche Sicherheit die Pökelung mit Nitritsalz angewendet.

Der Sterilisationsprozess stellt damit ein Verfahren dar, dessen toxikologische Sicherheit auf der Basis der eben gemachten Wahrscheinlichkeitsbetrachtungen rechnerisch validiert wird. Denn es wäre ja unmöglich, in der Qualitätskontrolle die eine allenfalls noch kontaminierte Dose in einer Mrd. Dose zu finden. Allerdings muss das Verfahren der rechnerischen Validierung experimentell periodisch überprüft werden. In den USA wird das Experiment für nichtsaure Produkte standardmässig so durchgeführt, dass Teströhrchen mit hohen Zahlen hitzeresistenter Sporen von nicht toxinbildenden Bakterienarten in zu sterilisierende Behälter gegeben werden, die man dann genau nach industriellen Bedingungen sterilisiert. Anschliessend wird die mikrobiologische Analyse mit der Berechnung verglichen.[16] Die biologische Validierung gewann in den USA wieder an Bedeutung, als 1970 ein Botulinusfall in einer New Yorker Konservenfabrik auftrat und fast gleichzeitig die renommierte Campbell Soup Co. einen Rückruf von botulinusverdächtigen Dosen machen musste. Der Botulinusverdacht bestätigte sich allerdings nicht.

Das logarithmische Absterbeverhalten einer Bakterienpopulation, wie es experimentell beobachtet worden ist, entspricht nach der Formulierung der chemischen Reaktionskinetik einer Reaktion 1. Ordnung. Überlegungen zum Mechanismus der Inaktivierung von Bakterien zeigen, dass die Anwendung eines Reaktionsschemas 1. Ordnung zur Beschreibung des Zeiteinflusses auf die Sterilisation durchaus sinnvoll ist. In der Modellierung des Temperatureinflusses auf die für eine bestimmte Sterilität notwendige Prozesszeit ging die Lebensmittelwissenschaft lange ihren eigenen Weg. Erst Ende der Fünfzigerjahre schlug sie die Brücke zur chemischen Reaktionskinetik und zur dort bekannten Formulierung der Arrhenius-Gleichung und zum Konzept der Aktivierungsenergie. Widersprüche zwischen der Sterilisationstechnik und der chemischen Reaktionskinetik führten zwischen 1950 und 1970 immer wieder zu wissenschaftlichen Kontroversen, obschon eigentlich schon früh feststand, dass die Formulierung in der Sterilisationstechnik einen Spezialfall der Arrhenius-Gleichung für kleine Temperaturdifferenzen und hohe Aktivierungsenergien darstellt.[17]

Alle reaktionskinetischen Arbeiten hatten neben der Garantie der notwendigen Sterilität und Sicherheit eine grosse Bedeutung in der Verbesserung des Nährwertes, aber auch der kulinarischen Qualität von sterilisierten und pasteurisierten Konserven.[18] Erstens wurden auf reaktionskinetischen Überlegungen die Hochtemperatur-Kurzzeit-Verfahren verbunden mit der aseptischen Verpackung entwickelt, in der Schweiz für Milch z.B. unter dem Begriff «Uperisation» bekannt. Die in der Regel flüssigen Güter (Milch, Cremen, Saucen) werden zuerst in Wärmetauschern oder mit direkter Dampfeinspritzung (vergleichbar mit der Erhitzung von Milch im Restaurationsbetrieb) sterilisiert oder pasteurisiert und dann unter keimfreien Bedingungen abgefüllt. Hier sind neben der Reaktionskinetik wichtige Elemente der technischen Thermodynamik einzusetzen, etwa wenn es darum geht, zu beweisen, dass in der Uperisation von Milch mit Direktdampfbeheizung während des Abkühlens wieder genau so viel Wasserdampf aus der Milch entweicht, wie zuvor eingespritzt worden ist.[19, 20]

Zweitens wurde die Bedeutung der Geometrie der Verpackung für das Aufheizverhalten erkannt und die Entwicklung von entsprechenden Verpackungen vorangetrieben. Beutel und Flachschalen sind vor allem für sich langsam erwärmende, dicke Güter sehr interessant. Um die Prozesszeit und die Prozesstemperatur genau im Griff zu haben, werden dazu heute Autoklaven mit automatischer Steuerung und mit Robotern zum Beschicken und Entleeren verwendet.

In der Optimierung der Erhitzungsprozesse sind drittens die Mikrowellenerhitzung und die so genannte Ohmsche Erhitzung intensiv bearbeitet worden. Die Mikrowellentechnik ist für Pasteurisation von anschliessend gekühlten Gütern erfolgreich, aber in den wenigsten Fällen für eine gesicherte Sterilisation von nichtsauren Lebensmitteln für die Lagerung bei Raumtemperatur geeignet.[21] Selbst technisch ausgereifte Mikrowellenöfen können eine gewisse Inhomogenität der Temperaturverteilung im zu erwärmenden Gut nicht vermeiden. Und so gelingt es selten, den Nachweis zu erbringen, dass wirklich alle Produktteile die für die Sterilisation notwendige Temperatur über die notwendige Zeitdauer erreicht haben.

Die Ohmsche Erhitzung stellt eigentlich ein altes Prinzip dar und gelangt traditionellerweise zum Beispiel in der häuslichen Süssmosterei zur Anwendung. Mit Elektroden, die in die mit Apfelsaft gefüllten Glasballons getaucht werden, erhitzt man den Saft, indem man die Leitfähigkeit und den damit verbundenen elektrischen Widerstand ausnützt.[22] Heute werden grosse Anlagen eingesetzt, die in analoger Weise die Erhitzung von flüssigen Lebensmitteln im Durchlauf ermöglichen.

Im Verlaufe von zweihundert Jahren hat sich demnach in der Hitzebehandlung eine ganze Palette von Verfahren zur Haltbarmachung herangebildet, deren Sicherheit sich dank wissenschaftlicher Erkenntnisse sehr gut abschätzen lässt. Es sind zudem Verfahren, die man in Bezug auf die Veränderungen der ernährungsphysiologischen und sensorischen Qualität gut beschreiben und damit optimieren kann.

Ähnlich viel, ja in gewissen Aspekten sogar noch viel mehr wissenschaftliche Kenntnisse sind ausgehend von den oben genannten Patenten für die Pasteurisation und Sterilisation mit ionisierenden Strahlen erarbeitet worden. Und doch hat sich das Verfahren bis heute in der Praxis nur in beschränktem Masse und im Wesentlichen für Spezialfälle durchgesetzt. Es ist nicht Gegenstand der vorliegenden Darstellung, den mässigen Erfolg und die Nichtakzeptanz der Strahlenbehandlung durch viele Konsumenten zu diskutieren. Tatsache ist, dass die naturwissenschaftlichen Hausaufgaben zum Nachweis der Sicherheit des Verfahrens gemacht worden sind.[3]

Noch nicht alle Hausaufgaben sind in der Erarbeitung der Grundlagen zur Pasteurisation und Sterilisation unter hohen Drücken gemacht. Man hat zwar gute Hinweise auf die Mechanismen der Inaktivierung von Mikroorganismen unter hohen statischen Drücken und ist jetzt daran, das notwendige experimentelle Datenmaterial auszuwerten und für die Sicherheitsbeurteilung der nichtthermischen Pasteurisation und Sterilisation einzusetzen.[23] Der Gesetzgeber ist aber für die Zulassung neuer Konservierungsmethoden restriktiv, eine Trial-and-Error-Technologie wie diejenige der Konservenherstellung im 19. Jahrhundert lässt er nicht mehr zu. Die praktische Anwendung der Hochdruckbehandlung beschränkt sich gegenwärtig auf die Pasteurisation und wird nach wie vor in vielen Fällen mit einer milden Erhitzung des Lebensmittels kombiniert. Da die Hochdruckbehandlung auch interessante Möglichkeiten bietet, einem Lebensmittel die gewünschte Struktur und Textur zu geben, dürfte dieses Verfahren in der Praxis durchaus seinen Platz und die entsprechende Akzeptanz auf dem Markt finden.

Wasser und Haltbarkeit von Lebensmitteln

Die Erfahrung lehrt, dass ein abnehmender Wassergehalt zu einer zunehmenden mikrobiologischen Haltbarkeit führt, dass also trockene Lebensmittel weniger schnell oder nicht verderben. In der Natur hatte man eine gute Lehrmeisterin, indem viele Samen und Früchte im reifen Zustand abtrocknen und so stabilisiert werden. Auf dieser Basis beruhen uralte Prozesse wie Trocknen, Räuchern, Eindicken, Zuckern und Salzen. In all diesen Prozessen wurde der für die Haltbarkeit tolerierbare Wassergehalt empirisch eingestellt. Die Lagerung zeigte dann, ob die Lebensmittel tatsächlich stabil blieben.

Das wissenschaftliche Interesse am Einfluss des Wassergehalts auf die Stabilität von Lebensmitteln stieg im Zweiten Weltkrieg stark an. Trockenprodukte stellten eine der Grundlagen für die Versorgung der Alliierten Truppen auf dem ganzen Erdball dar. Auch in Deutschland wurden die entsprechenden wissenschaftlichen Aktivitäten intensiviert. Ebenso stark nahm die wissenschaftliche Tätigkeit in der Trocknungstechnologie zu. Das Interesse an Trocknung und Lagerstabilität hielt nach dem Zweiten Weltkrieg mit der zunehmenden Bedeutung von Convenience-Produkten mit Instant-Charakter unvermindert an.

Im Verlaufe dieser wissenschaftlichen Bemühungen setzte sich für die Stabilitätsbetrachtungen die an sich triviale Erkenntnis durch, dass im Lebensmittel nicht die Gesamtmenge an Wasser, sondern dessen biologische und chemische Verfügbarkeit über die Haltbarkeit entscheidet. Zur Umschreibung dieser Verfügbarkeit führte W. J. Scott Anfang der Fünfzigerjahre aus der Theorie der Thermodynamik von wässrigen Lösungen den Begriff der Wasseraktivität (a_w-Wert) in die Lebensmitteltechnologie ein.[24] Er konnte diesen Schritt deshalb machen, weil sich viele wasserreiche Lebensmittel physiko-chemisch wie Lösungen verhalten. Etwas später wurde dann der Begriff auf das ganze Spektrum von Lebensmitteln von der vollständigen Wassersättigung (Fruchtsäfte, Milch etc.) bis zu Trockenprodukten (Trockensuppe, Milchpulver etc.) ausgedehnt und mit der Gleichgewichtsfeuchtigkeit oder relativen Luftfeuchtigkeit über einem Lebensmittel gleichgesetzt.

Das Konzept der Wasseraktivität und Gleichgewichtsfeuchtigkeit erwies sich sehr bald als hilfreich für die systematische Lösung vieler Probleme der Lebensmittelverarbeitung. Zunächst konnte so die Aufnahme von Feuchtigkeit eines Lebensmittels quantitativ beschrieben werden.[25] Man kann auf der Basis der so genannten Sorptionsisothermen voraussagen, wie stark der Wassergehalt z.B. eines feuchtigkeitsempfindlichen Biskuits steigt, wenn man es aus der Schutzpackung herausnimmt und in einem Raum geöffnet stehen lässt. Ebenso lässt sich der Feuchtigkeitsausgleich in komplexen Trockenmischungen während der Lagerung berechnen. In einer Mischung geben einzelne Komponenten Wasser ab,

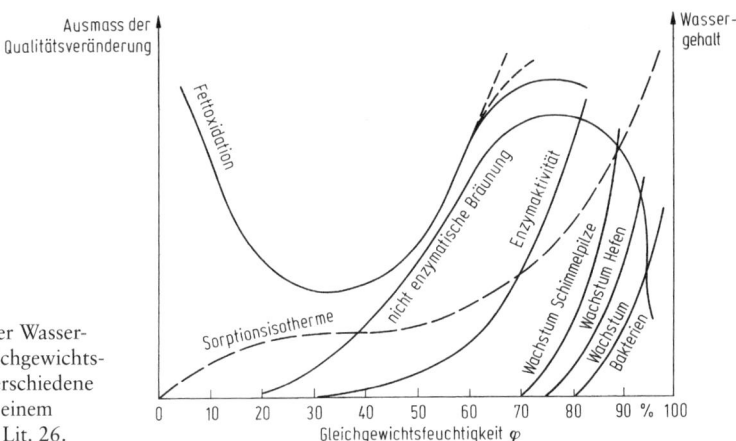

Abb. 5 Einfluss der Wasseraktivität bzw. Gleichgewichtsfeuchtigkeit auf verschiedene Veränderungen in einem Lebensmittel. Aus Lit. 26.

während andere Wasser aufnehmen, so dass der Wassergehalt vor der Mischung so eingestellt werden muss, dass keine der Komponenten in einen für die Lagerstabilität ungünstigen Wassergehaltsbereich kommt.

Die Anwendung der Gleichgewichtsfeuchtigkeit ist dann besonders interessant, wenn man auch weiss, bei welchem Wassergehalt bzw. welcher Wasseraktivität oder Gleichgewichtsfeuchtigkeit das Lebensmittel die Lagerstabilität verliert. Deshalb werden über das Konzept der Wasseraktivität allgemeine Prognosen zur Stabilität gemacht, was zur mittlerweile berühmt gewordenen Grafik in *Abbildung 5* geführt hat, die heute in keinem Lehrbuch fehlen darf.[26] Sie zeigt das relative Ausmass verschiedener im Lebensmittel vorkommender Veränderungen in Abhängigkeit von der Gleichgewichtsfeuchtigkeit bzw. der Wasseraktivität.

Für die mikrobiologische Stabilität, die immer das erste und wichtigste Problem der Lebensmitteltechnologie darstellt, lässt sich ein praktisch direkter Zusammenhang zwischen Wasseraktivität und mikrobiologischer Aktivität herleiten. Viele Bakterien-, Hefe- und Schimmelpilzarten zeigen enge Grenzwerte der Wasseraktivitäten. Werden diese unterschritten, wachsen die Mikroorganismen nicht mehr. Darauf beruht zunächst das Salzen und Zuckern, aber auch das Trocknen von Lebensmitteln. Für die Beurteilung der mikrobiologischen Sicherheit sind heute der Begriff des a_w-Wertes und die entsprechenden Messungen Routine in praktisch jedem Lebensmittelbetrieb.

Über die Gleichgewichtsfeuchtigkeit kann man aber auch Aussagen über die möglichen chemischen und enzymatischen Veränderungen machen. Je nach Art der Veränderung, die für ein bestimmtes Lebensmittel besonders kritisch ist, lässt sich deshalb aus dem Schema die günstigste Gleichgewichtsfeuchtigkeit herauslesen. Über die Sorptionsisotherme lässt sich der optimale Wassergehalt bestimmen oder berechnen. Und damit ist die Möglichkeit gegeben, den optimalen Endpunkt einer Trocknung, eines Konzentrationsprozesses oder des Salzens und Zuckerns abzuschätzen.

Dieses Konzept wurde in den USA in voller Breite zur Prognose der Lagerstabilität umgesetzt, weil man der Meinung war, dadurch vollständig auf Zeit raubende Lagerversuche verzichten zu können. Dass Lagerversuche aufwendig sind, ergibt sich nur schon aus der Tatsache, dass die Haltbarkeit von Trockenprodukten wie löslicher Kaffee, Suppenmischungen, Frühstückscerealien etc. mindestens ein Jahr sein sollte. Die Wirklichkeit sah allerdings anders aus. Die Prognose war nicht immer erfolgreich, und man konnte nicht immer erklären, weshalb ein Produkt während der Lagerung nicht stabil war. Es gab in der Industrie verschiedentlich Ausfälle durch frühzeitigen Qualitätsverlust von Trockenprodukten.

Die Theorie der Wasseraktivität und der Gleichgewichtsfeuchtigkeit geht davon aus, dass das Wasser in Lebensmitteln in einer konstanten Umgebung ein thermodynamisches Gleichgewicht erreicht. Das ist aber in den komplex aufgebauten Produkten nicht immer der Fall, so dass für das Wasser so genannte metastabile Zustände berücksichtigt werden müssen. Deshalb ist in Bezug auf die Reaktivität des Wassers eine Zeitskala zu berücksichtigen, und man muss von der statischen zur dynamischen Betrachtung übergehen.

Ausgelöst durch die Schwierigkeiten der Stabilitätsprognose, wurde um 1990 die Theorie der Glasumwandlung in die Lebensmittelwissenschaft eingeführt. Diese Theorie existiert in der Polymerphysik und in der Kunststofftechnologie schon lange und beschreibt den Übergang eines amorphen Kunststoffs vom plastischen, gummigen, gut deformierbaren Zustand in den glasartigen, spröden und brüchigen Zustand. Die Glasumwandlungstemperatur als Temperatur des Übergangs von gummig zu spröd oder umgekehrt hängt für einen bestimmten Kunststoff davon ab, wie viel und welcher Weichmacher im Kunststoff enthalten ist. Genau analog verhalten sich viele Stoffe, wie Stärke, Eiweisse und Zucker, wobei Wasser als Weichmacher wirkt.[27, 28] Das bedeutet, dass diese Stoffe mit zunehmendem Wassergehalt bei stets tieferen Temperaturen vom glasigen in den gummigen Zustand übergehen *(Abbildung 6)*.

T_g = Bereich der Glasübergangstemperatur von Stärke
T_L = Lagertemperatur des Brotes
A = Wassergehalt der frischen Kruste -> $T_L < T_g$, glasartig, knusprig
B = Wassergehalt der gelagerten Kruste -> $T_L > T_g$, gummig, weich

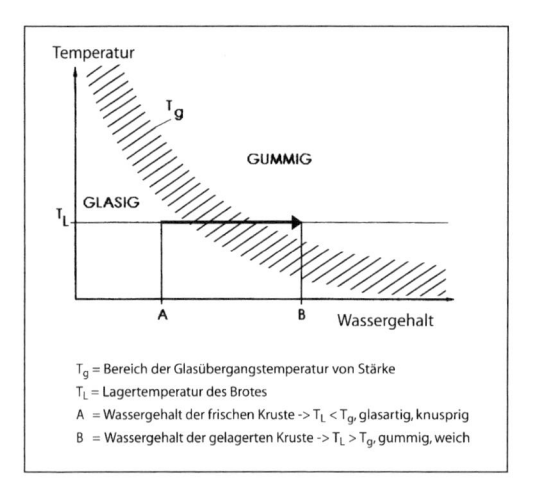

Abb. 6 Beziehung zwischen Wassergehalt und Glasübergangstemperatur von Lebensmittel-Inhaltsstoffen, dargestellt am Beispiel von Stärke in einer Brotkruste. Aus Lit. 27.

In den internationalen Tagungen über Wasser in Lebensmitteln Ende der Achtziger- und Anfang der Neunzigerjahre schlug das Konzept des Glasübergangs derart ein, dass der Begriff der Wasseraktivität fast nur noch mit Anführungszeichen verwendet werden durfte.[29] Mittlerweile hat sich die Situation natürlich wie immer dahin entwickelt, dass sich die beiden Konzepte gut ergänzen und gemeinsam das Verständnis über das Verhaltens von Lebensmitteln im Zusammenhang mit Wasser viel umfassender gestalten. Beispiele für Vorgänge, die sich mit Glasumwandlungen erklären lassen, sind der Verlust der Knusprigkeit von Gebäck, etwa der Kruste von Brot bei der Lagerung *(Abbildung 6),* oder die Veränderungen von zuckerreichen Produkten. Denn Zucker kann sowohl amorph, also als Glas, als auch kristallin erstarren.

Ganz besonders hilfreich sind derartige Betrachtungen auch für die Beurteilung der Stabilität von Tiefkühlprodukten während der Gefrierlagerung. Bei der Gefrierlagerung werden selbst bei völlig konstanter Lagertemperatur physikalische Umwandlungen in der Wasser- und Eisphase beobachtet, die zur Qualitätsverminderung des gefrorenen Produktes führen. Nach dem Konzept des Glasübergangs ist ein Gefrierprodukt während der Lagerung dann am stabilsten, wenn die Wasserphase möglichst glasartig erstarrt. Ein Glas ist so dicht, dass kaum mehr Diffusionsvorgänge stattfinden und sich deshalb das Lebensmittel kaum verändert. Allerdings muss man für eine vollständig glasartige Erstarrung das Lebensmittel äusserst schnell und tief abkühlen, was in der Praxis selten gelingt. Dennoch: Stellt man sich das ausserordentlich grosse Volumen an Gefrierprodukten auf dem modernen Lebensmittelmarkt und die bisher in den meisten Fällen sehr empirisch hergeleiteten Werte für Lagertemperatur und Lagerzeit vor, so ist es sicher ein Fortschritt, wenn sich heute die Probleme der Lagerstabilität etwas systematischer angehen lassen.

Im Zusammenhang mit der Wasseraktivität und der Glasumwandlung sollen abschliessend einige spezifische Hinweise zur wissenschaftlichen Entwicklung der Trocknungstechnologie gegeben werden. Die ursprüngliche Sonnen- und Lufttrocknung unter freiem Himmel kommt zwar noch zur Anwendung, etwa für die Trocknung von Aprikosen und Weinbeeren in Kalifornien. Moderne Lufttrockner für Gemüse, Früchte und Teigwaren arbeiten aber heute fast ausschliesslich auf der industriellen Basis und sind mit Betrachtungen zum Stoff- und Wärmeaustausch und über die chemische Reaktionstechnik optimiert.

Auch die Sprühtrocknung, als Methode schon bald nach 1900 im Einsatz, ist ständig weiter entwickelt worden, ganz besonders um die klassischen Instant-Getränkepulver gewinnen zu können. Eine Flüssigkeit wird in stark aufkonzentrierter Form in einem Sprühturm fein versprüht und intensiv mit Heissluft vermischt. Während des Absinkens des Produktes findet die Trocknung statt, und über pneumatische Systeme kann man das trockene Pulver aus der Anlage austragen.[30] In den meisten Fällen sind diese Pulver so fein, dass sie sich schlecht benetzen lassen und beim Einrühren in Wasser oder Milch Klumpen bilden. Deshalb werden zusätzliche verfahrenstechnische Schritte eingebaut, die aus den feinen Pulvern die Bildung von besser benetzbaren grobkörnigen und porösen Agglomeraten ermöglichen *(Abbildung 7)*. Mit physikalischen Untersuchungen und mikroskopischen Analysen sind mittlerweile die Gesetzmässigkeiten der Benetzbarkeit von Pulver gut beschreibbar.

Man kann sich sicher leicht vorstellen, dass eine hohe Porosität einen besonders wichtigen Faktor für die Instant-Eigenschaften darstellt, indem das Wasser beim Anrühren des Trockenproduktes gut aufgenommen wird, wenn es durch Poren ins Innere des Produktes eindringen kann. Die höchste Porosität wird durch die Gefriertrocknung erreicht,[31] wie sie für die Herstellung von löslichem Kaffeeextrakt (Instant-Kaffee) zum Einsatz gelangt. Gefriergetrockneten Produkten haftet auf dem Lebensmittelmarkt immer etwas der Hauch von «Hightech» an. Allerdings ist auch diese Methode nicht neu. Gefriertrocknung, die in der Sublimation des Eises im gefrorenen Lebensmittel direkt in Wasserdampf besteht, gehört zu den traditionellen Methoden der Kartoffelverarbeitung in den

Abb. 7 Instantisieren von sprühgetrocknetem Milchpulver. Die Bilder (a) bis (d) zeigen die zunehmende Agglomeration des feinen in ein grobkörniges, poröses Pulver, das zunehmend besser benetzbar ist. Aus Lit. 30.

Hochlagen der Anden, wo es nachts so kalt wird, dass die Kartoffelscheiben gefrieren, und nach Sonnenaufgang die Luft so kalt und trocken ist, dass die Scheiben nicht auftauen, sondern durch Sublimation trocknen.

Die Euphorie der Gefriertrocknung der Sechzigerjahre ist einer Konsolidierung auf mengenmässig konstantem Niveau gewichen. Aus Kosten- und Energiegründen werden nur kleine Mengen an Produkten auf hohem Preisniveau gefriergetrocknet. Böse Zungen behaupten sogar, dass man mit etwas mehr Forschungsaufwand auch Kaffeextrakt mit der kostengünstigeren Sprühtrocknung in derselben Qualität wie mit der Gefriertrocknung trocknen könnte. Wissenschaftlich steht dieser Aussage von den Grundlagen her jedenfalls nichts entgegen.

Lagerung und Verpackung von frischem Obst und Gemüse

War die bisherige Darstellung der wissenschaftlichen und technischen Entwicklung der klassischen Konservierungstechnologie durch Erhitzen und Trocknen gewidmet, so soll mit dem dritten Beispiel gezeigt werden, dass wissenschaftliche Erkenntnisse auch in ganz anderer Richtung genutzt werden. Es geht um die Lagerung und um die Verpackung von frischem Obst und Gemüse. Die Bedeutung von Obst und Gemüse für unsere Ernährung ist unbestritten. Auch für Obst und Gemüse stellt sich die Aufgabe der Lagerung, wobei die erwünschte Lagerdauer je nach Obst- und Gemüseart sehr stark schwankt.

Für Tafeläpfel, der wichtigsten inländischen Obstart, besteht das Bedürfnis, die Lagerdauer ohne wesentliche Qualitätseinbusse auf Monate und am besten jeweils bis zur neuen Ernte hin auszudehnen. Seit langem ist bekannt, dass die Lagerstabilität von frischem Obst durch Kühlen erhöht ist. Kühle Naturkeller und, nach der Einführung von Kältemaschinen, künstlich gekühlte Keller stellen damit traditionell die wichtigste Voraussetzung für die Lagerung dar. Später kam die Luftbefeuchtung hinzu, um den durch Transpiration bedingten Wasserverlust zu vermindern.

Während diese Lagerhaltung noch ausschliesslich auf Erfahrung basierte, vermittelten die zunehmenden biochemischen Kenntnisse über die Stoffwechselvorgänge im Apfel nach der Ernte die Grundlage für die Weiterentwicklung der Lagertechnik. Die Frucht stellt ein lebendes, atmendes Gewebe dar. Schon 1922 zeigten Untersuchungen von F. Kidd, dass die Atmungstätigkeit von Äpfeln selbst bei tiefen Temperaturen nach der Ernte zunimmt, was mit dem beginnenden Zerfall der Frucht ver-

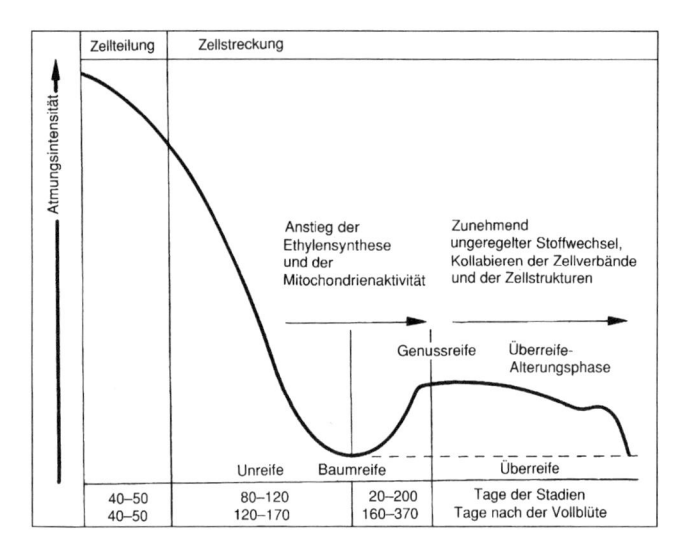

Abb. 8 Verlauf der Atmungsintensität während der Entwicklung und Alterung von Kernobst. Nach Lit. 35.

bunden ist.[32] In *Abbildung 8* ist der Atmungsverlauf schematisch dargestellt. Den vorzeitigen Zerfall kann man verzögern, indem man die Atmungsintensität durch das Absenken des Sauerstoffangebots in der Lagerluft senkt.[33] Man setzt den Apfel gleichsam auf eine minimale Atmung. Die Sauerstoffkonzentration darf nicht ganz auf null sinken, weil sonst im Gewebe Gärung eintritt und muffige Aromanoten entstehen. Im Weiteren muss man das durch die Atmung gebildete Kohlendioxid laufend entfernen. So entstand in den Jahren zwischen den zwei Weltkriegen die Lagerung in kontrollierter Atmosphäre, meist unter der englischen Abkürzung CA-Lagerung bekannt.[34,35]

Der Schlüssel zur Stoffwechselregulation nach der Ernte von Früchten liegt im Ethylen, einer einfach gebauten Verbindung aus zwei Kohlenstoff- und vier Wasserstoffatomen. Ethylen wird aus der Aminosäure Methionin in der Frucht gebildet und wirkt als fruchteigenes Reifungshormon. Mit den biochemischen Grundlagen ist es möglich, die Reifungsvorgänge auch über die Ethylenkonzentration in der Luft zu verzögern bzw. zu fördern.[36]

Mit den Kenntnissen über den Stoffwechsel von Früchten und Gemüsen und der Entwicklung der Technologie von Kunststofffolien wurde vor etwa 15 Jahren das Konzept der CA-Lagerung auf verpackte Lebensmittel übertragen, um gerüstetes frisches Gemüse im Detailhandel mit einer längeren Haltbarkeit anbieten zu können. Die Technik heisst heute CAP (Controlled Atmosphere Packaging) und MAP (Modified Atmosphere Packaging). Voraussetzung für die neue Verpackungstechnologie ist neben der Kenntnis des Stoffwechsels des Fruchtgewebes der Einsatz von Folien mit genau definierten Durchlässigkeiten für Sauerstoff, Kohlendioxid und Wasser. Dazu steht ein grosses Datenmaterial zur Verfügung. Mit Computersimulation gelingt es, alle diese Daten zu kombinieren und für die einzelnen Gemüse- und Fruchtprodukte die geeignetste Folie auszuwählen.[37] Selbstverständlich ist für die Folien auch zu garantieren, dass keine Stoffe aus dem Kunststoff in das Lebensmittel wandern und dieses ungewollt kontaminieren.

Das Angebot an gekühlten, mit CAP verpackten Lebensmitteln ist in den letzten Jahren ständig gestiegen. Es sind Produkte mit einem ausgesprochenen Frischeaspekt. Neben geschnittenem Salat findet man Suppengemüse oder geschnittene Gemüse als Apéroprodukt. Das Konzept ist auch auf Lebensmittel ausserhalb von Obst und Gemüse erweitert worden und beinhaltet dann nicht mehr die Regulation des Stoffwechsels, sondern ausschliesslich die mikrobiologische Stabilisierung. Frischteigwaren stellen ein Beispiel aus der Palette der durch MAP-Verpackung stabilisierten Convenience-Produkte dar. Es sei nicht verschwiegen, dass gekühlte CAP- und MAP-Lebensmittel bei der Herstellung und Verpackung mikrobiologisch sehr anspruchsvoll sind. Die lückenlose Kühlhaltung wird allenfalls mit speziell in der Verpackung eingebauten Temperaturindikatoren überprüft.

Engineered Foods, Fabricated Foods

Mit der Entwicklung der modernen Biotechnologie kam in den Fünfzigerjahren die Idee auf, Eiweiss in Form von Einzellereiweiss (Single-Cell Protein) zu gewinnen. An sich war das wiederum nichts Neues, denn die Produktion von Hefe als Eiweiss war schon lange entwickelt worden und war in den beiden Weltkriegen in Deutschland für die Nahrungsmittelversorgung von recht grosser Bedeutung. Neu war die Idee, diese Produktion auf weitere Mikroorganismen auszudehnen und mit Kohlenwasserstoffen, also mit Erdöl und Erdgas, als Nährstoffquelle durchzuführen. «Eiweiss aus Erdöl» war in den Sechzigerjahren durchaus ein Schlagwort. Als Futtermittel war dieses Single-Cell Protein ebenfalls vorgesehen, und die englische Firma ICI baute auf der Basis von Methan, das England in der Nordsee gewann, eine grossindustrielle Anlage. Aus

Abb. 9 Anlage zum Verspinnen von Sojaprotein: Die Proteinlösungen werden durch Spinndüsen in ein Fällbad gepresst und zu Faserbändern vereinigt (General Mills, Inc., Minneapolis, USA). Aus Lit. 40.

Abb. 10 Fasergewebe aus gesponnenem Sojaeiweiss (General Mills, Inc., Minneapolis, USA). Aus Lit. 40.

dem Inhaltsverzeichnis zu einem Symposiumsbericht 1968 geht die damals grosse Bedeutung des Einzellereiweisses klar hervor.[38]

Inzwischen ist es aus verschiedenen Gründen wieder ruhiger geworden um das Single-Cell-Protein. Hingegen nahm die Entwicklung von Lebensmitteln aus unkonventionellen Pflanzenproteinen, die schon vor der Biotechnologie begonnen hatte, ihren Fortgang, allen voran auf der Basis von Sojaprotein.[39] Dieser Pfad hat sich als wesentlich erfolgversprechender erwiesen. Sojaprotein liess sich mit vertretbarem Aufwand schon recht bald in der gewünschten Reinheit als Proteinkonzentrat oder Proteinisolat gewinnen. Allerdings musste man dieses Konzentrat oder Isolat noch in eine essbare Form überführen, wenn man es nicht einfach als Sojamilch oder Tofu nach fernöstlicher Tradition auf den Markt bringen wollte.

Im Prinzip ging es um die Herstellung von Fleischanalogen, wozu einerseits ein Spinnprozess aus der Textilverarbeitung und andererseits ein Extrusionsprozess aus der Kunststofftechnologie angewendet wurde. Mit dem Spinnprozess wurden fleischanaloge Fasern gewonnen, indem das Protein in Lauge gelöst und in ein saures Fällbad gedüst wurde *(Abbildung 9 und 10)*. Diese Fasern wurden dann zerkleinert, mit Bindemittel zu fleischähnlichen Stücken verklebt und aromatisiert. In der Schweiz besass die Firma Wander Patente auf dem Spinnprozess,[41] und die Firma Givaudan arbeitete an der Aromatisierung. Die Endprodukte konnte man durchaus geniessen, auch wenn sie kulinarisch sicher keine Delikatessen waren.

Problematischer waren allerdings die Ergebnisse von lebensmittelchemischen Untersuchungen, die zeigten, dass bei der Lösung der Proteine in Lauge ernährungsphysiologisch unerwünschte Veränderungen auftraten. Der Prozess wurde deshalb fallen gelassen, bevor er in der Praxis Fuss fasste. Das Beispiel zeigt, dass die wissenschaftliche Begleitung von Neuentwicklungen von grosser Bedeutung ist. Es weist aber auch darauf hin, dass man Fehlentwicklungen nicht immer schon von Anbeginn an, also beim Vorliegen einer Idee, verhindern kann. Heute ist bekannt, dass Prozesse im alkalischen Milieu in der Lebensmittelverarbeitung generell ungünstig sind. Man kann annehmen, dass sie deshalb traditionellerweise praktisch nie vorkamen. Die Herstellung von Laugengebäck, dessen Oberfläche zur Ausbildung der glänzenden dunklen Kruste mit Lauge behandelt wird, stellt wohl den einzigen wichtigen Fall dar.

Hingegen hat sich die Heissextrusion für die Sojaverarbeitung durchgesetzt.[42] Für das Produkt ist der Begriff «Textured Vegetable Protein» (TVP) eingeführt worden. Als Kaltextrusion ist der Prozess schon längst für die Wurstfabrikation (Formen der Würste und Einpressen in die Würzhüllen) und in die Teigwarenproduktion (Auspressen eines krümeligen Weizenteigs aus Düsen in der gewünschten Form von Spaghetti oder Kurzwaren) eingeführt. Die Kochextrusion verbindet eine Formung der Proteinmasse und zugleich durch die hohen Temperaturen eine Umformung der Proteine in ein kohärentes Produkt. Dadurch, dass beim Düsenaustritt das Wasser momentan verdampft, wird die kohärente plastische Masse zudem zu einem porösen Produkt expandiert. Die wissenschaftliche Analyse des Extrusionsprozesses erfordert Kenntnisse über die Strömungsmechanik und über die chemischen Bindungsmechanismen, die zum Aufbau der stabilen Produktstruktur führen. Vom Ausmass der Erhitzung her ist die thermische Belastung wegen der sehr kurzen Verweilzeit nicht grösser als in vielen anderen Prozessen der Eiweissverarbeitung, so dass ein Produkt entsteht, das den ernährungsphysiologischen Anforderungen durchaus entspricht. Wiederum schwieriger ist die kulinarische Seite, indem Sojaprotein immer einen so genannten «beany flavor» aufweist, den mit Aromatisierung zu überdecken nicht einfach ist.

Von der Lebensmittelwissenschaft zum Ernährungsverhalten und zur Produktakzeptanz

Die vier ganz unterschiedlichen Beispiele der Entwicklung der Lebensmittelverarbeitung und der damit verbundenen wissenschaftlichen Auseinandersetzung mit den Grundlagen der Prozesse und Produkte weisen auf zwei Tatsachen hin. Erstens gelang in der Vergangenheit die Erarbeitung der wissenschaftlichen Grundlagen für ein Verfahren erst, als es schon angewendet wurde und ein entsprechend hergestelltes Lebensmittel auf dem Markt war. In vielen Fällen ist es auch heute noch so, dass man in der Forschung eine bereits eingesetzte Technologie oder eine Rezeptur mit entsprechenden Untersuchungen zu verstehen versucht und daraus mögliche Verbesserungen und Entwicklungen für die Zukunft ableitet. Derartige Verbesserungen und Entwicklungen müssen nicht notwendigerweise grosstechnisch und industriell sein, sie können durchaus auch einen gewerblichen Prozess betreffen.

Es stellen sich aber auch neue Aufgaben, die man direkt mit wissenschaftlichen Methoden angeht, etwa wenn neue mikrobiologische Probleme auftauchen oder wenn es darum geht, Konzepte wie dasjenige der sekundären Pflanzeninhaltsstoffe in ernährungsphysiologisch vorteilhafte Produkte oder so genannte Functional Foods umzusetzen. Dabei wird die Wissenschaft auch in Zukunft nicht unfehlbar sein. Schritte zurück, wie das bei den Single-Cell Proteins der Fall war, werden sich wohl nie ganz vermeiden lassen.

Zweitens zeigt sich, dass die Lebensmittelwissenschaft ausgesprochen interdisziplinär ist und sein muss, um ihren Auftrag zu erfüllen. Den Auftrag erfüllen heisst mithelfen, die Versorgung des Marktes mit genügend Lebensmitteln sicherzustellen und für diese Lebensmittel die gewünschte Produktions- und Produktqualität zu erzielen.[43] Dabei sind bei der Produktionsqualität Faktoren wie die Betriebsgrösse (gewerblich, industriell, grossindustriell), der Energieverbrauch, die Abwasser- und Abfallbelastung oder der Grad der Automation zu beachten. Bei der Produktqualität stehen einerseits als physiologische Faktoren die toxikologische Sicherheit, der Nährwert sowie der aus der Entwicklung der Functional Foods abgeleitete Gesundheitswert, andererseits als sensorische Faktoren die Farbe, der Flavor und die Textur, die den Genusswert ausmachen, im Vordergrund. Hinzu kommen in vielen Fällen Faktoren wie Convenience (küchenfertige oder essfertige Produkte), Portionengrösse und Verpackungsart.

Die moderne Lebensmittelwissenschaft muss nicht nur interdisziplinär angelegt sein, sondern in den einzelnen Fächern gleichzeitig eine hohe disziplinäre Grundlagenkompetenz mitbringen.[44] Die moderne Genetik und Molekularbiologie ist in der Lebensmittelmikrobiologie ebenso unentbehrlich wie die Instrumentalanalytik in der Lebensmittelchemie. Und während sich die Lebensmitteltechnologie der modernen Methoden der mikroskopischen Strukturanalyse bis hinunter zum Atomic Force Microscope sowie der Methoden der sensorischen Lebensmittelanalyse bedient, wendet die Lebensmittelverfahrenstechnik neueste Rechentechniken für die Prozesssimulation und -steuerung an. In allen Fällen wird angestrebt, das System Lebensmittel in seiner Komplexität bis auf die molekularen Grundlagen zu verstehen.

Die eben gemachte Selbstdarstellung der Bedeutung und der Leistungsfähigkeit der Lebensmittelwissenschaft wäre unglaubwürdig, wenn man nicht den Bogen von der Lebensmittelverarbeitung zum Ernährungsverhalten und zur Akzeptanz von Lebensmitteln weiterspannen würde.[45] Die Lebensmittelwissenschaft versucht, die Probleme um die Produktionsqualität und die Produktqualität zu lösen, also mit den bestmöglichen Methoden ein Produkt in der geforderten Menge und Qualität zu gewinnen, und zwar sowohl für die momentanen Märkte als auch für die nähere und weitere Zukunft. Als Voraussetzung dazu muss die Ernährungswissenschaft die notwendige ernährungsphysiologische Qualität definieren, die es dann mit den entsprechenden Prozessen zu erzielen gilt.[46]

Nährwert und Gesundheitswert, Ernährungswissenschaft und Ernährungsverhalten werden an anderer Stelle in diesem Band behandelt. Hier ist wenigstens festzuhalten, dass der Entscheid, ob der Konsument ein Lebensmittel akzeptiert, letztlich nicht nur über die Produktqualität im engeren Sinne, also über Nährwert und Genusswert, fällt. Die so genannte «intrinsische» Qualität sagt über die Akzeptanz noch lange nicht alles aus. «Extrinsische» Faktoren wie Erfahrung, Kenntnisstand, Erziehung, Religion etc. spielen für die Akzeptanz eine ebenso wichtige Rolle. Damit kommt klar zum Ausdruck, dass den Natur- und Ingenieurwissenschaften zwar für die moderne Lebensmittelverarbeitung eine zentrale Bedeutung zukommt, dass sie aber nicht hinreichend sind, um alle brennenden Fragen rund um das Essen und Trinken heute und in Zukunft zu lösen. Eben deshalb ist Essen und Trinken ein Kulturthema im ganzheitlichen Sinne, und auch der Lebensmittelwissenschafter tut gut daran, sich mit diesem Kulturthema in der ganzen Breite auseinander zu setzen.

Literatur

[1] Hawthorn, J.: Foreword. In Pike, M.: Food Science and Technology. John Murray, London, 1964, v–vi.
[2] Mithen, S., Finlay, N., Carruthers, W., Carter, S., Ashmore, P.: Plant Use in the Mesolithic: Evidence from Staosnaig, Isle of Colonsay, Scotland. Journal of Archeological Sciences 28, 223–234 (2000).
[3] Diehl, J. F.: Safety of Irradiated Foods. Marce Dekker, Inc., New York, 1990.
[4] Hoover, D. G.: Pressure Effects on Biological Systems. Food Technology 47 (6), 150 (1993).
[5] Thorne, S.: The History of Food Preservation. Parthenon Publishing. Kirkby Longsdale, 1986.
[6] Appert, N.: L'art de conserver pendant plusieurs années toutes les substances animales et végétales. Paris, 1810.
[7] Bitting, K. G.: The Book for All Households or the Art of Preserving Animal and Vegetable Substances for Many Years (kommentierte Übersetzung von Apperts Schrift von 1810), Chicago, IL, 1920. Faksimile in Lit. 8, 1–147.
[8] Goldblith, S. A., Joslyn, M.A., Nickerson, J. T. R.: Introduction to Thermal Processing, AVI Publishing Co., Inc., Westport, Conn., 1961.
[9] Pasteur, L.: Etudes sur le vin. Ses maladies: causes qui les provoquent. Procédés nouveaux pour le conserver et pour le vieillir. Compte rendue des séances de l'Académie des Sciences, 2e semestre, vol. 63, N°. 13 (1866). Faksimile in Lit. 8, 149–150.
[10] Prescott, S. C., Underwood, W. L.: Micro-organisms and Sterilization Processes in the Canning Industry. Technology Quarterly, vol. 10, no. 1 (1897). Faksimile in Lit. 8, 155–177.
[11] Russell, H. L., Gaseous Fermentations in the Canning Industry. University of Wisconsin Agricultural Experiment Station 12th Annual Report, Madison, WI, 227–231 (1896). Zitiert in: Jenkins, J. W.: A Centennial History of the College of Agriculture and Life Sciences at the University of Wisconsin. Faksimile in Lit. 8, 213–219.
[12] Prescott, S. C., Underwood, W. L.: Microorganisms and Sterilization Processes in the Canning Industry. II: The Souring of Canned Sweet Corn. Technology Quarterly, vol. 11, no. 1 (1898). Faksimile in Lit. 8, 179–211.
[13] Bigelow, W. D., Bohart, G. S., Richardson, A. C., Ball, C. O.: Heat Penetration in Processing Canned Foods. Bulletin no. 16-L, National Canners Association, Washington, D.C., 1920. Faksimile in Lit. 8, 653–783.
[14] Ball, C. O.: Determining, by Methods of Calculations, the Time Necessary to Process Canned Foods. Bulletin of the National Research Council, National Academy of Sciences, vol. 7, 1923/24. Faksimile in Lit. 8, 935–1004.
[15] Bigelow, W. D.: The Logarithmic Nature of Thermal Death Time Curves. Journal of Infectious Diseases 29 (5), 528–536 (1921).
[16] Pflug, I. J.: Microbiology and Engineering of Sterilization Processes. 8th ed., Environmental Sterilization Laboratory, Minneapolis, Minn., 1995.
[17] Kessler, H. G.: Lebensmittel- und Bioverfahrenstechnik, Molkereitechnologie. 4. Aufl., Verlag A. Kessler, München, 1996. 131–139.
[18] ebenda, 154–167.
[19] ebenda, 207–209.
[20] Emch, F.: Lebensmittel aseptisch verpacken. Lebensmittel-Technologie 24 (5), 118–127 (1991).
[21] Hill, M. A., The Effect of Microwave Processing on the Chemical, Physical and Organoleptic Properties of Some Foods. In: Thorne, S. (Ed.), Development in Food Preservation, vol. 1, 121–151. Applied Science Publ., London, 1981.
[22] Stutz, J., Osterwalder, A., Widmer, A, Kessler, H.: Die Verwertung des Obstes. 6. Aufl., Verlag Huber, Frauenfeld, 1934. 117–118.

[23] Institute of Food Technologists: Kinetics of Microbial Inactivation for Alternative Food Processing Technologies. Supplement to Journal of Food Science, 2001.
[24] Scott, W. J.: Water Relations of Food Spoilage Microorganisms. Advances in Food Research 7, 84–127 (1957).
[25] Heiss, R.: Haltbarkeit und Sorptionsverhalten wasserarmer Lebensmittel, Springer Verlag, Berlin, 1968.
[26] Heiss, R., Eichner, K.: Haltbarmachen von Lebensmitteln, 3. Aufl., Springer Verlag, Berlin, 1994.
[27] Conde-Petit, B., Escher F.: Glasumwandlungsphänomene in der Lebensmitteltechnologie. Lebensmittel-Technologie 28 (5), 51–56 (1995).
[28] Roos, Y. H., Karel, M., Kokini, J. L.: Glass Transition in Low Moisture and Frozen Foods: Effects on Shelf Life and Quality. Food Technology 55 (11), 95–105 (1996).
[29] Levine, H., Slade, L. (Eds.): Water Relationships in Foods – Advances in the 1980s and Trends for the 1990s. Advances in Experimental Medicine and Biology, vol. 302. Plenum Press, New York, 1991.
[30] Masters, K.: Spray Drying. Leonhard Hill Books, London, 1972.
[31] Fisher, F. R. (Ed.): Freeze-Drying of Foods. National Academy of Sciences, National Research Council, Washington, D.C., 1962.
[32] Kidd, F., West, C.: The Respiration of Apple. Department of Scientific and Industrial Research, Food Investigation Board Report for 1921, London, 1922.
[33] Kidd, F., West, C., Kidd, M. N.: Gas Storage of Fruit. Department of Scientific and Industrial Research, Food Investigation Special Report No. 30, 1–27, Cambridge, 1927.
[34] Stoll, K.: Lagerung von Früchten und Gemüse in kontrollierter Atmosphäre. Schweiz. Zeitschrift für Obst-, Wein- und Gartenbau 107, 572–578 (1971).
[35] Osterloh, A., Ebert, G., Held, W.-H., Schulz, H., Urban, E.: Lagerung von Obst und Südfrüchten. Verlag Eugen Ulmer, Stuttgart, 1996.
[36] Talib, Z.: Ethylene in the Storage of Fresh Produce. In: Thorne, S. (Ed.), Development in Food Preservation, vol. 2, 149–177. Applied Science Publ., London, 1983.
[37] Brody, A. L. (Ed.): Controlled/Modified Atmosphere/Vacuum Packaging of Foods. Food and Nutrition Press, Inc., Trumball, Conn., 1989.
[38] Matales, R.I., Tannenbaum, S.R.: Single-Cell Protein. Proceedings International Conference on Single-Cell Protein, MIT, 1967. Massachusetts Institute of Technology Press, Cambridge, Mass., 1968.
[39] Smith, A. K., Circle, S. J. (Eds.): Soybeans: Chemistry and Technology, vol. 1: Proteins. AVI Publishing Co., Westport, Conn., 1972.
[40] Neukom, H., Aufgaben und Bedeutung der Lebensmittelwissenschaft – Kommentare zum Forschungsbericht 1973. Chemische Rundschau 27 (25), 17–19 (1974).
[41] Ashton, M. R., Burke, C. S., Holmes, A. W.: Textured Vegetable Proteins. Scientific and Technical Report No. 62, British Food Manufacturing Industry Research Association, Leatherhead, 1970.
[42] Escher, F.: Extrudieren von Lebensmitteln, Lebensmittel-Technologie 18 (5), 132–137 (1985).
[43] Escher, F.: Die Qualität von Lebensmitteln. Lebensmittel-Technologie 32, 50–55 (1999).
[44] Institute of Food Science: Research Report, Institut für Lebensmittelwissenschaft, ETH Zürich, 1999.
[45] Solms, J., Booth, D. A., Pangborn, R. M., Raunhardt, O. (Eds.): Food Acceptance and Nutrition, Academic Press, London, 1987.
[46] Escher, F., Conde-Petit, B.: Die Rolle der Lebensmitteltechnologie in der Ernährungswissenschaft. In: Schönberger, G. U., Spiekermann, U. (Hg.): Die Zukunft der Ernährungswissenschaft, Schriftenreihe der Dr. Rainer Wild-Stiftung. Springer Verlag, Berlin, 2000. 103–113.

Ulrich Keller und Robin A. Chanda

Einfluss der Ernährung auf die Gesundheit in der Schweiz

Zusammenfassung

Der Zusammenhang zwischen Ernährung und Gesundheitszustand bzw. Morbidität/Mortalität – vor allem im Zusammenhang mit Herz-Kreislauf-Erkrankungen sowie gewissen Krebsformen – konnte in zahlreichen Studien nachgewiesen werden. In der Folge wurden Ernährungsempfehlungen bezüglich Hauptnährstoffen, z.B. Kohlenhydrat-, Eiweiss- und Fettmengengehalt, herausgegeben. In der Zwischenzeit hat sich jedoch herausgestellt, dass eine grobe Unterteilung nicht ausreicht und dass sowohl unterschiedlichen Kohlenhydrat-, Eiweiss- und Fettqualitäten als auch bestimmte Pflanzeninhaltsstoffe berücksichtigt werden müssen, um das Erkrankungsrisiko effektiv senken zu können. Der 4. Schweiz. Ernährungsbericht (1998) zeigte, dass sich in der Schweiz in den letzten Jahren die Ernährungs-«Schere» geöffnet hat, d.h. sowohl Über- als auch Untergewicht zugenommen haben. Ein Handlungsbedarf ist sicherlich gegeben.

Einleitung

Dass sich die Ernährung auf die Gesundheit in der Schweiz auswirkt, zeigt sich an der relativ hohen und zum Teil zunehmenden Inzidenz ernährungsabhängiger Krankheiten (z.B. Adipositas, Diabetes mellitus). Sich verändernde Ernährungs- und Lebensgewohnheiten (sozioökonomische Verhältnisse, sitzende Lebensweise) spielen eine wichtige Rolle.

Traditionelle Empfehlungen zur «gesunden Ernährung»

Aus traditioneller Sicht deckt die «gesunde Ernährung» den Bedarf an allen essentiellen und nichtessentiellen Nährstoffen. Sie ist vielseitig zusammengesetzt, bezahlbar und «schmeckt gut». Soll die Ernährung auch eine vorbeugende Wirkung zur Vermeidung wichtiger Erkrankungen haben, so müssen Informationen aus der systematischen Erfassung von Essgewohnheiten mit dem Vorkommen der wichtigsten ernährungsabhängigen Erkrankungen in Zusammenhang gebracht werden.

Vor allem die hohe Inzidenz kardiovaskulärer Todesursachen veranlasste Empfehlungen zur «gesunden Ernährung» (Abb. 1). Die «Dietary Guidelines for Americans»[1] empfahlen 1990 die folgenden 7 einfachen Merkpunkte:

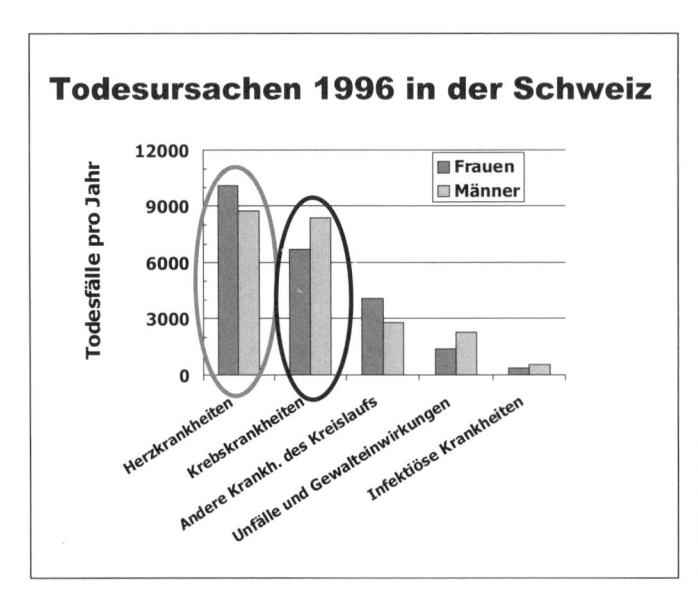

Abb. 1 Noch vor den Krebskrankheiten sind die durch Herzkrankheiten verursachten Todesfälle in der Schweiz führend.[20]

1. Iss abwechslungsreich
2. Bewege dich – vermeide Übergewicht
3. Achte auf fettarme Ernährung, wenig gesättigte Fette und Cholesterin
4. Iss viel Stärkeprodukte aus Getreide, viel Gemüse und Früchte
5. Iss mässig Zucker
6. Iss mässig Salz
7. Trink mässig Alkohol

Bildlich wurden diese Vorschläge auch durch die «Ernährungspyramide» vermittelt (Abb. 2).

Abb. 2 Einfache Ernährungsgrundsätze (Basis: Stärkeprodukte, viel Obst und Gemüse, wenig Zucker und Fett als «Spitze») werden in der «Ernährungspyramide» bildlich dargestellt.

Die Erhebung der Ernährungssituation

Inwiefern die aktuelle Ernährungssituation in der Schweiz den Empfehlungen zur gesunden Ernährung entspricht, wurde im 4. Schweizer Ernährungsbericht[2] beschrieben (Abb. 3). Damit konnte auch eine Veränderung der Essgewohnheiten[3] seit 1980 dokumentiert werden (Abb. 4). Das heutige Essverhalten wurde 1997 durch die Schweizerische Gesundheitsbefragung[4] erhoben, bei der mittels telefonischer Befragung von einer repräsentativen Stichprobe der Schweizer Bevölkerung (N = 13'000) «Food Frequency»-Daten erhoben und nach soziodemographischen und Lebensstilfaktoren analysiert wurden. Diese Resultate konnten mit der vorhergehenden Befragung von 1992/93 verglichen werden.

Die Folgen der Überernährung (Adipositas)

Adipositas (BMI > 30 kg/m^2) kommt gemäss WHO-MONICA-Projekt[5] bei ca. 13% der Schweizer Bevölkerung vor. Als deren wichtigste Komplikationen[6] sind die Zuckerkrankheit, der Bluthochdruck, die koronare Herzkrankheit sowie Gallensteinerkrankungen zu nennen (Abb. 5). Am

Nährstoffverbrauch gemäss 4. Schweiz. Ernährungsbericht 1998
(Daten von 1994/95)

Total-kcal: 2962/d
[plus 239 kcal Alkohol]

Empfehlungen (USA, 1990):
<30% der Energie als Fette,
gesättigte Fette <10%

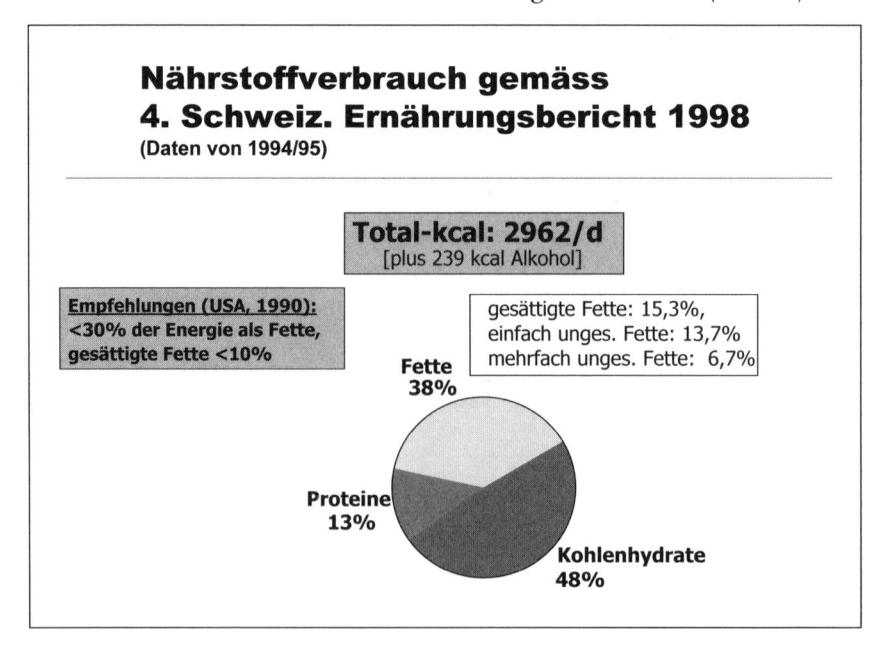

gesättigte Fette: 15,3%,
einfach unges. Fette: 13,7%
mehrfach unges. Fette: 6,7%

Fette 38%
Proteine 13%
Kohlenhydrate 48%

Abb. 3 Die aktuelle Ernährungssituation in der Schweiz gemäss 4. Schweizerischem Ernährungsbericht[2] und Empfehlungen (USA 1990).

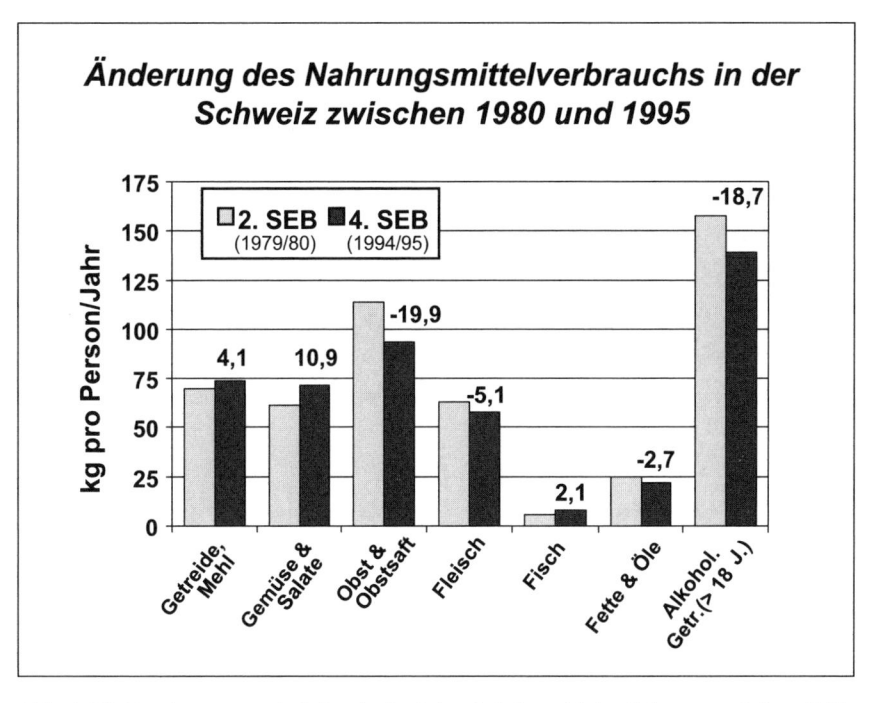

Abb. 4 Die Ernährungsgewohnheiten in der Schweiz haben sich im Zeitraum zwischen 1980 und 1995 verändert.[2, 3]

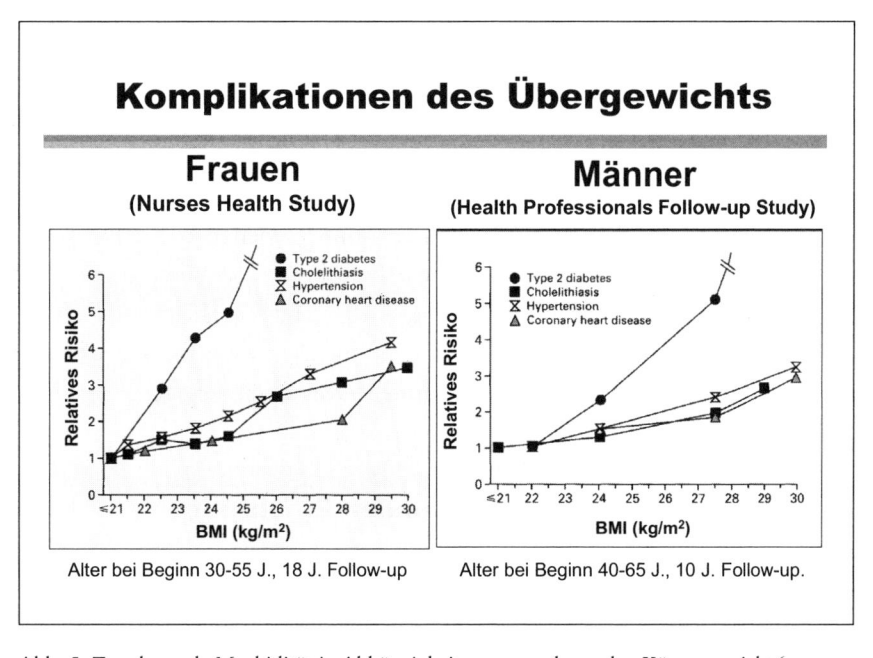

Abb. 5 Zunehmende Morbidität in Abhängigkeit vom zunehmenden Körpergewicht.[6]

Beispiel des Diabetes erkennt man die Auswirkung einer Änderung von Ernährungsverhalten und Lebensstil mit einer weltweit rasanten Ausbreitung der Erkrankung. Eine finnische Studie[7] zeigte eine durch Verbesserung des Lebensstils und der Ernährungsgewohnheiten erreichte Senkung der Inzidenz eines Diabetes mellitus Typ 2 bei Patienten mit bekannter verminderter Glukosetoleranz (Vorstadium des Diabetes). Eine Gewichtsreduktion ist somit bei vielen Schweizern ratsam. Ein Blick in die USA zeigt zwar einen erhöhten Konsum von Light-Produkten[8], doch auch der Süssgetränkekonsum nahm zu[9] und damit verbunden auch die Adipositas. Für die Schweiz liegen keine entsprechenden Zahlen vor.

Fette in der Prävention von Herz-Kreislauf-Krankheiten

Erhöhte Lipide (Cholesterin, Triglyceride) sind neben anderen Einflüssen (Familienanamnese, Alter, männliches Geschlecht, Nikotinabusus, Bluthochdruck, Zuckerkrankheit, Übergewicht, Bewegungsmangel, psychosoziale Faktoren und andere) ein wesentlicher Risikofaktor für eine koronare Herzkrankheit,[10] da sie direkt im Prozess der Atherosklerose involviert sind. Die Fettzufuhr in der Ernährung hat dabei einen wichtigen Stellenwert und wurde deshalb auch schon verschiedentlich untersucht,[11] doch zeigten die verschiedenen Studien teilweise kontroverse Resultate. Eindeutig konnte aufgezeigt werden, dass durch diätetische Massnahmen auch eine Risikoverminderung[12] erreicht werden kann. Dabei wurde die Mortalität nicht nur von der täglichen Menge, sondern vor allem auch durch die Fettqualität[13] beeinflusst.

Das Thema «Nahrungsfette» ist auch immer wieder in der Presse zu finden, wobei die Bevölkerung mit einer Bandbreite zwischen seriöser Information und unseriöser «Panikmache» (z.B. «The Soft Science of Dietary Fat»[14]) konfrontiert wird. So werden u.a. unkorrekterweise direkte Schlüsse zwischen Nahrungsfetten, Blutfetten und Sterblichkeit gezogen.

Neue Empfehlungen zur «gesunden Ernährung»

Dass bei den heutigen Empfehlungen nicht nur die Mengen von Hauptnährstoffen, wie Fette oder Kohlenhydrate, sondern auch deren Qualitäten einbezogen werden, zeigt der Vergleich zwischen der US-Ernährungspyramide, der «Prudent Diet» (mit wenig rotem Fleisch, Kohlenhydraten mit tiefem glykämischem Index[15], viel einfach oder mehrfach ungesättigten Fettsäuren) und der üblichen «Western diet»[16, 17, 18] (Abb. 6). Dabei

Abb. 6 Krankheitsadaptierte Ernährungsempfehlung bei Männern mit koronarer Herzkrankheit.[18]

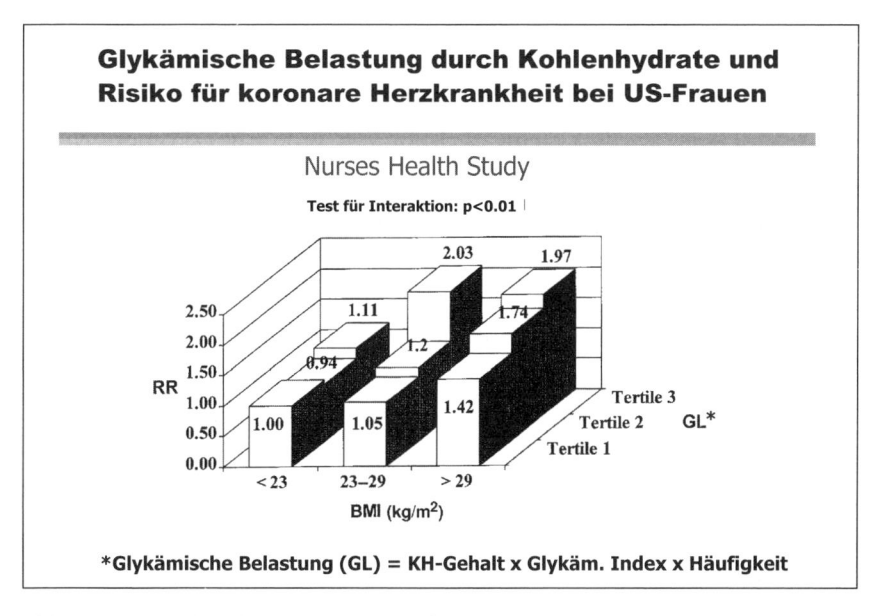

Abb. 7 Zunahme des relativen Risikos (RR) für eine koronare Herzkrankheit in Abhängigkeit vom Körpergewicht (BMI) sowie von der glykämischen Belastung (GL).[17]

US-Empfehlungen zur gesunden Ernährung 1995 - 2000

7 Richtlinien 1995
- Iss abwechslungsreich
- Bewege dich - vermeide Übergewicht
- **Iss viel Stärkeprodukte aus Korn, viel Gemüse und Früchte**
- **Achte auf eine fettarme Ernährung, wenig gesättigte Fette und Cholesterin**
- Iss mässig Zucker
- Iss mässig Salz
- Trink mässig Alkohol

10 Richtlinien 2000
- Strebe ein gesundes Gewicht an
- Bewege dich jeden Tag
- Wähle deine Nahrungsmittel entsprechend der Pyramide
- **Iss täglich Stärkeprodukte aus Korn, v.a. Vollkornprodukte**
- **Wähle eine Ernährung mit wenig gesättigten Fetten und Cholesterin und mit mässigen Mengen Fett**
- Iss täglich verschiedene Früchte und Gemüse
- Achte darauf, dass Nahrungsmittel nicht verderben
- Iss mässige Mengen Zucker
- Iss verminderte Mengen Salz
- Trink mässig Alkohol

Abb. 8 Die aktuelle US-Empfehlung zur gesunden Ernährung ist im Vergleich zu ihrer Vorgängerin von 1995 differenzierter.

wird die Wichtigkeit dieser Qualitätsaspekte unterstrichen (Abb. 7). Diesen Erkenntnissen entsprechend wurden auch die US-Empfehlungen überarbeitet und angepasst (Abb. 8).

Es wird immer wieder deutlich, dass Zusammenhänge zwischen Ernährung und Gesundheit nicht nur durch einen einzelnen Nährstoff bedingt sind, sondern durch eine Vielzahl von Ernährungskomponenten, die im Einzelnen nicht klar chemisch definierbar sind; dies gilt nicht nur für die koronare Herzkrankheit, sondern auch für andere Erkrankungen, wie zum Beispiel die arterielle Hypertonie. So bewirkte die salzreduzierte DASH-Diät[19] mit viel Gemüse und Obst sowie wenig Milchfett eine grössere Senkung des arteriellen Bluthochdruckes als die alleinige Salzeinschränkung. Der dabei resultierende Unterschied von 11 mmHg ist einer medikamentösen Therapie gleichwertig. Diese Qualitätsprinzipien können auch auf die empfohlenen Diäten bei Osteoporose sowie bei der Prävention von verschiedenen Krebsarten (Ernährungseinflüsse bei Lungenkrebs, Speiseröhrenkrebs, Dickdarmkrebs und Brustkrebs) übertragen werden.

Ausblick

Durch in sowohl qualitativer wie quantitativer Hinsicht geeignete Ernährungsmassnahmen lassen sich Morbidität und Mortalität der Schweizer Bevölkerung wesentlich zum Guten beeinflussen. Die Veränderungen von Ernährungsgewohnheiten müssen mit periodisch zu wiederholenden Gesundheitsbefragungen erfasst werden.

Ernährungsempfehlungen müssen durch neue Erkenntnisse dauernd angepasst werden. Nach dem heutigen Wissen liegt der Schwerpunkt auf einer Vielzahl an Qualitäten von Nahrungsmittelgruppen. Ernährungsempfehlungen, die wissenschaftlich anerkannte präventive Aspekte der Ernährung betonen, sollten dem Publikum vermehrt kommuniziert werden. Daten des 4. Schweizerischen Ernährungsberichtes, die eine Zunahme von ernährungsbedingten Krankheiten, wie z.B. Adipositas und Diabetes, zeigen, sprechen für diese Forderung.

Literatur

[1] Dietary Guidelines for Americans, 3rd ed. U.S. Departement of Agriculture, U.S. Departement of Health and Human Services, Home and Garden Bulletin 232, 1990.
[2] Vierter Schweizerischer Ernährungsbericht. Hrsg. Bundesamt für Gesundheit Bern, 1998.
[3] Zweiter Schweizerischer Ernährungsbericht. Hrsg. H. Aebi Verlag Huber Bern, Stuttgart, Wien, 1984.
[4] Eichholzer M., Bisig B., Gutzwiller F.: Ernährung in der Schweiz. Schweizerische Gesundheitsbefragung 1992/93. Bundesamt für Gesundheitswesen, Bern, 1995.
[5] Tuomilehto J., Kuulasmaa K.: WHO MONICA Project: assessing CHD mortality and morbidity. Int J Epidemiol. 1989; 18 (3 Suppl 1): 38–45.
[6] Willett W. C., Dietz W. H., Colditz G. A.: Guidelines for healthy weight. N Engl J Med. 1999; 341 (6): 427–34.
[7] Tuomilehto J., Lindstrom J., Eriksson J. G., Valle T. T., Hamalainen H., Ilanne-Parikka P., Keinanen-Kiukaanniemi S., Laakso M., Louheranta A., Rastas M., Salminen V., Uusitupa M.: Prevention of type 2 diabetes mellitus by changes in lifestyle among subjects with impaired glucose tolerance. N Engl J Med. 2001; 344 (18): 1343–50.
[8] Heini A. F., Weinsier R. L.: Divergent trends in obesity and fat intake patterns: the American paradox. Am J Med. 1997; 102 (3): 259–64.
[9] Ludwig D. S., Peterson K. E., Gortmaker S.: Relation between consumption of sugar-sweetened drinks and childhood obesity: a prospective, observational analysis. Lancet. 2001; 357 (9255): 505–8.
[10] Chait A. and Bierman E. L., in: Joslin's Diabetes mellitus. 13th ed., Philadelphia: Febiger L 1994: 648–64.
[11] Hooper L., Summerbell C. D., Higgins J. P., Thompson R. L., Capps N. E., Smith G. D.,

Riemersma R. A., Ebrahim S.: Dietary fat intake and prevention of cardiovascular disease: systematic Review. BMJ. 2001; 322 (7289): 757–63.

[12] de Lorgeril M., Salen P., Martin J.-L., Monjaud I., Delaye J., and Mamelle N.: Mediterranean Diet, Traditional Risk Factors, and the Rate of Cardiovascular Complications After Myocardial Infarction: Final Report of the Lyon Diet Heart Study. Circulation 1999; 99: 779–785.

[13] Katan M. B., Grundy S. M., Willett W. C.: Should a low-fat, high-carbohydrate diet be recommended for everyone? Beyond low-fat diets. N Engl J Med. 1997; 337(8): 563–6; discussion 566–7.

[14] Taubes G.: Nutrition. The soft science of dietary fat. Science. 2001; 291 (5513): 2536–45.

[15] Liu S., Willett W. C., Stampfer M. J., Hu F. B., Franz M., Sampson L., Hennekens C. H., and Manson J. E.: A prospective study of dietary glycemic load, carbohydrate intake, and risk of coronary heart disease in US women. Am J Clin Nutr 2000; 71: 1455–1461.

[16] McCullough M. L., Feskanich Diane, Stampfer M. J., Rosner B. A., Hu F. B., Hunter D. J., Variyam J. N., Colditz G. A., and Willett W. C.: Adherence to the Dietary Guidelines for Americans and risk of major chronic disease in women. Am J Clin Nutr 2000; 72: 1214–1222.

[17] McCullough M. L., Feskanich D., Rimm E. B., Giovannucci E. L., Ascherio A., Variyam J. N., Spiegelman D., Stampfer M. J., and Willett W. C.: Adherence to the Dietary Guidelines for Americans and risk of major chronic disease in men. Am J Clin Nutr 2000; 72: 1223–1231.

[18] Hu F. B., Rimm E. B., Stampfer M. J., Ascherio A., Spiegelman D., and Willett W. C.: Prospective study of major dietary patterns and risk of coronary heart disease in men. Am J Clin Nutr 2000; 72: 912–921.

[19] Sacks F. M., Svetkey L. P., Vollmer W. M., Appel L. J., Bray G. A., Harsha D., Obarzanek E., Conlin P. R., Miller E. R. 3rd, Simons-Morton D. G., Karanja N., Lin P. H.: Effects on blood pressure of reduced dietary sodium and the Dietary Approaches to Stop Hypertension (DASH) diet. DASH-Sodium Collaborative Research Group. N Engl J Med. 2001; 344 (1): 3–10.

[20] http://www.statistik.admin.ch/stat_ch/ber14/dufr14.htm

Volker Pudel

Psychologie des Essens

Essen und Trinken beherrschen das Leben und Denken der Menschen seit jeher. War es jahrtausendelang eher der Mangel an Nahrung, der Menschen leiden liess, so belastet heute in den Industrienationen eher die Fülle an Lebensmitteln die Gesundheit. Aber Essen war immer schon mehr als Ernährung. Essen war immer auch Nahrung für die Psyche.

Die Umgangssprache reflektiert im übertragenen Sinne die Erlebnisbereiche des Essens. So schlägt der Stress auf den Magen, doch die Liebe geht durch den Magen. Der Kummerspeck schliesslich beschreibt, wie sich psychische Belastung im Übergewicht repräsentiert. Da ist die Rede vom süssen Leben, das nun wahrlich nicht nach Saccharose schmeckt. Menschen sind sauer, obschon sie sich nicht mit Essig parfümiert haben. Das Salz in der Suppe wird oft bei Rednern vermisst, die gar nicht über Essen reden, und die bitteren Pillen des Lebens werden geschluckt, obschon definitiv nichts zu schlucken ist.

Nie seit Menschengedenken waren Lebensmittel so sicher, doch nie war die Unsicherheit, ja manchmal auch Angst vor Lebensmitteln so gross wie heute. Noch nie wusste die Ernährungswissenschaft so viel über Ernährung, da führen selbst ernannte Ernährungsexperten die Bestsellerlisten an. Noch nie gab es so gut und so reichlich zu essen, da steigt die Inzidenz von Magersucht und Bulimie, also Unter- und Fehlernährung im Überfluss. Das mittlere Körpergewicht in den Industrienationen nimmt stetig zu, aber als modisches Ideal gelten seit Jahrzehnten Models und Schauspielerinnen mit Untergewicht. Noch nie war es so einfach, sich

Motive für die Lebensmittelwahl

Geschmacksanspruch
(Erdbeeren mit Schlagsahne sind höchster Genuss)
Hungergefühl
(Ich habe einfach Hunger/Ich muss das jetzt essen)
ökonomische Bedingungen
(10 Tafeln Schokolade für 7.98 DM)
kulturelle Einflüsse
(Morgens Brötchen mit Kaffee)
traditionelle Einflüsse
(Omas Plätzchen zu Weihnachten)
habituelle Bedingungen
(Ich esse immer eine Suppe vor der Mahlzeit)
emotionale Wirkung
(Ein Stück Kuchen in der Stresssituation)
soziale Gründe
(Bei Fondue unterhält man sich gut)
sozialer Status
(Die Schulzes laden wir zu Hummer ein)
Angebotslage
(Man isst das Mensaessen, weil es dies gerade gibt)
Fitnessüberlegungen
(Soll gut fürs Joggen sein)
Schönheitsansprüche
(Halte Diät, um schlank zu bleiben)
Verträglichkeit
(Grünkohl esse ich nicht, vertrage ich nicht)
Neugier
(Mal sehen, wie das schmeckt)
Angst vor Schaden
(Rindfleisch esse ich nicht mehr, wegen BSE)
pädagogische Gründe
(Nach den Schularbeiten bekommst Du ein Bonbon)
Krankheitserfordernisse
(Zucker darf ich nicht essen, wegen Diabetes)
magische Zuweisungen
(Sellerie esse ich für die Potenz)
Pseudowissenschaftlichkeit
(Trennkost zum Abnehmen)

manchmal auch:
Gesundheitsüberlegungen
(Soll gesund sein, also esse ich das)

Abb. 1 Motive für die Lebensmittelwahl (5)

ausgewogenen und abwechslungsreich zu ernähren, doch die Kosten für ernährungsabhängige Krankheiten werden auf über 56 Mrd. Euro pro Jahr geschätzt. Die Ernährungslandschaft ist voller Paradoxien, für die von der Psychologie Erklärungsmöglichkeiten gesucht werden.

Die Ernährungspsychologie ist eine junge Disziplin, denn erst der Nahrungsmittelüberfluss stellte den Menschen vor die Notwendigkeit, ständig zwischen verschiedenen Lebensmitteln und Speisen zu wählen. Aus der Not der Menschen, sich Nahrung zu suchen (Suchaufgabe), wurde die Notwendigkeit, sich für oder gegen Nahrungsmittel zu entscheiden (Entscheidungsaufgabe). In den westlichen Industrienationen konnte unter diesen Überflussbedingungen sehr bald beobachtet werden, dass *Menschen anders essen, als sie sich ernähren sollten.*

Offenbar legen sie andere Entscheidungskriterien an ihre tägliche Speisen- und Lebensmittelwahl an als die, die von Ernährungswissenschaft und Ernährungsberatung propagiert werden. Die Ernährungspsychologie versucht, das Essverhalten des Menschen, seine Entscheidung für oder gegen Lebensmittel zu verstehen, um auch mögliche Verhaltensänderungen einzuleiten, wenn das spontane und bedürfnisgelenkte Essverhalten eine gesundheitsriskante Ernährungsweise fördert. (5)

Essverhalten im Zeitalter der Supermärkte

Darbietung und Angebotsvielfalt von insgesamt über 200'000 Lebensmittelvariationen in der Bundesrepublik haben die Einstellung gegenüber den Lebensmitteln verändert. So ist die emotionale Wertschätzung des Lebensmittels als «Mittel zum Leben» verloren gegangen. Lebensmittel sind Waren wie Non-Food-Artikel auch, die im Übermass angeboten und an der Kasse bezahlt werden. Auch die originäre Herkunft der Lebensmittel wird kaum mehr wahrgenommen. Gerade zusammengesetzte Convenience-Produkte wie der Hamburger haben ihre eigene Identität bekommen und lassen nicht mehr an das Rind als den eigentlichen Fleischlieferanten denken. Das ist sicher ein ausschlaggebender Grund für die heftigen Verbraucherreaktionen auf die BSE-Krise, die ihnen unmissverständlich mit Bildern in der Tagesschau aufgezeigt hat, dass das «Steak in der Folienverpackung» tatsächlich «ein Stück vom Tier» ist.

Essen und Ernährung werden in der Umgangssprache nicht mehr als Synonyme verwendet. So zeigten repräsentative Erhebungen schon vor

10 Jahren, dass der Begriff Essen mehr das emotionale Erlebnis beschreibt, während der Begriff Ernährung eher mit den kognitiven Inhalten der Ernährungsaufklärung assoziiert wird.

"Worauf legen Sie bei Ihrer **ERNÄHRUNG** besonderen Wert?"
repräsentative Befragung in Deutschland 1990

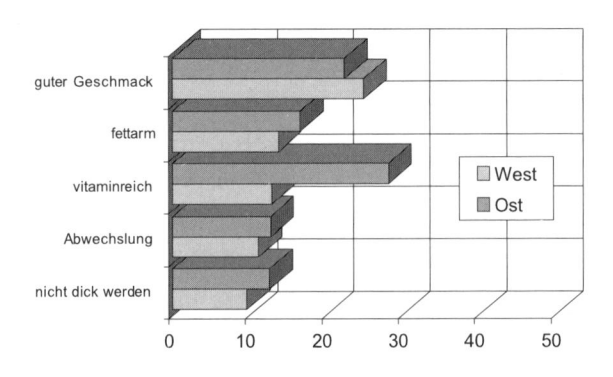

"Worauf legen Sie bei Ihrem **ESSEN** besonderen Wert?"
repräsentative Befragung in Deutschland 1990

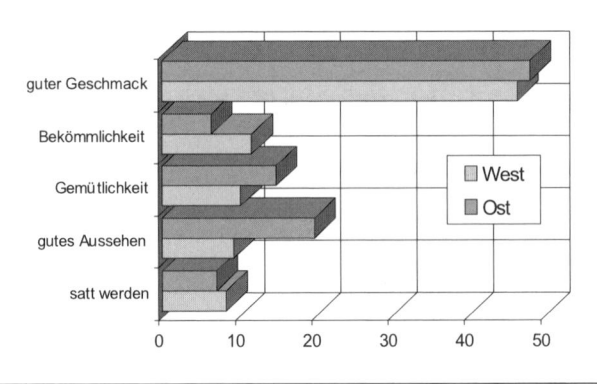

Abb. 2 Assoziationen der Bevölkerung auf die Begriffe «Ernährung» und «Essen» (7)

Darin ist ein Grund zu sehen, dass Informationen über «gesunde Ernährung» zwar verstanden und aufgenommen, aber dem emotionalen Erlebnis des «genussvollen Essens» nicht zugeordnet werden. Ernährungsberatung wird nicht als Beratung für «Essen & Trinken» verstanden, sondern erzeugt kognitive Informationen, die als gelernte Inhalte gespeichert, dem Essen aber nicht zugeordnet werden. Der Essgenuss ist zudem ein Genuss, den Menschen in ihrer Genusshierarchie sehr hoch platzieren, nämlich auf dem vierten Platz, wie eine repräsentative Erhebung in Deutschland gezeigt hat.

Genusshierarchie
repräsentative Befragung 1990 in West und Ost

- Urlaub
- Flirten/Sex/Liebe
- Familie
- zu Hause toll essen
- Feste mit Freunden
- Faulenzen
- Hobby
- Sich pflegen
- TV
- Lesen
- Rauchen
- Spielen
- Ausgehen, Disco
- Sporttreiben
- Arbeiten für Beruf
- Kino

- Urlaub
- Familie
- Feste mit Freunden
- zu Hause toll essen
- Sich pflegen
- Lesen
- Flirten/Sex/Liebe
- Hobby
- TV
- Arbeiten für Beruf
- Ausgehen, Disco
- Faulenzen
- Sporttreiben
- Spielen
- Kino
- Rauchen

Abb. 3 Genusshierarchie nach einer bevölkerungsrepräsentativen Erhebung 1990 (7)

Die Schwerpunkte der Ernährungsaufklärung liegen in der Beschreibung einer bedarfsgerechten, vollwertigen Ernährung, wie sie u.a. auch von der Deutschen Gesellschaft für Ernährung definiert wird. Im Vordergrund stehen die Bedarfsdeckung mit essentiellen Nährstoffen und eine ernährungsphysiologisch sinnvolle Relation der Energie liefernden Nährstoffe (Aspekt: Ernährung).

Ernährung	Nährstoff- und Energie*bedarf* des Menschen
	definiert durch die ernährungsphysiologischen Parameter
	Diskrepanz
Essen	*Bedürfnisse* nach bestimmten Speisen und Lebensmitteln
	definiert durch die individuellen Essmotive

Das Essverhalten wird durch kulturelle, aber auch individuelle Motive beeinflusst, die sich in der Regel nicht an den Parametern der Ernährungswissenschaft orientieren, weil diese sich u.a. auch erlebnismässig nicht wahrnehmen lassen (Aspekt: Essen). Motive des menschlichen Essverhaltens, die zahlreich sind und individuell unterschiedlich gewichtet werden, sind im Kasten aufgelistet. (5)

Ernährungspsychologie wie auch Ernährungsberatung sind offenbar sprachlich unzutreffend gebildete Begriffe. So meint die Ernährungspsychologie die *Psychologie von Essen und Trinken*, und die Ernährungsberatung müsste sich als *Beratung für Essen und Trinken* verstehen. Das ist auch der Grund, warum die Deutsche Gesellschaft für Ernährung auf ihren Briefbogen neben das Logo gedruckt hat: DGE – Ihr Partner für Essen und Trinken.

Die Durchsicht der unterschiedlichsten Motive lässt unschwer erkennen, dass gesundheits- oder nährstofforientierte Motive keinen hohen Stellenwert für die Lebensmittel- und Speisenwahl haben. Um die Diskrepanz zwischen bedarfs- und bedürfnisgerechter Ernährung aufzulösen, muss also eine Modifikation der Essbedürfnisse erreicht werden. Eine ausschliesslich kognitive Information über den Bedarf des Organismus wird zwar das Ernährungswissen vergrössern, aber nicht unmittelbar zu einer Veränderung der Motivstrukturen führen. Damit ist aus ernährungspsychologischer Sicht die Aufgabe der Ernährungsaufklärung definiert: *Modifikation der Essbedürfnisse*.

Eine entscheidende Frage zielt nun auf die Bedingungen ab, unter denen sich Essbedürfnisse verändern oder verändern lassen. Ein kurzer Exkurs in die Lern- und Evaluationspsychologie soll die Basis aufzeigen.

Paradigma der Lernpsychologie

1. Eine wichtige Determinante dafür, ob ein bestimmtes Verhalten wiederholt wird, ist die Konsequenz, die auf das konkrete Verhalten hin erlebt wird. Ist die Konsequenz positiv, steigt die Wahrscheinlichkeit, dass das Verhalten wiederholt und damit langfristig auch über eine Wiederholung der positiven Konsequenzen stabilisiert wird. Negative Konsequenzen führen dagegen zu einer Unterdrückung dieses Verhaltens. Der «gute Geschmack» ist eine positive Konsequenz, die das Essbedürfnis zur Wiederholung des angenehmen Geschmackserlebnisses steigert.

2. Eine weitere wichtige Determinante dafür, ob ein bestimmtes Verhalten wiederholt wird, ist neben der positiven Konsequenz der Zeitabstand, in dem diese positive Konsequenz auf das Verhalten hin erfolgt (Fachbegriff: Kontingenzverhältnisse). Je unmittelbarer die Konsequenzen (positiv wie negativ) verspürt werden, umso verhaltenswirksamer sind sie. Die Folgen der heissen Herdplatte wirken unvergleichlich besser als die Gewichtszunahme in Monatsfrist, wenn irgendwann zuvor eine fette Haxe verzehrt wurde.

3. Konsequenzen, die emotional erlebt werden, wirken nachhaltiger als Konsequenzen, die als kognitive Denkinhalte nur vorgestellt werden können. Der entdeckte Ladendieb «lernt» schneller als jener, der sich nur vorgestellt hat, erwischt zu werden (zumal das «Nicht-erwischt-Werden» als positiv erlebte Konsequenz den nächsten Ladendiebstahl sogar noch wahrscheinlicher macht).

Bereits aus diesen drei Prinzipien ist abzuleiten, dass der Hinweis auf negative Konsequenzen (Spätfolgen beim Diabetes), die nach Jahren zu erwarten sind, kaum die positive Verstärkerwirkung einer Schwarzwälder Kirschtorte aufheben kann, die unmittelbar beim Verzehr erlebt wird.

Das Dilemma der Ernährungsberatung

Das «lerntheoretische Dilemma» der Ernährungsaufklärung liegt in den ungünstigen Kontingenzverhältnissen einer gesundheitsriskanten Ernährung, da die negativen Folgen zum aktuellen Zeitpunkt des Essverhaltens erlebnismässig nicht realisiert werden können, die positiven Konsequenzen der Sensorik und des Ambiente jedoch unmittelbar das Wohlbefinden stimulieren.

Der «gute Geschmack», der das genussvolle Esserlebnis ausmacht, bedarf als verhaltensteuerndes Element einer psychologischen Deutung, da er ubiquitär als der entscheidende Grund für eine bestimmte Nahrungswahl angeführt wird. Andererseits wird es schwer fallen, den bestimmten «guten Geschmack» zu definieren, der Menschen weltweit zur Nahrungsaufnahme motiviert. Die Schwarzwälder Kirschtorte deckt nicht das Geschmacksoptimum der Weltbevölkerung ab, im Gegenteil. Die Geschmackspräferenzen der Menschen sind höchst unterschiedlich, wie im instruktiven Buch des Evolutionsforschers Marvin Harris (2) nachzulesen ist.

Harris kommt denn auch zu folgender Feststellung:

> Menschen essen nicht etwas, weil sie es mögen,
> *sondern sie mögen etwas, weil sie es essen.*

Das ist ein entscheidendes ernährungspsychologisches Argument, das aus therapeutischer Sicht mehr Mut macht, eine Änderung des Essverhaltens für möglich zu halten. Der «gute Geschmack» als unumstössliches Hindernis für eine Verhaltensänderung wird relativiert. Eine weltweite, der menschlichen Spezies zuzuordnende optimale Sensorik gibt es nicht! Der «gute Geschmack» beruht nicht auf biologischer, sondern auf psychologischer Basis. Er ist das Resultat einer erfahrungsbedingten Gewohnheitsbildung.

Mere exposure effect

Das Prinzip des «mere exposure effect», treffend übersetzt als «erfahrungsbedingte Gewohnheitsbildung», stellt die Grundlage für die Stabilisierung der Geschmackspräferenzen dar. Speisen hinterlassen einen sensorischen Eindruck. Je häufiger sich dieser sensorische Eindruck wiederholt, umso mehr stabilisiert sich eine Präferenz für dieses Geschmacksprofil. Die evolutionsbiologische Spekulation: Speisen, die bekommen und ohne Störungen des Wohlbefindens vertragen werden (positive Konsequenz), können fortan an ihrem Geschmack identifiziert werden. Damit kommt dem wiedererkennbaren Geschmack auch die Funktion eines gesundheitlichen Sicherheitssignals zu, über das diese Speise positiv besetzt wird. Untersuchungen an Kindern, die bevorzugt eine ständige Wiederholung gleicher Speisen wünschen, belegen anschaulich die Wirkung des «mere exposure effect». (4) Wenn Menschen also ihren gewohnten Speisen «treu bleiben», dann reflektiert sich darin auch ein gewisses, möglicherweise unterbewusstes «Gesundheitsverhalten», weil sie nicht erleben, dass sie durch diese Speisen krank werden oder Schmerzen erleiden.

Findet ein solches Ereignis statt, wobei unerheblich ist, ob die Kausalkette objektiv zutrifft oder nicht, dann kommt es zum «Sauce-Béarnaise-Syndrom», das unter Umständen lebenslang eine Aversion gegen ein Lebensmittel auslösen kann. Nach dem Verzehr eines Menüs mit verschiedenen Komponenten kommt es zu Übelkeit. Der Esser vermutet, dass die

Sauce Béarnaise der Auslöser seiner Beschwerden ist. Dieses Ereignis kann dazu beitragen, dass eine heftige Aversion gegen Sauce Béarnaise verfestigt wird – wie Seligman, der diesen Begriff daraufhin einführte, selbst erleben musste. (3)

Spezifisch-sensorische Sättigung

In Konsequenz würde der mere exposure effect zu einer wenig abwechslungsreichen, eintönigen Ernährung führen. Dem aber steht das Prinzip der «spezifisch-sensorischen Sättigung» entgegen. Damit wird die Feststellung beschrieben, dass der Verzehr einer bestimmten Speise kurzfristig zu einer milden Aversion gegen den gerade erlebten Geschmackseindruck führt, sozusagen eine «psychische Sättigung» bezogen auf das aktuelle Geschmackserlebnis. Je stärker der mere exposure effect wirkt, umso nachhaltiger setzt sich die spezifisch-sensorische Sättigung durch. Gerade genossene Speisen werden zunächst nicht wieder verzehrt, sondern es werden andere Geschmacksprofile bevorzugt. Das sorgt für eine gewisse Abwechslung im Speisenplan. Der intuitiv richtige Umgang mit dem Leibgericht, den alle Menschen gelernt haben, indem sie ihr Leibgericht nicht ständig essen, belegt diesen Sachverhalt:

> Der Verzehr einer Speise führt *langfristig* zur Präferenzstabilisierung, aber *kurzfristig* zum Aufbau einer milden Geschmacksaversion.

Wird ein bestimmtes Geschmackserlebnis verknappt, bevor die spezifisch-sensorische Sättigung eingetreten ist, so kommt es auch zu einer Präferenzsteigerung. Dies belegen auch Studien an Kindern, die häufig Lebensmittel präferieren, die ihnen nicht zugestanden werden (Cola, Hamburger), obschon sie kognitiv gelernt haben, dass diese Lebensmittel «ungesund sind, dick und nicht stark machen». Umgekehrt sind Speisen eher aversiv besetzt, die ihnen ständig angeboten werden, wie Vollkornbrot (oder früher: Spinat), obschon sie wissen, dass sie «gesund sind, nicht dick, aber stark machen». (4) Mit ähnlichen Resultaten wird auch die Ernährungsberatung rechnen können, wenn die spontanen elterlichen Strategien der Ernährungserziehung in der Ernährungsberatung imitiert werden. (4)

So lässt sich knapp und vereinfacht zum Essverhalten der Menschen feststellen:
- Was gestern gegessen wurde, bestimmt darüber, was morgen gegessen wird. Diese Verhaltenskontinuität, die evolutionsbiologisch Sinn macht, steht den Zielen der Ernährungsberatung entgegen. Die Evolution «will» Risiken vermeiden, die Ernährungsberatung will die Kost durch Auswahl anderer Lebensmittel optimieren!
- Empfehlungen für eine geschmacklich wenig abwechslungsreiche Kost, die in ihrer Nährstoffzusammensetzung dennoch sehr ausgewogen und vollwertig sein kann, kollidieren mit der spezifisch-sensorischen Sättigung, die auf relative Geschmacksvariation abzielt.
- Veränderungen im Essverhalten können nicht schnell erfolgen, da etablierte Verstärkersysteme durch neue, andere und/oder ungewohnte ersetzt werden müssen, deren «Vorteil» zunächst nur in der Vorstellung, nicht aber im Erleben nachvollzogen werden kann.
- Die Vermeidung gewohnter Speisen und das damit ausbleibende Geschmackserlebnis stellen eine negative Konsequenz dar, die das Verhalten destabilisiert.
- Das Speisen- und Lebensmittelangebot prägt das Essverhalten des Individuums stärker als kognitive Empfehlungen. Darum wird in *Verhältnis*prävention ein wirksameres Mittel gesehen als in *Verhaltens*prävention. Eine Änderung der Rezepturen in der Gemeinschaftsverpflegung erscheint wirksamer, als durch Ernährungsberatung die Teilnehmer der Gemeinschaftsverpflegung zu einer anderen Speisenwahl zu motivieren.
- Die lernpsychologischen und evolutionsbiologischen Prinzipien lassen vermuten: *Essverhalten ist immer subjektiv optimiertes Verhalten.* Aber: *subjektiv optimiertes Essverhalten ist nicht aus jedem Blickwinkel (z.B. aus gesundheitlicher Sicht) ein optimales Verhalten.*

Das Essverhalten muss also als ein durch Lernerfahrung nach und nach verfestigtes Verhalten aufgefasst werden. Konditionierungsprozesse spielen eine wichtige Rolle, die sich weitgehend einer kognitiven Kontrolle entziehen und nur durch wiederholtes Training umkonditioniert werden können. So ist der Speichelfluss bei einem hungrigen Menschen beim Anblick appetitlicher Speisen auch eine konditionierte Reaktion, die er willentlich kaum beeinflussen kann.

Neben diesen Lernprozessen scheinen aber auch evolutionsbiologische Strukturen eine Rolle zu spielen, die erst in jüngster Zeit von der Forschung ansatzweise erkannt wird. So steht heute ausser Frage, dass das Körpergewicht eines Menschen einer nicht unerheblichen genetischen Disposition unterliegt und nicht ausschliesslich von der Nahrungsaufnahme abhängt. Bouchard konnte zeigen, dass monozygote Zwillinge nach einer Überernährung von jeweils 1000 kcal/d über 100 Tage mit Gewichtszunahmen zwischen 4,5 und 13,5 kg reagierten, wobei eine grosse Ähnlichkeit der Zunahme bei den Zwillingspaaren zu beobachten war. (1)

Andere Studien zeigen, dass Übergewichtige deutlich mehr Nahrungsfett konsumieren als Normalgewichtige, dafür aber nehmen Adipöse weniger Kohlenhydrate auf. Diese spontane Fettpräferenz und Kohlenhydrataversion ist sicher keine Auswirkung einer kognitiven Steuerung, möglicherweise verbirgt sich dahinter auch eine evolutionsbiologische Disposition. Ähnliches gilt für die Süsspräferenz und Aversion gegen bitter, salzig und sauer, die bei Neugeborenen auf der ganzen Welt festgestellt wurde. (3)

Erweiterung des Modells

So erscheint das traditionelle Modell der Ernährungsberatung ergänzungsbedürftig. Das Essverhalten eines Menschen ist zwar auch kognitiv gesteuert, aber zusätzlich durch weitere Faktoren mitbestimmt, deren Wirkung dem essenden Menschen jedoch nicht immer bewusst wird.

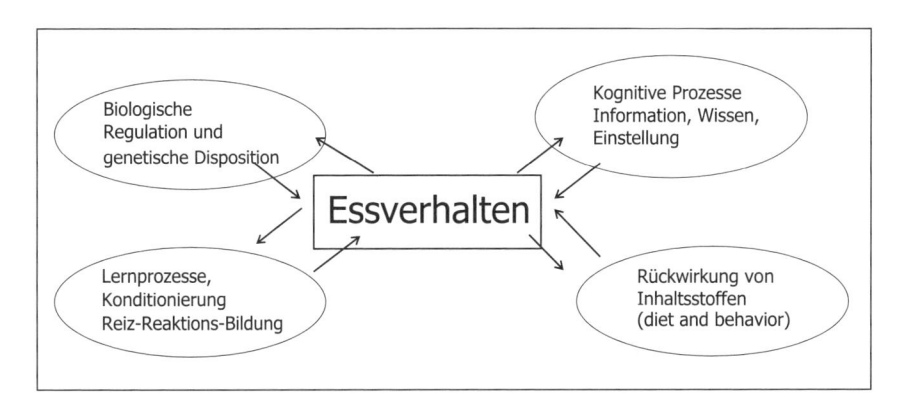

Abb. 4 Erweiterung des Modells zu den Faktoren, die das Essverhalten beeinflussen

Studien lassen vermuten, dass Substanzen, die mit der Nahrung aufgenommen werden, auch eine Rückwirkung auf das Befinden und damit auf das Verhalten haben können. Wurtman zeigte am Beispiel der Kohlenhydrataufnahme eine Verbesserung des Befindens, die auf einem vermehrten Trypophaneinstrom ins Gehirn und damit auf einer gesteigerten Serotoninsynthese basiert. Das «Süsshungerphänomen» würde sich danach über die positiven Konsequenzen erklären lassen, die nach Aufnahme konzentrierter Kohlenhydrate erlebt werden. (3)

Die Ernährungsberatung wird im individuellen Fall immer zu klären haben, wie die Ernährungsweise ernährungsphysiologisch zu bewerten ist (z.B. Analyse eines Ernährungstagebuchs), aber sie wird auch im Sinne einer Verhaltensdiagnose den Versuch unternehmen müssen, zu klären, welche Bedürfnisse, situativen Rahmenbedingungen und Lernprozesse am konkreten Essverhalten beteiligt sind.

Die Aushändigung von detaillierten Diätplänen mit einer modifizierten und optimierten Mischkost, die schlagartig ein geändertes Essverhalten in vielen Details erfordert, kann keine dauerhafte Wirkung zeigen, da Abbruch und Rückkehr zu den etablierten Verhaltensmustern vorprogrammiert ist. Ernährungsregime jedoch, die ein völlig neues Verhaltensmuster abverlangen, wie z.B. eine Formula-Diät, können darum auch vergleichsweise leichter realisiert werden, weil nicht ständig kognitiv gegen bestehende Muster gegenreguliert werden muss. Davon profitieren auch obskure und bizarre «Schlankheitsdiäten», die – je unähnlicher sie der gewohnten Ernährung sind – für eine Zeitstrecke besser durchgehalten werden, wie z.B. Ahornsirup-Zitronensaft-Diät oder auch die Trennkost.

Verhaltensmodifikation aus ernährungspsychologischer Sicht

Das Paradigma der Lernpsychologie betont die Wirksamkeit der schnell erlebten positiven Konsequenzen, die ein Verhalten auslöst. Im Gegensatz dazu wird zukünftigen negativen Konsequenzen, die zudem nur kognitiv antizipiert werden können, kaum eine Verhaltenswirkung beigemessen. Daraus ergeben sich für die Ernährungsberatung folgende Bedingungen:

- Informationen über nachteilige Folgen einer bestimmten Ernährungsweise sind kein wirksames Beratungsinstrument, sie können sogar Reaktanz auslösen.
- Kognitive Informationen sind weniger wirksam als emotionale Erlebnisse. Ernährungsberatung ist daher mehr Training als Unterricht.
- Ernährungsberatung hat also die Massnahmen so zu planen, dass der Patient den Erfolg der Massnahmen in seinem Verhalten erleben kann. Folgerichtig muss Ernährungsberatung dafür Sorge tragen, dass der Patient möglichst keine Misserfolge erlebt, die wiederum destabilisierend auf sein Verhalten wirken würden.

Nur Erfolge stabilisieren Verhalten, Misserfolge destabilisieren Verhalten.

Erfolge können nur erlebt werden, wenn sie als Erfolg feststellbar, also erkennbar und bewertbar sind. Das setzt voraus, dass konkrete Vorgaben vereinbart werden, deren Erfüllung oder Nichterfüllung der Patient zweifelsfrei feststellen kann. Der Hinweis «Essen Sie weniger Fett!» ist psychologisch wenig hilfreich, weil der Patient nicht beurteilen kann, ob er wenig genug Fett gegessen hat oder ob das Wenige auch etwas mehr sein konnte. Besser ist: «Versuchen Sie mit einem Päckchen Butter 10 Tage auszukommen!». Anhand der konkreten Zielerreichung kann der Patient dann seinen Erfolg erleben.

Anspruchsniveau realistisch festsetzen

Zu hoch gesteckte Ziele führen zum Misserfolg. Daher ist immer zu prüfen, ob die erwünschten Ziele (Anspruchsniveau) nicht mit einem geringeren Verhaltensaufwand auch zu erreichen sind. So bietet die moderne Lebensmitteltechnologie eine Fülle von Produktvarianten, die vom Patienten lediglich einen Austausch von Lebensmitteln verlangen, nicht aber deren Einschränkung. Süssstoffe, fettreduzierte Wurst- und Käsesorten, ballaststoffangereicherte Zerealien oder Halbfette sind einige Beispiele für «Convenience-Produkte» für den verhaltenswirksamen Einsatz in der Ernährungsberatung ohne hohen Verhaltensaufwand für den Patienten.

Rigide versus flexible Verhaltenskontrolle

Die Verhaltensforschung konnte zeigen, dass so genannte *rigide Verhaltensstrategien* besonders schnell zum Misserfolgserleben führen und dadurch die *Gegenregulation* auslösen. Darunter wird verstanden, dass ein Patient nach Überschreitung einer Vorgabe sofort jegliche Kontrolle ausser Kraft setzt. (6)

Rigide Kontrollstrategien basieren auf dem Alles-oder-nichts-Prinzip und sollen ohne zeitliche Beschränkung gültig sein. «Ab sofort nur noch Vollkornbrot essen» ist ein rigider Vorsatz, ebenso wie: «Ab morgen nie mehr Süssigkeiten naschen». Die geringste Abweichung (z.B. einmal ein Toastbrot oder ein Stückchen Schokolade essen) aktiviert die Gegenregulation: «Jetzt ist es auch egal», und der erlebte Misserfolg beeinträchtigt zudem das Selbstvertrauen: «Habe es wieder nicht geschafft.»

> Gegenregulation:
> *Ein diätetisch eigentlich unbedeutendes Ereignis wirkt psychologisch durchschlagend und lässt die gesamte Verhaltenskontrolle zusammenbrechen.*

Eine der wesentlichen Aufgaben der Ernährungsberatung besteht darin, rigide Verhaltenskontrolle abzubauen und sie durch flexible Verhaltensstrategien zu ersetzen. Flexible Kontrolle ist auch *Kontrolle* und darf nicht mit Liberalität oder Grosszügigkeit verwechselt werden. Die Flexibilität bezieht sich auf einen zeitlich begrenzten Rahmen ihrer Gültigkeit und gibt ein Ziel vor, auf dessen Weg noch Verhaltenskorrekturen möglich sind.

Wichtig ist, dass die Zielvorgabe zunächst nur knapp unter der bisher gewohnten Verzehrsmenge liegt, damit der Patient mit grösster Wahrscheinlichkeit das Ziel erreichen kann und Erfolg erlebt. Drei Beispiele für flexible Verhaltenskontrolle sind im Kasten aufgeführt.

Die konkreten Zielvorgaben sollen in einem überschaubaren Zahlenbereich liegen (nicht: z.B. 100 Gummibärchen/Monat, sondern 25 Stück/Woche), die Zahlenvorgabe darf aber auch nicht zu gering ausfallen, weil dann die Möglichkeit der Verhaltenskorrektur eingeschränkt wird.

Oft ist es schwierig, Patienten von der flexiblen Kontrolle zu überzeugen, da sie sich spontan rigiden Vorsätzen unterwerfen wollen. Hier kann ein Gespräch über Beispiele aus der Vergangenheit helfen, die aufzeigen, welchen Erfolg der Patient mit rigiden Vorsätzen bereits gemacht hat.

Flexible Kontrolle als Werkzeug

Aus ernährungsmedizinischer Sicht stösst das Prinzip der flexiblen Kontrolle oft auf Widerspruch, da dem Patienten Zielvorgaben «erlaubt» werden, die ernährungsmedizinisch eigentlich nicht verantwortbar sind. Dabei sollte aber bedacht werden, dass das unangemessene Essverhalten eines Patienten in aller Regel jahrelang angedauert hat und dass jeder Schritt in die richtige Richtung einen Erfolg darstellt. Ausserdem bedeutet die erste Zielvorgabe nicht, dass damit bereits das wünschenswerte Verhalten erreicht ist. Rigide Kontrollen, so richtig auch der Inhalt der Vorsätze sein mag, lösen jedoch erfahrungsgemäss Gegenregulation aus, so dass überhaupt keine positive Veränderung auf das Ziel hin erfolgt – manchmal sogar das Gegenteil. Die flexible Kontrolle ist als ein therapeutisches Werkzeug zu verstehen, um maximale Effekte zu erreichen.

Alle diagnostischen Massnahmen, aber auch die Planung der verhaltenstherapeutischen Massnahmen müssen so konzipiert sein, dass der Patient die primäre Instanz ist, die sich kontrolliert, also seine Selbstkontrolle verstärkt. Wenn das Gefühl der Fremdkontrolle beim Patienten vorherrscht, ist nicht mit ehrlichen Angaben und langfristigen Verhaltensänderungen zu rechnen. Beispiel ist die diabetische Patientin, die sonntags keinen Kuchen isst, «weil meine Werte für den Doktor morgen in Ordnung sein müssen». Fremdkontrolle kann kurzfristig durchaus grosse Effekte haben, aber sie wirkt nur, solange es sie gibt.

Ziel muss immer sein, die Selbstkontrolle zu verstärken, damit die Motive für die Speisen- und Lebensmittelwahl, aufgrund deren das Verhalten subjektiv optimiert wird, anders gewichtet werden.

Ernährungsberatung kann nur zu einem Erfolg führen, wenn der Patient intrinsisch, also aus sich selbst heraus, motiviert ist, sein Verhalten zu ändern. Patienten, die nur «interessiert sind», anders zu essen, dies nur auf Druck des Arztes oder Ehepartners versuchen wollen oder aufgrund induzierter Angst durch die ernährungsmedizinische Diagnose ihre Bereitschaft signalisieren, haben zumeist kaum eine realistische Chance. Diese extrinsische Motivation kommt in der Wirkung der Fremdkontrolle gleich. Sie kann kurzfristig einen Effekt erzielen, wirkt langfristig aber eher kontraproduktiv.

Misserfolgsmanagement

Das «Misserfolgsmanagement» ist ein unentbehrliches Element der psychologischen Betreuung. Es muss zu Anfang immer angesprochen werden, dass auch «Misserfolge» eintreten, die als Konsequenz eines Verhaltenstrainings gegen Gewohnheiten, Lernprozesse und evolutionsbiologische Strukturen aber nicht als Misserfolge, sondern besser als *Trainingsstillstand* oder Trainingsrückschritt bezeichnet werden. Zum Erfolgsmanagement zählt notwendigerweise der vorbereitende Umgang mit «Misserfolgen», die dadurch in ihrer destabilisierenden Wirkung abgeschwächt werden.

Aus ernährungspsychologischer Sicht ist der Veränderungsprozess beim Essverhalten schwierig und langwierig, aber er kann gelingen, wenn die Grundprinzipien des erfolgsaufbauenden flexiblen Verhaltenstrainings in kleinen Schritten berücksichtigt werden. Nicht alle Verhaltensziele sind erreichbar, aber Schritte auf diese Ziele zu sind realistisch. Nicht vorschnell sollte daher von Non-Compliance besprochen werden, wenn zuvor nicht geklärt ist, ob die Ernährungsberatung wirklich alle Aspekte einer professionellen verhaltenstherapeutischen Intervention ausgeschöpft hat.

Fazit

Essen ist für Menschen ein sehr wichtiges emotionales Erlebnis, das einen wesentlichen Teil ihrer Lebensqualität ausmacht. Die Überflussbedingungen lassen zu, dass die Essbedürfnisse durch Einkauf und Zubereitung von Lebensmitteln oder Speisenauswahl optimiert werden. Diese Essbedürfnisse werden in der spezifischen Esskultur gelernt und steuern als Motive das Essverhalten. Dabei spielen ernährungsphysiologische Aspekte eine eher untergeordnete Rolle, was sich auch in der semantischen Trennung der Begriffe «Ernährung» und «Essen» zeigt. Dennoch kommt es zu Konflikten, wenn Informationen über Lebensmittel mit den emotionalen Erfahrungen kollidieren. Nicht selten wird bedürfnisgerecht gegessen, aber dieser Vorgang wird von einem «schlechten Gewissen» begleitet. Die Geschmackspräferenzen sind durch erfahrungsbedingte Gewohnheitsbildungen sehr fixiert und relativ resistent gegen Änderungen.

Essen beseitigt unangenehme Gefühle des Hungers und belohnt durch angenehme Sättigung. Bestimmte Inhaltsstoffe, wie (konzentrierte) Kohlenhydrate, haben eine beruhigende Wirkung, die ihrerseits wiederum zum Essen in Stresssituationen motiviert. Das Geschmackserlebnis selbst motiviert zum Essen, aber auch soziale Faktoren und das Ambiente verstärken das Bedürfnis zu essen. Das Geschmackserleben ist wesentlich von Lernerfahrungen abhängig und wird durch kognitive Signale entscheidend beeinflusst.

Der moderne Esser ist bestrebt, den sensorischen Genuss zu optimieren, zumal die Wertschätzung des Lebensmittels als «Mittel zum Leben» verloren ging und physischer Hunger ein eher seltenes Motiv für das Essen darstellt.

Die Wahl des Essens ist durch die Mobilität der Gesellschaft mehr und mehr situationsabhängig und weniger eine konstante Verhaltensweise eines Menschen. «Der Mensch ist, was er isst» verwandelt sich in den Satz «Der Mensch isst das, wo er gerade ist». Die verschiedenen Essbedürfnisse werden situationsspezifisch ausgewählt und realisiert.

Die moderne Lebensmittelindustrie mit nahezu täglich neuen Produkten verstärkt den Prozess der Bedürfnisoptimierung beim Essen, wobei die biologische Funktion der Nahrungsaufnahme zunehmend in den Hintergrund gerät. So ist die Psychologie des Essens im Alltag dominanter als die Physiologie der Nahrungsaufnahme. Die so aufkommende Diskrepanz zwischen Bedarf und Bedürfnis führt zu gesundheitlichen Problemen.

Magersucht und Bulimie beweisen, wie durch Einstellungen, die sich auf das Essen projizieren, schwer wiegende gesundheitliche Störungen entstehen. Die Adipositas dagegen beweist, wie schwierig es ist, auch mit erheblichem Leidensdruck auf das eigene Essverhalten einzuwirken, um in einer Schlankheit fordernden Gesellschaft an Gewicht abzunehmen.

Gerade die letzten zehn Jahre Forschung haben dokumentiert, dass an der Steuerung des Essverhaltens auch biologische, genetische und diätetische Faktoren beteiligt sind. Wenn jemand behauptet, dass er genau das esse, was er wolle, so muss man nach diesen Befunden annehmen, dass hier eine Selbstüberschätzung der eigenen Verhaltenssteuerung vorliegt.

Die Esskultur, in die Menschen hineingeboren werden, prägt entscheidend ihr konkretes Essverhalten. Die generelle Lust am Essen ist jedoch eine evolutionsbiologisch programmierte Belohnung, die den Hungertod vermeidet. In den nächsten Jahren werden wir noch viel erfahren, warum wir so essen, wie wir essen. Dass wir jedenfalls anders essen, als wir uns ernähren sollten, das haben wir erkannt. Doch diese Erkenntnis reicht noch nicht aus, um jede relevante Diskrepanz zwischen Nahrungsbedarf und Essbedürfnissen zu minimieren.

Literatur

(1) Ellrott, T., Pudel, V. (1998): Adipositastherapie. Aktuelle Perspektiven. Thieme, Stuttgart, New York, 2. Auflage.

(2) Harris, M. (1995): Wohlgeschmack und Widerwillen. dtv: München.

(3) Logue, A. (1995): Die Psychologie des Essens und Trinkens. Spektrum: Heidelberg, Berlin, Oxford.

(4) Pudel, V. (1995): Ketchup, BigMac, Gummibärchen. Essen im Schlaraffenland. Beltz, Weinheim.

(5) Pudel, V., Westenhöfer, J. (1997): Ernährungspsychologie. Eine Einführung. 2. Auflage, Hogrefe Verlag, Göttingen.

(6) Westenhöfer, J. (1992): Gezügeltes Essen und Störbarkeit des Essverhaltens. Hogrefe Verlag, Göttingen.

(7) Westenhöfer, J., Pudel, V. (1990): Einstellungen der deutschen Bevölkerung zum Essen. Ernähr. Umsch. 37: 311–316.

Barbara Buddeberg-Fischer

Epidemiologie und Prävention von Störungen des Essverhaltens

Einleitung

Essstörungen gehören zu den häufigsten psychosomatischen Erkrankungen bei weiblichen Jugendlichen und jungen Frauen. Der Gipfel der Erstmanifestation liegt in der mittleren Adoleszenz (Fombonne 1995). Klinisch werden Essstörungen nach dem Diagnostischen Manual für Psychische Störungen (DSM-IV, 1998) oder nach der Internationalen Klassifikation psychischer Störungen (ICD-10, 1999) entsprechend bestimmten Kriterien in folgende Krankheitsbilder eingeteilt (siehe Tabelle 1):

Die *Prävalenz- und Inzidenzraten*, die im Folgenden kurz zusammengefasst werden sollen, stammen aus verschiedenen Studien von Personen dieser Altersgruppe. Eine grosse epidemiologische Studie, die in Deutschland an 3021 Jugendlichen und jungen Erwachsenen aus der Allgemeinbevölkerung durchgeführt wurde (Wittchen et al. 1998), fand eine Lebenszeitprävalenz von Essstörungen von 3,0% (4,9% für Frauen und 1,1% für Männer). Das Vollbild einer Anorexia nervosa nach DSM-IV wurde bei 1% der jungen Frauen bzw. 0,1% der jungen Männer festgestellt, dasjenige einer Bulimia nervosa bei 1,7% der Frauen, jedoch bei keinem Mann. Subklinische Formen von Anorexia und Bulimia nervosa fanden sich bei 1,3% bzw. 1,5% der weiblichen und bei 0,4% bzw. 0,6% der männlichen Adoleszenten. Leicht tiefere Prävalenzraten berichteten Wlodarczyk-Bisaga et al. (1996) in einer zweiphasigen Untersuchung bei Schulmädchen im Alter zwischen 14 und 16 Jahren, nämlich keine klini-

Anorexia nervosa (307.1/ F 50.00)

- Weigerung, das Minimum des für Alter und Körpergrösse normalen Körpergewichts zu halten (Körpergewicht von weniger als 85% des zu erwartenden Gewichts oder Ausbleiben einer während der Wachstumsperiode zu erwartenden Gewichtszunahme)
- Panische Angst vor Gewichtszunahme trotz bestehenden Untergewichts
- Körperwahrnehmungsstörungen
- Primäre oder sekundäre Amenorrhoe

- **Restriktiver Typ:** Untergewicht vorwiegend durch unterkalorische Ernährung bei übermässiger körperlicher Betätigung
- **Bulimischer Typ:** anorektisches Verhalten geht einher mit Essanfällen und Reinigungsritualen (Erbrechen, Laxantien, Diuretika, Klistieren)

Bulimia nervosa (307.51/F 50.2)

- Binge-Eating: Wiederholte Episoden von Essattacken (Verzehr von grossen Nahrungsmengen in einem umschriebenen Zeitraum; Verlust der Kontrolle über das Essverhalten während der Essattacke)
- Purging: Wiederholte Anwendung von unangemessenen Reinigungsritualen, um einer Gewichtszunahme entgegenzusteuern (selbstinduziertes Erbrechen, Missbrauch von Laxantien, Diuretika, Klistieren u.a. Arzneimittel, Fasten oder übermässige körperliche Betätigung)
- Essattacken und unangemessene Kompensationsverhalten während dreier oder mehrerer Monate mindestens zweimal pro Woche
- Übermässig durch Figur und Körpergewicht beeinflusste Selbstbewertung
- Gestörtes Verhalten nicht nur im Verlauf einer Episode von Anorexia nervosa

Nicht näher bezeichnete Essstörung (307.5/F 50.9)

- Essverhaltensstörungen, die nicht das Vollbild einer Anorexia nervosa oder Bulimia nervosa aufweisen
- Subklinische Formen

Tabelle 1 Diagnostische Einteilung von Essstörungen nach DSM-IV (1998) bzw. ICD-10 (1999)

schen Vollbilder von Anorexie oder Bulimie, jedoch eine Punktprävalenz von 2,3% von nicht näher bezeichneten Essstörungen. In der ebenfalls zweiphasig angelegten Studie von Santonastaso et al. (1996) wurden Prävalenzraten von 0,0% Anorexia, 0,5% Bulimia und 3,7% von nicht näher bezeichneten Essstörungen gefunden. Steinhausen et al. (1997) erhob in einer Schweizer epidemiologischen Studie zur Psychopathologie bei Jugendlichen Prävalenzraten von 0,7% für Anorexia und 0,5% für Bulimia nervosa bei bei 14–17-jährigen weiblichen Jugendlichen.

Viel verbreiteter sind *Sorgen um Körperformen und Gewicht*. Die Mehrzahl der weiblichen Jugendlichen möchte an Gewicht abnehmen, wie es Grigg et al. (1996) bei 77% oder Devaud (1998) bei 62% der jungen Frauen beobachtet haben, oder sie schätzen sich als zu dick ein (Fisher et al., 1995; Neumark-Sztainer et al., 1995). Auch das Diätieren ist ein weit verbreitetes Phänomen bei weiblichen Adoleszenten: Steinhausen et al. (1997) erhoben eine Rate von 10%, Grigg et al. (1996) eine solche von 51%. Extremere Massnahmen, um an Gewicht abzunehmen, umfassen auch ungesundes Diätieren, Appetitzügler, Laxantien und Diuretika. Solche Verhaltensweisen wurden von Killen et al. (1986) und Grigg et al. (1996) bei 13% bzw. 36% der jungen Frauen gefunden. Cooper et al. (1997) fanden in einer Untersuchung an der Allgemeinbevölkerung bei den 11–16-jährigen weiblichen Jugendlichen, dass Sorgen um Gewicht und Körperformen mit dem Alter zunehmen: von 14,5% bei den 11–12-jährigen bis zu 18,9% bei den 15–16-jährigen. Grigg et al. (1996) berichteten, dass 12% der Schulmädchen ein gestörtes Körperbild von sich haben.

Da Störungen des Essverhaltens zu einem ernst zu nehmenden Gesundheitsproblem bei jungen Frauen geworden sind, wurden in den letzten Jahren auch eine Reihe von *Präventionsprogrammen* für den Einsatz in Schulen entwickelt. Die meisten führten zu einem Wissenszuwachs, konnten aber viel seltener Verhaltensänderungen herbeiführen. Eine eingehende Programmevaluation wurde von der Arbeitsgruppe um Killen et al. (1993) im Rahmen einer Verlaufsstudie über 24 Monate nach Abschluss der Präventionskampagne bei 967 Schülerinnen des 6.–9. Schuljahres durchgeführt. Dieses Programm umfasste Informationen zu negativen Auswirkungen von ungesunden gewichtsregulierenden Massnahmen, zur Entwicklung von gesunden gewichtsregulierenden Praktiken und erhöhter sozialer Kompetenz (Killen et al., 1993; Killen 1996). Obwohl das Programm mehr Wissen zu Essstörungen generierte, fühlten sich die Jugendlichen wegen ihres gestörten Essverhaltens in keiner Weise beunruhigt. Ähnliche Ergebnisse berichteten auch Shisslak et al. (1990) und Paxton (1993).

Nur zwei Präventionsprogramme aus neuerer Zeit vermochten die Einstellung und das Verhalten der Schüler zu beeinflussen. Primarschüler und Gymnasiasten, die an der Studie von Moriarty et al. (1990) teilnahmen, zeigten nicht nur einen Wissenszuwachs, sondern auch eine positive Veränderung in ihrer Einstellung gegenüber dem soziokulturellen Druck, sich dem Schlankheitsdiktat zu unterwerfen. Moreno et al. (1993) setzten in ihrem Präventionsprogramm bei Mädchen der unteren Gymnasialklassen Videofilme ein und führten Diskussionsrunden durch. Der Vergleich zwischen Interventions- und Kontrollgruppe zeigte, dass das Programm Veränderungen nicht nur im Wissen, sondern auch in der Einstellung und im Verhalten im Hinblick auf Diätverhalten, ständige Beschäftigung mit dem Gewicht und Reinigungspraktiken erzielen konnte.

Es wurde jedoch auch schon über negative Auswirkungen von Präventionsprogrammen berichtet. Die Ergebnisse einer Pilotstudie von Carter et al. (1997) bei 13–14-jährigen Mädchen liessen bei der ersten Nachuntersuchung zwar eine Verbesserung des Essverhaltens erkennen, hingegen eine Verschlechterung besonders im Diätverhalten beim 6-monatigen Follow-up.

Als Erklärung dafür, dass die meisten Programme zwar Wissen vermehren, aber nicht zu einer Einstellungs- und Verhaltensänderung führen, wird meist angeführt, dass sich die Programme an die falschen Adressaten richten. Killen und seine Arbeitsgruppe (1993, 1996) warfen die Frage auf, ob solche Präventionsprogramme nicht eher bei Risikopopulationen durchgeführt werden sollten. Als weiteren Grund für den schlechten outcome wird genannt, dass die Präventionsprogramme «zu spät» kämen (Smolak et al. 1994, Shisslak et al. 1996). Wenn die Jugendlichen in die Oberstufe kommen, haben sich bereits viel ungesunde Einstellungen und Verhaltensweisen fixiert und können nur mehr schwer in positiver Richtung verändert werden (Attie et al., 1992; Striegel-Moore et al. 1993).

Da in der Schweiz bisher noch keine Daten zur Häufigkeit von Störungen des Essverhaltens bzw. zu Essstörungen vorlagen, führten wir 1993–1996 eine vom Schweizerischen Nationalfonds (NF-Nr.: 32-36165.92). und von der EMDO-Stiftung (Nr. 344/97) unterstützte *Studie zur Epidemiologie und Prävention von Essstörungen bei Jugendlichen und jungen Erwachsenen* durch. Zielsetzung der Studie war es, an einer grösseren Zufallsstichprobe von Schülerinnen und Schülern unterschiedlicher Schultypen des Kantons Zürich im Alter von 14–19 Jahren Daten zur Gewichtsverteilung und zur Häufigkeit von gestörtem Essverhalten zu erheben. Weiter wurde untersucht, welche Zusammenhänge zwischen auffälligem Essverhalten und körperlichen und seelischen

Begleitsymptomen bestehen. Die Ergebnisse sollten Aufschluss über die Häufigkeit von Vorformen möglicher Essstörungen liefern. Ausgehend von der epidemiologischen Erhebung wurden in einem zweiten Schritt Interventionen zur Prävention von Essstörungen entwickelt und deren Eignung und Wirksamkeit in einer kontrollierten prospektiven Interventionsstudie überprüft. Dabei sollte die Thematik der Essstörungen in den breiteren Kontext einer Reifungskrise in der Adoleszenz gestellt und die Jugendlichen sowohl auf der kognitiven und emotionalen als auch auf der Verhaltensebene angesprochen werden.

Im Folgenden werden der Ablauf und die wichtigsten Ergebnisse der Studie kurz zusammengefasst:

Stichprobe und Studienablauf
Im Herbst 1993 wurden in einer epidemiologischen Studie 1944 Schülerinnen und Schüler im Alter von 14–19 Jahren mit einem Fragebogen zu Ernährungsgewohnheiten und Gesundheit untersucht.

Die Zufallsstichprobe wurde aus 110 Klassen unterschiedlicher Schultypen des Kantons Zürich rekrutiert und bestand aus 1115 (57,4%) weiblichen und 829 (42,6% männlichen Jugendlichen (Tabelle 2, oberer Teil).

Für die *Interventionsstudie* wurde aus dem Untersuchungskollektiv der epidemiologischen Studie eine Stichprobe von 20 Klassen selektioniert, die einen hohen Anteil an Jugendlichen mit gestörtem Essverhalten (EAT-Summenwerte ≥ 10) aufwiesen (Tabelle 1, mittlerer Teil). Die 20 Klassen wurden nach folgenden Kriterien zu 10 Klassenpaaren gematched: Schultyp, Klassenstufe, Geschlechter- und Stadt/Land-Verteilung. Zwölf (T2) und 18 (T3) Monate nach der Erstbefragung wurden die Teilnehmer der Interventionsstudie nochmals mit einer Fragebogenerhebung untersucht. Nach T2 wurde je eine Klasse der «matched pairs» nach dem Zufallsprinzip der Interventions- bzw. Kontrollgruppe zugeteilt (Tabelle 2, unterer Teil). Die 10 Klassen der Interventionsgruppe erhielten drei Interventionen in monatlichen Abständen. Drei Monate nach der letzten Intervention und 6 Monate nach der Zweitbefragung wurden die Schüler beider Gruppen mit demselben Fragebogen ein drittes Mal abschliessend befragt.

Messinstrumente
Die Einschätzung des *Essverhaltens* erfolgte mit dem *Eating-Attitudes-Test EAT-26*. Garner et al. (1982) definierten einen EAT-Summenwert

	EPIDEMIOLOGISCHE STUDIE		
t_1	N = 1944 (110 Klassen)		100,0 %
	weibl.	1115	57,4 %
	männl.	829	42,6 %
	Alter:	14–19 Jahre	

12 Monate — Selektion von 20 Klassen (hoher Anteil von SchülerInnen mit EAT-Summenwert ≥ 10)

	KONTROLLIERTE PROSPEKTIVE INTERVENTIONSSTUDIE		
t_2	n = 314 (20 Klassen)		100,0 %
	weibl.	205	65,3 %
6 Mte.	männl.	109	34,7 %
	Alter:	14–19 Jahre	

t_3

KONTROLLIERTE PROSPEKTIVE INTERVENTIONSSTUDIE

20 Klassen
hoher Anteil von SchülerInnen mit EAT-Summenwert ≥ 10
Randomisierung

t_2

Interventionsgruppe			Kontrollgruppe		
n =	159	100,0 %	n =	155	100,0 %
weibl.	104	65,4 %	weibl.	101	65,2 %
männl.	55	34,6 %	männl.	54	34,8 %
10 Klassen			10 Klassen		

6 Mte. — Interventionen I–III / Interventionen keine — 6

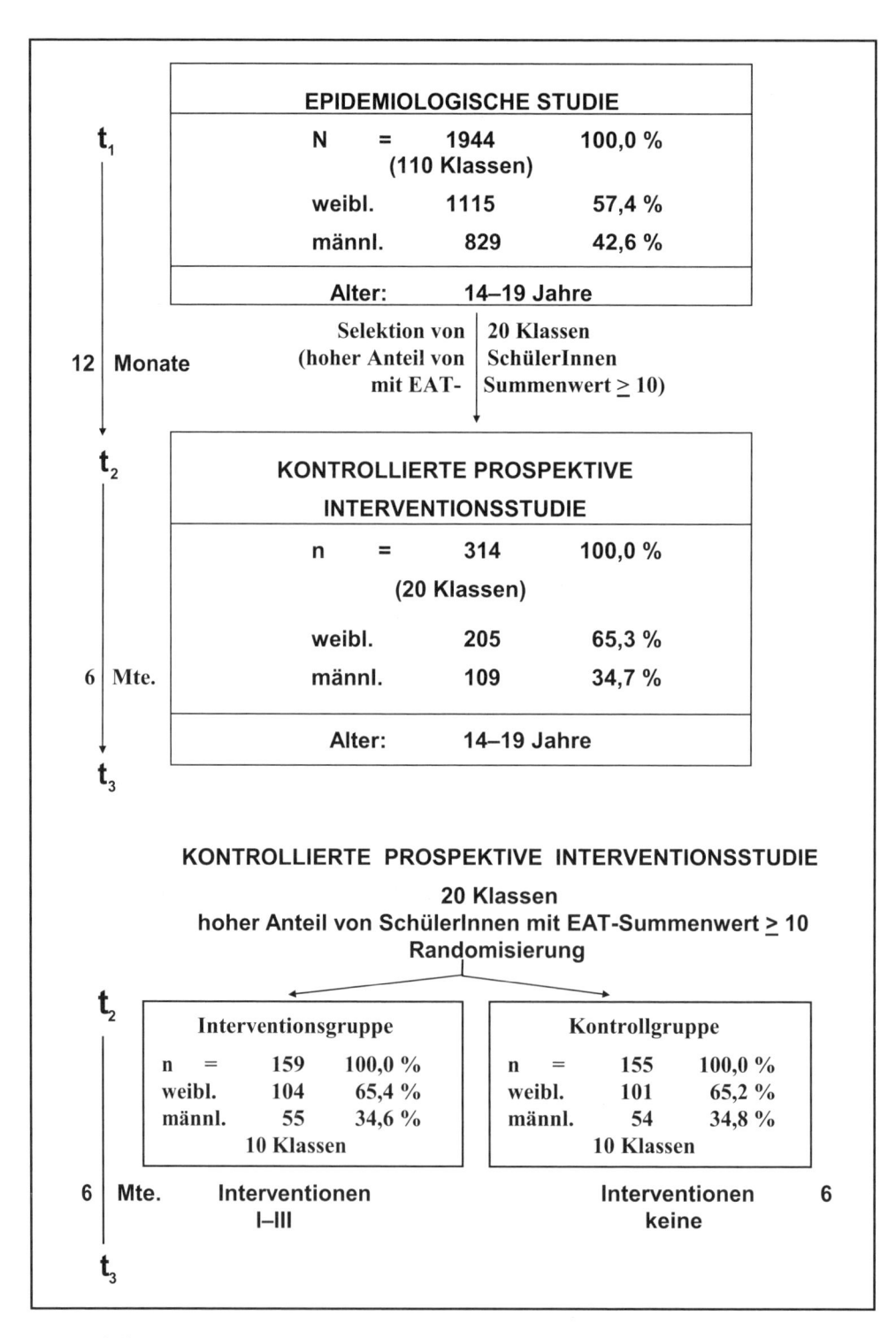

t_3

Tabelle 2 Störungen des Essverhaltens bei Jugendlichen: epidemiologische und Interventionsstudie

von ≥ 20 als sehr auffälliges Essverhalten, bei dem im Interview mit grosser Wahrscheinlichkeit eine klinisch manifeste Essstörung diagnostiziert wird. Da in der vorliegenden Studie auch Vorformen oder subklinische Formen von Essstörungen interessierten, wurden ausgehend vom EAT-Summenwert drei Kategorien für Störungen des Essverhaltens als Risiko für die Entwicklung einer Essstörung definiert: EAT 0–9: niedriges Risiko, EAT 10-19: mittleres Risiko und EAT ≥ 20: hohes Risiko, eine Essstörung zu entwickeln.

Die *physischen Beschwerden* wurden mit dem *Giessener Beschwerdebogen für Kinder und Jugendliche GBB-KJ* (Brähler et al., 1995) ermittelt. Die *psychischen Beschwerden* in den letzten 4 Wochen wurden mit der *Symptom Check List SCL-90-R* (Derogatis 1977) erfasst (Skalen 1–7).

Für jeden Probanden wurde aus den aktuellen Massen des Körpergewichts und der Körpergrösse der *Body-Mass-Index* berechnet und in Beziehung zum Altersperzentil gesetzt (Prader et al., 1989). Diese auf Altersperzentilen beruhenden BMI-Werte wurden *5 Gewichtsklassen* zugeordnet (Must et al., 1991): starkes Untergewicht (< 5. BMI-Altersperzentil), Untergewicht (5.–15. BMI-Altersperzentil), Normalgewicht (15.-85. BMI-Altersperzentil), Übergewicht (85.–95. BMI-Altersperzentil) und starkes Übergewicht (> 95. BMI-Altersperzentil).

Ziele	Inhalte	Methodik der Präsentation
• Sensibilisierung für Unterschiede in der Körperwahrnehmung (individuell, geschlechtstypisch) • Wahrnehmung der Diskrepanz zwischen Schönheitsideal und individueller Körperrealität • Vermittlung von Wissen über biologische und psychologische Entwicklung in der Adoleszenz	Schönheitsideal	Diaserie zum Wandel des Schönheitsideals über die Jahrzehnte, Unterschiede in der Darstellung von Frauen und Männern in der Werbung Diskussion in gleichgeschlechtlichen Gruppen: «Wie erlebe ich die Diskrepanz zwischen gesellschaftlichem Schönheitsideal und meiner individuellen Erscheinung?» «Wie werde ich durch Werbung beeinflusst?» Diskussion in gemischtgeschlechtlichen Gruppen: «Welche Merkmale machen mich für das andere Geschlecht attraktiv?»
	Körperwahrnehmung	Bedeutung von Musik für das Körpererleben (Zuhören, Tanzen, Diskutieren einzeln und in Gruppen)
	Geschlechtsunterschiede in der biologischen Entwicklung	Die physiologische Entwicklung der jungen Männer entspricht dem heutigen Schönheitsideal, diejenige der Frauen verläuft gegenläufig zum gynandroiden Model in der heutigen Werbung
	Geschlechtsrollen in der heutigen Gesellschaft	Diskussion nach der Diapräsentation – geschlechtsabhängige Rollenzuschreibungen
	Adoleszenz aus entwicklungspsychologischer und sozialer Perspektive	Wahrnehmen des Wandels auf körperlicher, psychologischer und sozialer Ebene; Hauptthemen: Beziehungen zu Eltern, Lehrpersonen und Ausbildungsplätze

Tabelle 3 Intervention I

Ziele	Inhalte	Methode der Präsentation
• Ernährungsphysiologie • Wahrnehmung und Reflexion des individuellen und familiären Essverhaltens • Erkennen von gestörtem Essverhalten und seinen Auswirkungen	• Essen als soziales Phänomen • Soziokulturelle Aspekte der Ernährung	**Klassenpicknick** Mittagsbuffet im Klassenzimmer. Schüler wurden gebeten, sich mit anderen Mitschülern als üblich zusammenzusetzen. Erleben von Gemeinsamkeit, Möglichkeit zum Gespräch und Austausch innerhalb der Klasse in einer unüblichen Zusammensetzung, besseres gegenseitiges Kennenlernen.
	• Gesundheit und Ernährung • Physiologische Grundlagen der Ernährung	**Ernährungsphysiologie** Information und Diskussion folgender Themen: • Zusammensetzung einer wohlausgewogenen Nahrung, Regelmässigkeit von über den Tag verteilten Mahlzeiten, notwendige Nahrungsmenge (abhängig von einzelnem Individuum, Alter, Geschlecht und Aktivitätsniveau) • Wahrnehmung des eigenen Essverhaltens und der Körpersignale • Information zu den gewichtsbestimmenden Faktoren, Set-point-Theorie und negative Auswirkungen von Diätieren und Essstörungen • Erklären des Body Mass Index und der breiten Spanne des Normalgewichts

Tabelle 4 Intervention II

Ziele	Inhalte	Methode der Präsentation
• Wahrnehmung von Zeichen einer Reifungskrise • Information über psychosomatische Symptomentwicklung am Beispiel einer Essstörung	Krise als Bedrohung und Chance	**Rollenwandel und Statusveränderung** Gruppendiskussionen: «Worauf freue ich mich beim Verlassen der Schule und beim Eintritt in die Lehre oder ins Studium?», «Was beunruhigt mich, und wovor habe ich Angst?», «Wie verändern sich meine Beziehungen zu meinen Eltern?», «Auf welche Rechte freue ich mich als Erwachsener, und welche Verpflichtungen machen mir Sorgen?» **Symptomentwicklung als Zeichen für Schwierigkeiten bei der Anpassung an die neue Lebenssituation:** Da Essstörungen vorwiegend bei jungen Frauen vorkommen, sollten auch andere Symptome angesprochen werden, die bei beiden Geschlechtern auftreten, wie z.B. Suizidalität und Depression. Überblick über Symptombildungen auf der physischen, emotionalen, kognitiven und sozialen Ebene, die Zeichen für Schwierigkeiten im Anpassungsprozess sein können. Hauptdiskussionspunkt war, wie eine Klasse mit einer essgestörten Schulkollegin umgehen soll und welche therapeutischen Massnahmen es bei der Behandlung einer Essstörung gibt.
	Häufigkeit und Geschlechtsunterschiede bei psychischen Störungen, bes. bei Depressionen und Essstörungen	**Psychophysische Reaktionen** Übung: Nach einer einleitenden Entspannungsübung sollte sich jede/r Jugendliche überlegen, wie sie/er physisch und psychisch auf Stress reagiert. Danach Erfahrungsaustausch. Diskussion und Information zu individuellen psychophysischen Reaktionen. **Symptomentwicklung am Beispiel einer Essstörung:** Videodemonstration eines vom Fernsehen produzierten Films zur Entwicklung einer Anorexia nervosa bei einer Jugendlichen. Der Suchtaspekt der Erkrankung, die Unfähigkeit der Betroffenen, den Teufelskreis zu durchbrechen, die sozialen Auswirkungen der Essstörung sowie die notwendigen therapeutischen Schritte wurden dargestellt.
	Erkennen und Einschätzen von Hintergründen und Auswirkungen von Essstörungen, therapeutische Massnahmen	

Tabelle 5 Intervention III

Interventionen
In den Tabellen 3–5 sind die drei Interventionen nach folgendem Raster zusammengefasst: Zielsetzungen, Inhalte und Methodik der Präsentation.

Ergebnisse der epidemiologischen Studie; Verteilung der Probanden auf die 5 Gewichtsklassen

Der durchschnittliche BMI erreichte in unserer Studie bei den weiblichen Jugendlichen $\bar{x}$ = 20,8 kg/m² (min. 14,0 – max. 36,6 kg/m², SD = 2,6 kg/m²), bei den männlichen Adoleszenten $\bar{x}$ = 20,6 kg/m² (min. 14,0 – max. 33,7 kg/m², SD = 2,6 kg/m²). Die BMI-Werte der Befragten wurden den 5 Gewichtsklassen, basierend auf den Schweizer BMI-Altersperzentilen, zugeteilt. 69,4% der weiblichen und 67,6% der männlichen Jugendlichen sind normalgewichtig, ca. 8,6% bzw. 9,8% untergewichtig und 22% bzw. 22,6% übergewichtig. Weder Geschlecht noch Alter hatten einen Einfluss auf die Verteilung auf die Gewichtsklassen. Hingegen zeigten sich Zusammenhänge mit dem Sozialstatus: Tendenziell mehr weibliche Jugendliche mit höherem sozialem Status waren untergewichtig und tendenziell mehr junge Frauen mit niedrigem sozialem Status waren übergewichtig (χ^2 = 19,6, df = 12, p = 0,075). Bei den männlichen Adoleszenten fand sich ein Unterschied nur in Bezug auf Übergewicht: Ein höherer Prozentsatz von adipösen Probanden gehörte einem niedrigeren sozialen Status an (χ^2 = 32,6, df = 12, p ≤ 0,001).

Einstellungen zum Essen und Essverhalten

Zur Einschätzung ihres Essverhaltens wurden die Jugendlichen mit dem EAT-26 befragt. Der EAT-Summenmittelwert der Schülerinnen lag bei $\bar{x}$ = 6,9 (min. 0 bis max. 50, SD = 8,3), derjenige der Schüler bei $\bar{x}$ = 3,4 (min. 0 bis max. 31, s = 4,1). Der Unterschied zwischen den beiden Geschlechtern war signifikant (p ≤ 0,01).

Die EAT-Summenwerte der Befragten wurden *drei EAT-Summenwert-Kategorien* zugeordnet (siehe Methodik). Von den weiblichen Jugendlichen waren 77,5% im Bereich niedrigen, 14,1% im Bereich mittleren und 8,3% im Bereich hohen Risikos; die männlichen Jugendlichen zeigten folgende Verteilung: 93,0% NR, 5,5% MR und 1,5% HR.

Zusätzlich zum Einfluss des Geschlechts interessierte der *Einfluss von Alter und sozialem Status* auf das Essverhalten. Zwischen den Altersgruppen der Frauen gab es keine signifikanten Unterschiede. Hingegen zeigten sich bei den jungen Männern signifikante Unterschiede in Bezug auf die zentrale Tendenz der EAT-Summenwert-Verteilung (F (5, 815) = 2,93, p ≤ 0,05, eta = 0,13). Im Geschlechtervergleich wurden signifikante Unterschiede für alle Altersgruppen gefunden (p ≤ 0,01). Die EAT-Summenwerte der Probandinnen waren bei allen Altersgruppen signifikant höher als bei den Probanden.

Die Untersuchung des Zusammenhang zwischen EAT-Summenwerten und sozialem Status zeigte bei beiden Geschlechtern die höchsten EAT-Werte in den Teilstichproben mit dem niedrigsten sozialen Status. Der Unterschied zwischen den vier sozialen Statuskategorien bezüglich der zentralen Tendenz der Verteilung des EAT-Summenwertes war bei weiblichen Jugendlichen (F (3, 1059) = 4,65, p ≤ 0,01, eta = 0,11) ebenso deutlich wie bei den männlichen Jugendlichen (F,(3, 767) = 4,80, p ≤ 0,1, eta = 0,14).

Zusammenhänge zwischen Körpermassen und Essverhalten

Bei der Beurteilung der mittels EAT erhobenen Ergebnisse ist zu berücksichtigen, dass die Angaben zum Essverhalten die subjektive Wahrnehmung wiedergeben, die z.T. verzerrt sein kann. Aus diesem Grund schien es sinnvoll, die objektiven Werte des BMI mit der subjektiven Einschätzung des Essverhaltens im EAT in Beziehung zu setzen. Auf diese Weise war eine zuverlässigere Klassifizierung der Jugendlichen bezüglich ihres Essverhaltens möglich.

Tabelle 6 zeigt die Verteilung der Untersuchten auf die Gewichtsklassen und die EAT-Kategorien. Nur etwas mehr als die Hälfte der weiblichen und knapp zwei Drittel der männlichen Jugendlichen konnten der unauffälligen Gruppe zugeordnet werden (BMI: Normalgewicht, EAT: niedriges Risiko). Die anderen Jugendlichen zeigten Abweichungen in einer oder beiden Dimensionen. Von den 33 Probandinnen (3,0%) mit deutlichem Untergewicht gaben nur 4 Mädchen (0,4%) EAT-Werte im Bereich mittleren Risikos und 6 Mädchen (0,5%) Werte im Bereich hohen Risikos an. Keiner der männlichen untergewichtigen Probanden

	Gewichtsklassen, basierend auf BMI-Altersperzentilen									
	starkes Unter-gewicht ≤ 5.P		Unter-gewicht > 5.P bis ≤ 15.P		Normal-gewicht > 15.P bis ≤ 85.P		Über-gewicht > 85.P bis ≤ 95.P		starkes Übergewicht > 95.P		Total	
	w %	m %	w %	m %	w %	m %	w %	m %	w %	m %	w %	m %
EAT 0–9 / niedriges Risiko	2,1	4,0	4,9	5,7	56,7	64,8	10,6	9,4	3,3	9,0	77,5	93,0
EAT 10–19 / mittleres Risiko	0,4	0,0	0,3	0,1	8,2	2,4	3,4	0,7	1,8	2,2	14,1	5,5
EAT ≥ 20 / hohes-Risiko	0,5	0,0	0,5	0,0	4,4	0,2	1,8	0,4	1,1	0,9	8,3	1,5
Total	3,0	4,0	5,6	5,9	69,4	67,5	15,9	10,5	6,2	12,1	100,0	100,0

Tabelle 6 Häufigkeitsverteilung der Stichprobe (weibliche Jugendliche n = 1104, männliche Jugendliche n = 818) in Abhängigkeit von Gewichtsklassen und EAT-Summenwertkategorien

schätzte sein Essverhalten als mittel- oder hochgradig risikobehaftet ein. 23 weibliche (2,1%) und 33 männliche (4,0%) deutlich untergewichtige Probanden gaben EAT-Werte im Niedrigrisikobereich an.

Von den 33 untergewichtigen Mädchen berichteten 8 (Alter 14 bis 15 Jahre) von einer primären und 2 (Alter > 16 Jahre) von einer sekundären Amenorrhoe. Bei den 33 untergewichtigen männlichen Jugendlichen hatten 6 (Alter 14 bis 16 Jahre) noch keinen Stimmbruch.

In der Gruppe der Normalgewichtigen, welche die grösste darstellt (Schülerinnen 69,4%, Schüler 67,5%), schätzten 49 weibliche (4,4%) und 2 männliche (0,2%) Jugendliche ihr Essverhalten als hoch auffällig ein. Vom klinischen Standpunkt aus ist diese Gruppe von besonderem Interesse. Diese Jugendlichen sind zwar normalgewichtig, berichten aber über gestörtes Essverhalten. Am ehesten könnte dies mit dem Vorliegen einer bulimischen Symptomatik erklärt werden. 14 dieser Probandinnen berichteten von Fressanfällen, die mindestens zweimal wöchentlich und häufiger während der letzten 3 Monate aufgetreten waren (entsprechend den DSM-III-R-Kriterien für Bulimia nervosa). Von den anderen weiblichen Jugendlichen (n = 1055) gaben nur 44 Probandinnen die gleiche Häufigkeit von Fressanfällen an. Analoge Analysen für die männlichen Jugendlichen waren wegen der kleinen Zahl von Probanden mit Zeichen eines bulimischen Verhaltens nicht möglich.

Von den 68 (6,2%) übergewichtigen Probandinnen berichteten 20 (1,8%) über ein mittelmässig und 12 (1,1%) über ein hoch auffälliges Essverhalten. Stark übergewichtige männliche Jugendliche, in unserer Stichprobe n = 99 (12,1%), beurteilten ihr Essverhalten unterschiedlich. Von diesen schätzten 18 (2,2%) ihr Essverhalten als mittelgradig und 7 (0,9%) als deutlich gestört ein, während es 74 (9,0%) als unauffällig einstuften. Diese Ergebnisse zeigen, dass übergewichtige junge Frauen ihr Essverhalten kritischer einschätzen als übergewichtige junge Männer.

Zusammenhänge zwischen Essverhalten und physischem/ psychischem Wohlbefinden

Die physische und die psychische Befindlichkeit wurde mit dem GBB-KJ und dem SCL-90-R erfasst. Bei den Schülerinnen fanden sich signifikante Unterschiede zwischen den 3 EAT-Kategorien für alle 6 GBB-KJ Skalen (einfaktorielle Varianzanalysen, alle $p \leq 0,01$, eta-Werte: 0,10-0,28). Frauen, die auffälliges Essverhalten zeigten, gaben auch viele physische Beschwerden an. Bei den männlichen Jugendlichen konnten solche Zusammenhänge nicht nachgewiesen werden.

Ähnliche Ergebnisse zeigten sich bei den psychischen Symptomen. Die Skalenmittelwerte der 7 SCL-90-R-Skalen und des Gesamtindex GSI-68 der weiblichen Jugendlichen für die drei Kategorien des Essverhaltens unterschieden sich signifikant voneinander (einfaktorielle Varianzanalyse, alle $p \leq 0,01$, eta-Werte 0,20-0,36). Der stärkste Zusammenhang wurde zwischen Essverhalten und Unsicherheit im Sozialkontakt bzw. Depressivität gefunden. Im allgemeinen hatten Probandinnen mit unauffälligen EAT-Werten niedrigere Werte im SCL und solche mit gestörtem Essverhalten höhere SCL-Werte. Bei den männlichen Jugendlichen fanden sich signifikante Zusammenhänge (einfaktorielle Varianzanalysen, p-Werte $\leq 0,01$) zwischen Essverhalten und psychischen Symptomen auf 4 der 7 Skalen.

Ergebnisse Interventionsstudie: Interventionseffekte

Die Analyse des Interventionseffekts, d.h. der messbaren Veränderungen zwischen zweitem und drittem Messzeitpunkt im Vergleich Interventions- versus Kontrollgruppe, zeigte einen tendenziellen Effekt ($p < 0{,}10$) in den verschiedenen Symptomskalen des Essverhaltens sowie der physischen und der psychischen Befindlichkeit. Bei Schülerinnen mit mittelmässig bis deutlich gestörtem Essverhalten (EAT-Summenwerte > 10) zeigten sich signifikante Interventionseffekte ($p \leq 0{,}05$) in der dritten Skala des EAT (orale Kontrolle), im Leidensdruck durch die physischen Beschwerden (GBB) und im Diätverhalten.

Diskussion der Studienergebnisse

Ein Hauptanliegen der vorliegenden Studie war es, Angaben zur altersmässigen Verteilung des Körpergewichts, zum Essverhalten und zu physischen/psychischen Begleitsymptomen von Jugendlichen im für die Entwicklung von Essstörungen sensiblen Lebensabschnitt von 14 bis 19 Jahren zu erhalten. In einem weiteren Schritt wurden präventive Interventionen in den Schulen implementiert und deren Effekt auf das Essverhalten und das Gesundheitsbefinden untersucht.

Gewichtsverteilung: Ähnlich wie in anderen industrialisierten westlichen Ländern (Gray 1989) fanden wir in unserer Stichprobe einen vergleichsweise höheren Prozentsatz übergewichtiger Jugendlicher. Der Zusammenhang zwischen Alter bzw. Geschlecht und BMI war unterschiedlich ausgeprägt. Die grössten Unterschiede bestanden in der Gruppe der übergewichtigen Jugendlichen. Mehr männliche Adoleszente waren in der stark übergewichtigen Gruppe und mehr weibliche Probandinnen in der Übergewichtsklasse vertreten. Eine mögliche Interpretation für diese Ergebnisse könnte sein, dass weibliche Jugendliche mit Neigung zu Übergewicht, auf Grund des grösseren gesellschaftlichen Drucks, als Frau nicht zu sehr vom Schlankheitsideal abzuweichen, mehr darauf achten, ihr Gewicht nicht ausser Kontrolle geraten zu lassen. Ein übergewichtiger junger Mann ist gegenwärtig wegen seines unvorteilhaften Äusseren weniger stigmatisiert als eine junge Frau. Dadurch fehlt bei männlichen Jugendlichen der äussere Ansporn, das Ausmass des Übergewichts in Grenzen zu halten. In Übereinstimmung mit anderen Autoren (Hsu et al., 1989; Whitaker et al., 1989; Drewnowski et al., 1994) zeigte sich auch in dieser Studie ein inverser Zusammenhang zwischen sozialem Status und BMI. Jugendliche aus der Unterschicht hatten höhere BMI-Werte als Angehörige aus den oberen sozialen Schichten. Dies ist aus den unterschiedlichen sozioökonomischen Bedingungen zu erklären (Stunkard et al. 1993).

Essverhalten: Um das Essverhalten zu klassifizieren, orientierten wir uns am von Garner et al. (1982) empfohlenen Cut-off-Summenwert von 20 im EAT-26 für Hochrisiko-Essverhalten (HR). Daneben definierten wir auf Grund eigener Untersuchungen (Buddeberg-Fischer et al. 1994, 1996) und Arbeiten von Rathner et al. (1993) einen Bereich für Essverhalten mit mittlerem Risiko (MR) mit EAT-Summenwerten von 10 bis 19. Summenwerte unter 10 wurden als Niedrigrisiko-Essverhalten (NR) eingestuft. 14,1% der Probandinnen und 5,5% der Probanden gaben ein mittelgradig, 8,5% weibliche und 1,5% männliche Adoleszente ein deutlich gestörtes Essverhalten an. Diese Prävalenzraten sind etwas höher als in anderen europäischen Studien (Johnson-Sabine et al. 1988, Monck et al. 1990, Santonastaso et al. 1996, Wlodarczyk-Bisaga et al. 1996, Steinhausen et al. 1997, Wittchen et al. 1998), jedoch tiefer als von amerikanischen und kanadische Autoren berichtet (Leiner et al. 1986, Whitaker et al. 1989).

In Übereinstimmung mit anderen Autoren (Monck et al. 1990, Neumärker et al. 1992) fand sich in der vorliegenden Stichprobe keine Altersabhängigkeit der EAT-Werte für weibliche Adoleszente. Im Alterssegment der 14- bis 19-jährigen jungen Frauen spielen wahrscheinlich Unterschiede in der Internalisierung von aktuell gültigen Schönheitsidealen wegen der bereits in diesem Alter erreichten psychosozialen Reife kaum eine Rolle: 14-Jährige sind heutzutage nicht weniger stark auf ihren Körper und dessen Erscheinung ausgerichtet als 19-Jährige. Bei den männlichen Jugendlichen zeigte sich eine negative Korrelation zwischen Alter und EAT-Werten. Die niedrigeren EAT-Summenwerte bei älteren Probanden sind vermutlich darauf zurückzuführen, dass der Anteil von Schülern mit höherem sozialem Status bei den älteren Probanden überwiegt und EAT-Werte und Sozialstatus negativ miteinander korrelieren.

Ähnlich wie von Eisler et al (1985) und Drewnowski et al. (1994) berichtet, korrelierten auch in unserer Studie EAT-Werte und soziale Schicht negativ miteinander. Der Grund für dieses Phänomen könnte sein, dass Personen der niedrigeren sozialen Schichten eher übergewichtig sind (Stunkard et al. 1993). Sie orientieren sich weniger an Prinzipien einer gesunden Ernährung als Angehörige höherer sozialer Schichten, die meist auch eine bessere Bildung haben. Um trotzdem die in den Medien angepriesene Schlankheit zu erzielen, machen sie möglicherweise mehr Diäten, jedoch mit nicht so grossem und anhaltendem Erfolg.

Normabweichungen von Gewichtsklassen und Essverhalten: Werden subjektive Einschätzung des Essverhaltens und objektiv erhobene Daten des BMI zur Beurteilung allfälliger Störungen beigezogen, sind drei Hauptmuster zu erkennen. Das erste Muster zeigen Personen mit Untergewicht und normalen EAT-Werten. Einige von ihnen könnten eine konstitutionelle Entwicklungsverzögerung aufweisen. Andere leiden allenfalls unter einer anorektischen Essstörung, aber verleugneten ihr gestörtes Essverhalten im Fragebogen. Das zweite Muster charakterisiert Adoleszente mit Normalgewicht, aber EAT-Werten im Hochrisikobereich. Am ehesten dürften in dieser Gruppe bulimische Jugendliche, vor allem solche mit Essanfällen, enthalten sein. Das dritte Muster umfasst übergewichtige Jugendliche, die zwar zu viele Kalorien zu sich nehmen, aber keine Essstörung aufweisen.

Wenn man die verschiedenen von der Norm abweichenden Muster bezüglich Gewicht und Essverhalten bei männlichen und weiblichen Jugendlichen vergleicht, wird deutlich, dass Schüler zwar übergewichtiger sind, aber weniger gestörtes Essverhalten zeigen als ihre Mitschülerinnen. Junge Frauen geben vorwiegend bulimische Symptome an. Dieses Phänomen lässt sich am ehesten damit erklären, dass Mädchen ihr Gewicht in der hormonell labilen Phase der Pubertät häufig nur dadurch im Normbereich halten können, dass sie ständig irgendwelche gewichtskontrollierenden Massnahmen ergreifen. Männliche Jugendliche, deren hormonelle Situation und deren Stoffwechsel in der Pubertät weniger auf Fettspeicherung als auf Zunahme der Muskelmasse ausgerichtet sind, müssen in geringerem Masse gegen drohendes Übergewicht ankämpfen. Andererseits geraten sie auch nicht so schnell in Bestürzung, wenn ihr Körpergewicht oder ihre Körperformen nicht dem gängigen Schönheitsideal entsprechen.

Wie auch von anderen Autoren (Halmi et al. 1991, Fornari et al. 1992, Herpertz-Dahlmann et al. 1993, Bushnell et al. 1994, Kennedy et al. 1994) berichtet, korrelierte auffälliges Essverhalten bei weiblichen

Jugendlichen positiv mit *physischen und psychischen Begleitsymptomen*, bei den männlichen Adoleszenten war dies nur bei den psychischen Beschwerden der Fall. Mögliche Gründe für diese Befunde liegen vermutlich in der unterschiedlichen Sozialisation von Mädchen und Knaben. Mädchen werden schon früh daran gemahnt, auf sich aufzupassen und auf andere Rücksicht zu nehmen, d.h. sie werden beziehungsorientierter erzogen als Knaben. Dies bedeutet, dass Mädchen und Frauen mehr darauf achten, was andere von ihnen halten. Das Selbsterleben ist damit immer auch an die Bestätigung durch andere geknüpft. In der Pubertät gerät das körperliche und emotionale Gleichgewicht einer Jugendlichen teilweise in wenigen Monaten ausser Kontrolle. Gleichzeitig bleiben in dieser Zeit wegen des einsetzenden Abgrenzungs- und Ablösungsprozesses Anerkennung und Bestätigung von Seiten der erwachsenen Bezugspersonen oft aus. Beide Faktoren können das Selbstwertgefühl junger Frauen erschüttern. Die Unzufriedenheit mit dem eigenen Körper und die fehlende Wertschätzung von aussen können in der heutigen, sehr auf äussere Schönheitsmerkmale ausgerichteten Gesellschaft bei einer jungen Frau die Grundlage zu einer Symptombildung auf der körperlichen Ebene bilden. Indem sie über ihr Essverhalten ihren Körper manipuliert, versucht sie wieder Kontrolle über sich selbst zu bekommen. Diesem Versuch der Konfliktbewältigung ist entweder bereits eine psychische Symptombildung vorausgegangen oder sie begleitet ihn in der weiteren Folge.

Interventionsstudie

Unsere Erfahrungen mit den präventiven Interventionslektionen decken sich mit den Berichten anderer Autoren (Killen et al. 1993, Killen 1996, Shisslak et al. 1990, Paxton 1993, Moriarty et al. 1990, Moreno et al. 1993). Ernährungsbezogene Einstellungs- und Verhaltensänderungen bei Jugendlichen zu erzielen, erweist sich als schwierig. Wie auch an anderer Stelle berichtet (Buddeberg-Fischer et al. 1998), zeigten die Ergebnisse unserer Studie aber immerhin eine tendenzielle Verbesserung der Befindlichkeit und des Diätierens. Eine mögliche Erklärung dafür könnte sein, dass in den Interventionen nicht nur Fragen des Essverhaltens, sondern auch andere altersrelevante Entwicklungsfragen thematisiert wurden. Eine detailliertere Schilderung der Interventionen wurde an anderer Stelle publiziert (Buddeberg-Fischer 1999, Buddeberg-Fischer et al. 2001). Diejenigen jungen Frauen, die Störungen ihres Essverhaltens im subklinischen Bereich aufwiesen, konnten signifikant von den Interventionen profitieren. Einigen wurde durch das Programm erst richtig bewusst, dass sie eine Störung ihres Essverhaltens hatten, und sie konnten entweder eigene oder aber auch therapeutische Ressourcen mobilisieren. Eine weitere Schwierigkeit zeigte sich auch in unserer Studie. Die kurzfristigen Effekte eines Interventionsprogramms werden mit Messinstrumenten erhoben, welche individuumzentriert und pathogenetisch ausgerichtet sind. Längerfristige Präventionseffekte zielen jedoch auf systemisch-strukturelle und salutogenetisch orientierte Veränderungen, die mit den zur Zeit zur Verfügung stehenden Methoden nur schwer erfassbar sind.

Schlussfolgerung

Die Ergebnisse der Studie zeigen, dass Störungen des Essverhaltens, die von einer subklinischen Symptomatik bis zum Vollbild einer Essstörung reichen können, auch bei Schweizer Jugendlichen und jungen Erwachsenen ein ernst zu nehmendes Problem darstellen. Durch die epidemiologische Erhebung wie auch die nachfolgende Interventionsstudie hat bei Lehrpersonen und Schülern eine Sensibilisierung für die Thematik des Essverhaltens und alterstypische Entwicklungsfragen stattgefunden. Kurzfristig betrachtet profitierten Jugendliche mit subklinischen Formen von Essverhaltensstörungen am ehesten von den präventiven Massnahmen. Allfällige längerfristige Auswirkungen konnten im Rahmen dieses Studiendesigns nicht erhoben werden.

Wegen der Häufigkeit entwicklungsbedingter Probleme in dieser Altersstufe ist es aber trotzdem sinnvoll, eine solche Studie durchzuführen. Der kurzfristig messbare Interventionseffekt ist zwar auch in unserer Studie gering. Wenn ein solches Interventionsprogramm jedoch in einem breiteren Kontext stattfindet – in unserem Fall im Rahmen einer epidemiologischen und Interventionsstudie –, sind längerfristige Wirkungen auch im systemischen Umfeld zu erwarten. Diese lassen sich quantitativ jedoch sehr viel schwieriger erfassen, weil sie mit zeitlicher Verzögerung eintreten und über die eigentlichen Präventionsadressaten hinausgehen.

Die hier geschilderten Ergebnisse und Erfahrungen sind detailliert in einem Buch niedergeschrieben (Buddeberg-Fischer 2000). Besonders erfreulich ist jedoch, dass diese Studie in zwei Gymnasien des Kantons

Zürich eine sehr viel breiter angelegte Fortsetzung erfahren hat. Unter dem Thema «Gesundheitsförderung und Schulkultur» wurden von der Lehrer- und Schülerschaft dieser beiden Gymnasien gesundheitsfördernde Aktivitäten entwickelt und in den Schulalltag und den üblichen Unterricht implementiert. Dieses Folgeprojekt ist von allen am Prozess Beteiligten ebenfalls in einem Buch dargestellt worden (Buddeberg-Fischer & Ritzmann 2000). Daraus wird ersichtlich, dass ein Forschungsprojekt, wenn es eine aktuelle Thematik aufgreift, bei den Adressaten in der Folge Eigeninitiativen auslösen kann, die dann längerfristig und nachhaltig wirksam sind.

Anmerkung: Die Studie «Essstörungen bei Jugendlichen» wurde vom Schweizerischen Nationalfonds (NF-Nr.: 32-36165.92) und der EMDO-Stiftung (Nr. 344/97) unterstützt.

Literatur

Attie I., Brooks-Gunn J. (1992): Developmental issues in the study of eating problems and disorders. In Crowther J., Tennennbaum D., Hobfoll S., & Stephens E. (eds.): The etiology of bulimia: The individual and familial context (pp. 37–58). Washington DC: Taylor & Francis.

Bösch J. (1991): Nachbarschaftshilfe für Gesunde und Kranke. Reihe Arbeits- und Sozialwissenschaft 14. Zürich: Rüegger.

Brähler E. (1995): Giessener Beschwerdebogen für Kinder und Jugendliche (GBB-KJ) 2. Aufl., Bern, Göttingen, Toronto: Huber.

Buddeberg-Fischer B., Sieber M., Bernet R., Buddeberg C. (1994): Eating attitudes and behaviors in a Swiss student sample: some preliminary results. Eur Eat Dis Rev 2(4), 233–238.

Buddeberg-Fischer B., Bernet R., Sieber M., Schmid J., Buddeberg C. (1996): Epidemiology of eating behavior and weight distribution in 14- to 19-year-old Swiss students. Acta Psychiatr Scand 93, 296–304.

Buddeberg-Fischer B., Gnam G., Klaghofer R., Buddeberg C. (1998): Prevention of disturbed eating behaviour: a prospective intervention study in 14- to 19-year-old Swiss students. Acta Psychiatr Scand 98, 146–155.

Buddeberg-Fischer B. (2000): Früherkennung und Prävention von Essstörungen. Essverhalten und Körpererleben bei Jugendlichen. Stuttgart, New York: Schattauer.

Buddeberg-Fischer B., Ritzmann P. (Hg.) (2000): Auf dem Weg zu einer gesundheitsfördernden Schule. Bern, Stuttgart, Wien: Haupt.

Buddeberg-Fischer B., Reed V. (2001): Prevention of disturbed eating behaviour: an intervention program in Swiss high school classes. Eating Disorders, J Treat Prevent 9(2), 109–124.

Bushnell J. A., Wells J. E., McKenzie J. M., Hornblow A. R., Oakley Browne M. A., Joyce P. R. (1994): Bulimia comorbidity in the general population and in the clinic. Psychol Med 24, 605–611.

Carter J. C., Stewart D. A., Dunn V. J., Fairburn C. G. (1997): Primary prevention of eating disorders: might it do more harm than good? Int J Eating Disord 22, 167–172.

Cooper P. J., Goodyer I. (1997): Prevalence and significance of weight and shape concerns in girls aged 11-16 years. Br J Psychiatry 171, 542–544.

Derogatis L. R. (1977), SCL-90-R.: Administration, scoring and procedures. Manual-1 for the R(evised) version and other instruments of the psychopathology rating scale series. Johns Hopkins School of Medicine. Deutsche Fassung: Collegium Internationale Psychiatriae Scalarum (Hg.), Tinger G (Mitherausg) (1986): Internationale Skalen für Psychiatrie. Weinheim: Beltz.

Devaud C., Jeannin A., Narring F., Ferron C., Michaud P. A. (1998): Eating disorders among female adolescents in Switzerland: Prevalence and associations with mental and behavioral disorders. Int J Eating Disord 24, 207–216.

Dilling H., Mombour W., Schmidt M. H. (Hg.) (1999): Internationale Klassifikation psychischer Störungen ICD 10, 3. Aufl. Bern, Göttingen, Toronto, Seattle: Huber.

Drewnowski A., Kurth C. L., Krahn D. D. (1994): Body weight and dieting in adolescence: impact of socioeconomic status. Int J Eating Disord 16, 61–65.

Eisler I., Szmukler G. I. (1985): Social class as a confounding variable in the Eating Attitudes Test. J Psychiat Res 19, 171–176.

Fisher M., Golden N. H., Katzman D. K., Kreipe R. E., Rees J., Schebendach J., Sigman G., Ammerman S., Hoberman H. M. (1995): Eating disorders in adolescents: a background paper. J Adolescent Health 16(6), 420–437.

Fombonne E. (1995): Anorexia nervosa. No evidence of an increase. Br J Psychiatry 166, 462–471.

Fornari V., Kaplan M., Sandberg D. E., Mathews M., Skolnick N., Katz J. L. (1992): Depressive and anxiety disorders in anorexia nervosa and bulimia nervosa. Int J Eating Disord 12, 21–29.

Garner D. M., Olmsted M. P., Bohr Y., Garfinkel P. E. (1982): The Eating Attitudes Test: psychometric features and clinical correlates. Psychol Med 12, 871-878. Deutsche Fassung in: Meermann R, Vandereycken W (1987) Therapie der Magersucht. Berlin, New York: De Gruyter, 29–30.

Gray D. S. (1989): Diagnosis and prevalence of obesity. Med Clin N Am 73, 1–13.

Grigg M., Bowman J., Redman S. (1996): Disordered eating and unhealthy weight reduction practices among adolescent females. Preventive Medicine 25, 748–756.

Halmi K. A., Eckert T., Marchi P., Sampugnaro V., Apple R., Cohen J. (1991): Comorbidity of psychiatric diagnoses in anorexia nervosa [see comments]. Arch Gen Psychiatry 48, 712–718.

Herpertz-Dahlmann B.: Essstörungen und Depression in der Adoleszenz (1993). Göttingen, Bern, Toronto, Seattle: Hogrefe.

Hsu L. G. (1989): The gender gap in eating disorders: why are the eating disorders more common among women? Clinic Psychol Rev 9(3), 393–407.

Johnson-Sabine E., Wood K., Patton G., Mann A., Wakeling A. (1988): Abnormal eating attitudes in London school girls - a prospective epidemiological study: factors associated with abnormal response on screening questionnaire. Psychol Med 18, 615–622.

Kennedy S. H., Kaplan A. S., Garfinkel P. E., Rockert W., Toner B., Abby S. E. (1994): Depression in anorexia nervosa and bulimia nervosa: discriminating depressive symptoms and episodes. J Psychosom Res 38, 773–782.

Killen J. (1996): Development and evaluation of a school-based eating disorder symptoms prevention program. In L. Smolak, M. P. Levine & R. H. Striegel-Moore (eds.): The developmental psychopathology of eating disorders: Implications for research, prevention and treatment. Mahwah, N.J., USA: Lawrence Erlbaum Associates, Inc. pp. 313–339.

Killen J. D., Taylor C. B., Hammer L. D., Litt I., Wilson D. M., Rich T., Hayward C., Simmonds B., Kraemer H., Varady A. (1993): An attempt to modify unhealthful eating attitudes and weight regulation practices of young adolescent girls. Int J Eating Disord 13, 369–384.

Killen J. D., Taylor C. B., Telch M. H., Saylor K. E., Maron D. J., Robinson T. N. (1986): Self-induced vomiting and laxative and diuretic use among teenagers: Precursors of the binge-purge syndrome? JAMA 255, 1447–1449.

Leichner P., Arnett J., Rallo J. S., Srikameswaran S., Vulcano B. (1986): An epidemiologic study of maladaptive eating attitudes in a Canadian school age population. Int J Eat Disord 5, 969–982.

Monck E., Graham P., Richman N., Dobbs R. (1990): Eating and weight control problems in a community population of adolescent girls aged 15-20 years. In : Remschmidt H., Schmidt M. H. (eds.): Anorexia nervosa. Hogrefe/Huber: Toronto, 1–12.

Moreno A. B., Thelen M. H. (1993): A preliminary prevention program for eating disorders in a junior high school population. J Youth Adoles 22, 109–124.

Moriarity D., Shore R., Maxim N. (1990): Evaluation of an eating disorder curriculum. Evaluation and Program Planning 13, 407–413.

Must A., Dallal G. E., Dietz W. H. (1991): Reference data for obesity: 85th and 95th percentiles of body mass index (wt/ht2) and triceps skinfold thickness. Am J Clin Nutr 53, 839–846.

Neumark-Sztainer D., Butler R., Palti H. (1995): Eating disturbances among adolescent girls: Evaluation of a school-based primary prevention program. J Nutrition Education 27, 24–31.

Neumärker U., Dudeck U., Vollrath M. Neumärker K. J., Steinhausen H. C. (1992): Eating attitudes among adolescent anorexia nervosa patients and normal subjects in former West and East Berlin: a transcultural comparison. Int J Eating Disord 12, 281–289.

Paxton S. J. (1993): A prevention program for disturbed eating and body dissatisfaction in adolescent girls: A one year follow-up. Health Education Research 8, 43–51.

Prader A., Largo R. H., Molinari L., Issler C. (1989): Physical growth of Swiss children from birth to 20 years of age. Helv paediat Acta Suppl 52, 1–125.

Rathner G., Messner K. (1993): Detection of eating disorders in a small rural town: an epidemiological study. Psychol Med 23, 175–184.

Santonastaso P., Zanetti T., Sala A., Favaretto G., Vidotto G., Favaro A. (1996): Prevalence of eating disorders in Italy: a survey on a sample of 16-year-old female students. Psychother Psychosom 65, 158–162.

Sass H., Wittchen H. U., Zaudig M. (1998): Diagnostisches und Statistisches Manual Psychischer Störungen DSM-IV. Göttingen, Bern, Toronto, Seattle: Hogrefe.

Shisslak C. M., Crago M., Estes L. S., Gray N. (1996): Content and method of developmentally appropriate prevention programs. In Smolak L., Levine M. P., Striegel-Moore R. H. (eds.): The developmental psychopathology of eating disorders: Implications for research, prevention and treatment. Mahwah, N.J., USA: Lawrence Erlbaum Associates, Inc.

Smolak L., Levine M. P. (1994): Toward an empirical basis for primary prevention of eating problems with elementary school children. Eating Disorders, J Treat Prevent 2, 293–307.

Steinhausen H.-C., Winkler C., Meier M. (1997): Eating disorders in adolescence in a Swiss epidemiological study. Int J Eating Disord 22, 147–151.

Striegel-Moore R. H., Silberstein L. R., Rodin J. (1986): Toward an understanding of risk factors for bulimia. Am Psychologist 41, 246–263.

Stunkard A. J., Sörensen T. I. A. (1993): Obesity and socioeconomic status - a complex relation. N Engl J Med 329, 1036–1037.

Whitaker A., Davies M., Shaffer D., Johnson J., Abrams S., Walsh B. T., Kalikow K. (1989): The struggle to be thin: a survey of anorexic and bulimic symptoms in a non-referred adolescent population. Psychol Med 19, 143–163.

Wittchen H. U., Nelson C., Lachner G. (1998): Prevalence of mental disorders and psychological impairment in adolescents and young adults. Psychol Med 28, 109–126.

Wlodarczyk-Bisaga K., Dolan B. (1996): A two-stage epidemiological study of abnormal eating attitudes and their prospective risk factors in Polish schoolgirls. Psychol Med 26, 1021–1032.1

Vinzenz Hediger

Vom Zuschauen allein wird man nicht satt
Zur Darstellung von Essen und Trinken im Film

Wenn es in der erzählten Welt des Films nur das zu essen gäbe, was auf der Leinwand zu sehen ist, dann würden die meisten Figuren in klassischen Hollywood-Filmen eines raschen Hungertodes sterben. Geliebt wird im klassischen Hollywood-Kino immer, geschossen wird oft, gearbeitet manchmal, gegessen aber äusserst selten. Selbst in Filmen, in denen Essen und Trinken eine zentrale Rolle spielen, bleibt der Verzehr der Nahrungsmittel in der Regel nur angedeutet und muss vom Publikum in seinem Nachvollzug der erzählten Welt ergänzt werden. Offenbar gilt für Filme aus den Jahren vor 1960: Man darf den Darstellern beim Essen und Trinken nicht zusehen.[1]

Natürlich gibt es in der Filmgeschichte viele Beispiele, in denen vor der Kamera geschlemmt und gefeiert wird, und es ist vielleicht auch kein Zufall, dass sich solche Werke dem Gedächtnis oft besonders gut einprägen. «Eat Drink Man Woman», die Familienchronik um einen taiwanesischen Starkoch von Regisseur Ang Lee von 1994, ist ein solcher Fall, oder «Tampopo», Juzo Itamis 1986 realisiertes Filmgedicht auf die Erotik des Nudelsuppenkochens, oder auch «La grande bouffe» von 1973, Marco Ferreris von de Sade inspirierte Satire auf die Konsumgesellschaft, in der sich Michel Piccoli, Ugo Tognazzi, Marcello Mastroianni und Philippe Noiret in eine Villa einschliessen und sich systematisch zu Tode fressen. Reichlich gegessen und getrunken wird auch in den Filmen von Charles Chaplin. Ob der Tramp nun in «Goldrush» einen Wanderschuh kocht und verzehrt oder ob er als Fliessbandarbeiter in «Modern Times» von einer Maschine gefüttert wird, daneben aber von einer ländlichen Selbstversorgeridylle träumt, mit reifen Trauben vor dem Fenster und Kühen, die auf Pfeifsignale hin den prallen Euter direkt vorm Küchenfenster parken: Chaplin scheut den Blick der Kamera beim Essen und Trinken nicht.

Allerdings kommt Chaplin innerhalb der amerikanischen Filmindustrie eine Sonderstellung zu. Als Mitbesitzer seines eigenen Studios, United Artists, sowie als Regisseur und Produzent seiner eigenen Filme genoss er gestalterische Freiheiten, von denen andere Regisseure nur träumen konnten.[2] «Tampopo», «Eat Drink Man Woman» und «La grande bouffe» wiederum verbindet, dass sie allesamt nach 1960 und ausserhalb der USA entstanden sind (in Japan, Taiwan und Frankreich). Für das klassische Hollywood und seine Regeln sind sie ebenso wenig repräsentativ wie die Filme Chaplins, geschweige denn die Arbeiten anderer reputierter und am Essen und Trinken interessierter Regisseure, wie Luis Buñuel, Woody Allen oder Peter Greenaway.[3] Mit meiner Behandlung des Kulturthemas Essen und Trinken im Film möchte ich aber gerade beim durchschnittlichen klassischen Hollywood-Film ansetzen, also bei der kinematographischen Grundversorgung der westlichen Welt in den Jahren vor 1960,[4] und beim Phänomen, dass in solchen Filmen, hält man sich an mehr oder weniger zufällig ausgewählte Beispiele und glaubt man im Übrigen seiner eigenen kursorischen Kenntnis des klassischen Hollywood-Kinos,[5] vor der Kamera tatsächlich kaum gegessen und getrunken wird.

Von 1934 bis 1966 unterlag die Filmproduktion in den USA den Regeln des so genannten Production Code, eines Vorschriftenkatalogs, der die Darstellung von Sexualität, Gewalt und Rauschmittelkonsum in Filmen regulierte.[6] Ich möchte im Folgenden die These vertreten, dass es im klassischen Hollywood-Kino so etwas wie einen Kodex des Wohlverhaltens betreffend Essen und Trinken vor der Kamera gab, der zwar unausdrücklich blieb, aber nicht minder fest gefügt war als der Production Code. Wie ich anhand der Komödie «Adam's Rib» von George Cukor aus dem Jahr 1949 zeigen möchte, hat dieser Kodex, der den Verzehr von Nahrungsmitteln tendenziell aus dem Bereich des Darstellbaren in den Bereich des bloss Vorzustellenden verbannt, hauptsächlich zwei Aspekte: einen sittlichen und einen ökonomischen. Im klassischen Kino wird so wenig gegessen, weil sich das Essen vor der Kamera erstens nicht gehört und zweitens die Produktionsabläufe kompliziert und verteuert. Die Darstellung von Essen und Trinken im Kino birgt neben den moralischen und ökonomischen aber auch psychologische Risiken, die man bei der Inszenierung berücksichtigen muss und auf die ich anhand weiterer Beispiele eingehen werde. In einem letzten Abschnitt möchte ich die psychologischen Erwägungen schliesslich noch um einen Aspekt zu erweitern und unter einem kulturhistorischen Gesichtspunkt auf den Zusammenhang von Essen und Sexualität im Kino einzugehen.

«Adam's Rib» (MGM 1949) ist ein höchst klassischer Hollywood-Film. Gleich zu Beginn wird geschossen, dann wird gegessen, danach wird viel gearbeitet, und am Schluss liegen sich die Helden, nach einem heftigen Streit in Liebe wieder vereint, in den Armen und gemeinsam im Bett. Spencer Tracy und Katharine Hepburn verkörpern in George Cukors Komödie das Juristenehepaar Adam und Amanda Bonner, das sich unversehens im Gerichtssaal gegenübersteht. Zu Beginn des Films verletzt eine betrogene Ehefrau (Judy Holliday) im Eifersuchtstaumel ihren ungetreuen Gatten mit einem Revolverschuss. Staatsanwalt Adam bearbeitet den Fall und übernimmt die Anklage. Mit einer flapsigen Bemerkung, die auf eine Vorverurteilung hinausläuft, veranlasst er seine Gattin, eine erfolgreiche Anwältin, kostenlos die Verteidigung der mittellosen Angeklagten zu übernehmen. Die Duelle im Gerichtssaal stellen Adam und Amandas Ehe auf eine harte Probe, zumal der Nachbar des Ehepaars, ein Komponist und Sänger, die Gunst des Zwistes nutzt, um sich an Amanda heranzumachen.

Gegessen wird in «Adam's Rib» zum ersten Mal in der zweiten Szene. Das Anwaltspaar frühstückt im Bett. Man isst, liest Zeitung und unterhält sich über die Geschichte auf der Frontseite über die Gewalttat der betrogenen Frau. Amanda macht aus ihrer Sympathie für die Frau keinen Hehl. Es kommt zu einem Wortgefecht mit Adam, in dessen Verlauf Amanda sich aus lauter Erregung vergisst und mit vollem Mund spricht. Anfangsszenen sind in Filmen von entscheidender Bedeutung. Der erste Eindruck zählt, wie es heisst, denn die ersten Eindrücke, die man am Filmanfang mitbekommt, bahnen die Verarbeitung dessen vor, was nachfolgt. Kognitionspsychologen und kognitivistisch orientierte Literatur- und Filmwissenschafter sprechen in diesem Zusammenhang von «priming», einem Prägeeffekt von Film- und Textanfängen.[7] Von besonderer Bedeutung sind dabei die ersten Auftritte der Stars. Als kundiges Publikum kennen wir die Stars schon aus früheren Filmen und sind mit ihrem Rollentyp vertraut. Ausserdem wissen wir bestimmte Dinge über ihr Privatleben, ist ein Star doch ein Schauspieler, über dessen Privatleben ein öffentlicher Diskurs geführt wird.[8] An den Rollentyp und das ausserfilmische Starimage knüpfen wir gewisse Erwartungen, aufgrund derer wir gespannt sind, wie der Star seine Wiederkehr in der neuen Rolle gestalten wird. Ein geglückter Starauftritt zu Beginn eines Films wird zum einen unsere Erwartungen bekräftigen, zugleich aber eine Dissonanz oder eine Ungewissheit ins Spiel bringen, um unser Interesse zu wecken.

Spencer Tracy und Katharine Hepburn zählten Ende der Vierzigerjahre zu den zugkräftigsten Hollywood-Stars. Besonders erfolgreich waren sie, wenn sie gemeinsam auftraten. Zwischen 1942 und 1967 drehten sie acht Filme zusammen, sechs davon zwischen 1942 und 1952 für ihr Stammstudio MGM.[9] Auch wenn Filme in der klassischen Ära jeweils nur wenige Tage oder bestenfalls zwei oder drei Wochen in einem Kino liefen und die Leute sich nur in Ausnahmefällen einen Film mehrfach anschauten,[10] konnte man 1949 doch davon ausgehen, dass Tracy und Hepburn in der Besetzung als Paar einem grossen Teil des Publikums aus eigener Anschauung bekannt waren. Der Auftritt der Stars im Schlafzimmer dürfte auf ein solches Publikum nur bedingt aufdringlich gewirkt haben: Man fand sich in Gesellschaft alter Bekannter wieder. Auch der Konflikt zwischen den beiden im Verlauf ihres Gesprächs entsprach dem Erwartbaren. In ihrem ersten gemeinsamen Film, der romantischen Komödie «Woman of the Year» von 1942, spielen sie getreu dem shakespearesehen Schema von «Much Ado About Nothing» zwei Figuren, die sich zu Beginn der Story hassen und am Ende lieben, und eine Mischung aus Anziehung und Konflikt kennzeichnete alle ihre Auftritte, zumindest bis zu «The Desk Set» von 1957.

Der Starauftritt am Filmanfang von «Adam's Rib» bricht also kaum Erwartungen. Seine dramaturgische Wirkung bezieht er zunächst einmal eher aus sorgfältig konstruierten Kontrasten innerhalb des Films. Die erste Szene des Films zeigt die dramatische, gewalttätige Eskalation des Ehekonflikts eines Paares, das über wenig Bildung verfügt und der unteren Mittelklasse angehört. In der zweiten Szene hingegen sind wir bei eher feinen Leuten angelangt. Tracy und Hepburn kriegen das Frühstück von einer Hausangestellten vor die Schlafzimmertür gestellt; die Einrichtung der Wohnung ist luxuriös; Katharine Hepburn und wohl auch ihr Mann haben, wie man aus dem Gespräch erfährt, Eliteuniversitäten besucht. Ausserdem verstehen sich die beiden, im Gegensatz zum gewalttätig streitenden Ehepaar, offenkundig gut.

Wirkungsvoll ist die Szene aber auch deshalb, weil der Starauftritt, so sehr er sich im Rahmen des Erwartbaren bewegt, gleich zwei Übertretungen beinhaltet. Zum einen sind es zwei verschiedene Dinge, die Stars im Schlafzimmer zu sehen und den Stars beim Essen zuzusehen. Alfred Hitchcock, einer der wenigen Regisseure, die dem Publikum in der klassischen Ära namentlich bekannt waren, trat ab Ende der Fünfzigerjahre als Verkäufer seiner eigenen Filme in Trailern, den Kino-Vorschauen, auf.[11] Der Trailer zu «The Birds» (Universal 1963) zeigt Hitchcock, wie er einen ironischen Vortrag über die Kulturgeschichte des Verhältnisses von Menschen und Vögeln hält. Mitten im Vortrag setzt er sich an einen kleinen Tisch, um ein gebratenes Hähnchen zu essen. Er säbelt an dem Braten herum und spricht weiter, verliert dann den Faden und legt Messer und Gabel hin: «I don't think I'll eat just now. Hardly proper with all of you here.» Im letzten Moment fällt Hitchcock ein, was sich eigentlich gehört: Man isst nicht, wenn einem Leute dabei zuschauen, oder vielmehr gehört es sich für wohlerzogene Menschen nicht, dass man anderen beim Essen zuschaut, weshalb man das Publikum als Regisseur und/oder Darsteller auch nicht in diese unangenehme Lage bringen sollte. Hitchcock spricht hier eine ausserfilmische, kulturell motivierte Darstellungskonvention von Essen und Trinken im Kino an, eine Schamgrenze. Tracy und Hepburn verletzen mit ihrem Auftritt diese Schamgrenze; Hepburn verletzt zudem noch eine zweite: sie spricht mit vollem Mund.

Die erste Übertretung – das ausgestellte Essen der Stars – erfüllt zum einen die dramaturgische Funktion, uns die Stars so nahe zu bringen, wie wir den Figuren in der ersten Szene schon waren. Mit dem Anschlag der betrogenen Frau auf ihren Mann und seine Geliebte werden wir Zeugen einer Szene, wie man sie sonst nur aus der nachträglichen Berichterstattung der Boulevardmedien kennt. Damit die Stars im Vergleich damit nicht ins Hintertreffen geraten, mutet der Film seinem Publikum bei deren erstem Auftritt einen ähnlichen Intimitätsschock zu. Zum andern ist das gemeinsame Frühstück im Bett aber auch ein Topos der populären Liebesromantik: Zwei Eheleute, die auch nach vielen Ehejahren gemeinsam im Bett frühstücken, müssen sich sehr nahe stehen. Man erfährt mit dieser Szene mithin Wichtiges über das Verhältnis der beiden Hauptfiguren, und der Zwist, den sie im Gerichtssaal austragen, wird dramaturgisch umso gehaltvoller sein, wenn man weiss, wie sehr sie sich eigentlich mögen.

In dem Moment, in dem Katharine Hepburn mit vollem Mund spricht, erfährt man ferner etwas Wichtiges über ihre Figur. Es handelt sich wohl um eine äusserst gebildete und wohlerzogene Frau, eine Eliteuniversitätsabsolventin. Sie ist aber auch eine Frau, die gewillt ist, die Regeln des Anstandes und des traditionellen Rollenverhaltens zu übertreten, wenn die Anliegen, die sie vertritt, es verlangen.[12] Indem Hepburn in «Adam's Rib» mit vollem Mund spricht, verletzt sie nicht nur ausserfilmische Anstandsregeln, sie gibt sich auch innerhalb der erzählten Welt des Films als das zu erkennen, was sie von ihrem Starimage her ist: als Frau, der solche – und andere – Regelverletzungen jederzeit zuzutrauen sind. Oder, etwas anders formuliert: die Übertretung der Anstandsgrenze ist die Geste, mit der sie sich mit ihrem Publikum und ihren Fans darüber verständigt, dass sie sich auch in diesem Film wieder gewohnt unberechenbar verhalten wird.[13]

Indem sie mit vollem Mund spricht, führt Hepburns Figur in «Adam's Rib» aber auch das zentrale Thema des Films ein: Wie weit darf man als Frau (und als Mensch) gehen, um seine Anliegen zu vertreten? Hat die Frau, die ihren Mann anschoss, richtig gehandelt, wie Hepburn meint, oder liegt sie juristisch und moralisch falsch, wie Tracy meint? Der Darstellungskodex für Essen und Trinken im Film hat, wie skizziert, eine starke moralische oder vielmehr sittliche Komponente. Gewisse Inhalte sind problematisch, weil ihr Zeigen Schamgrenzen verletzt. Die Valenz dieser Schamgrenzen und der sie schützenden Anstandsregeln lässt sich nicht zuletzt danach bemessen, wie viel dramaturgischen Gewinn man aus ihrer Verletzung ziehen kann. Der Effekt der beiden Übertretungen ist jedenfalls beträchtlich. Sie bescheren den Stars einen starken Auftritt (obwohl sich dieser ansonsten im Rahmen des Erwarteten hält), sie erklären das Verhältnis ihrer Figuren, geben der weiblichen Hauptfigur ihr spezifisches Profil (indem sie das spezifische Profil des Stars an der Figur bekräftigen), und sie führen das Thema des Films ein.

Adam und Amanda fahren danach zur Arbeit. Adam bekommt den Fall übertragen, Amanda übernimmt ohne sein Wissen die Verteidigung. Am gleichen Abend geben die beiden eine Dinnerparty, bei der man unter anderem den Nachbarn kennen lernt. Hepburn nutzt die Gelegenheit auch, um ihren Gatten zu informieren, dass sie im Gerichtssaal gegen ihn antreten wird. Geschickt macht Hepburn ihre Ankündigung in Anwesenheit der Gäste. Tracy verschüttet vor Schreck ein Tablett voll Drinks. Weil er gut erzogen ist, weiss er aber, dass er nicht öffentlich protestieren

Abb. 1 Kochen als Paarritual: Spencer Tracy als Adam und Katharine Hepburn als Amanda in «Adam's Rib» (MGM 1949, George Cukor).

darf. Die Essensszene selbst wird im elliptischen «From soup to nuts»- oder Ausblendungsverfahren inszeniert, in Frankreich auch bekannt als «de la soupe au fromage»:[14] Man sieht zu Beginn den gedeckten Tisch, und die Bediensteten rufen zum Essen. In der nächsten Einstellung aber sehen wir die Gäste schon bei Kaffee und Konversation.

Kaum ist die erste Runde zwischen den Kontrahenten im Gerichtssaal ausgetragen, wird das Essen wieder zum Thema. Das Eheduell vor den Schranken des Gerichts erregt gleich am ersten Tag die Aufmerksamkeit der Presse; Adam und Amanda sind auf dem Weg, berühmt zu werden. Gleichwohl verbringen sie den Abend gemeinsam zuhause, als wäre nichts gewesen. Sie besprechen die Ereignisse des Tages, schäkern ein wenig herum, kriegen irgendwann Hunger und gehen in die Küche, um sich aus Resten ein Mahl zuzubereiten. Mitten in die Zubereitung hinein platzt der Nachbar, der vorbeikommt, um am Klavier des Hauses seine neuste Komposition vorzutragen. Sein Auftreten ist doppelt unverschämt, ist sein Song doch eine Ode an Amanda.

Diese Szene fährt dort fort, wo der erste Auftritt der Stars aufgehört hatte. Übers Essen, oder vielmehr übers Kochen, gewährt uns die Inszenierung Einblicke in ihr Eheleben. Das gemeinsame Essen und Kochen macht das Paar als Paar aus, was man nicht zuletzt an Spencer Tracys Reaktion ablesen kann, als die Türglocke ertönt: «Es reicht aber nur für uns zwei!» sagt er, mit einem Anflug von Eifersucht, zu Katharine Hepburn, bevor er die Tür öffnen geht; er weiss schon, dass der Verehrer seiner Frau draussen steht. Das gemeinsame Kochen und das anschliessende Essen dienen aber auch dazu, die Spannungen darzustellen, die sich zwischen den Eheleuten aufgrund ihrer beruflichen Konkurrenzsituation ergeben. Spencer Tracy trägt zum Kochen eine Schürze, die sich an ihm ein wenig ausnimmt wie ein Frauenkleid. Man kann dieses Element von «cross dressing» als Zeichen dafür sehen, dass die traditionellen Rollenverständnisse in dieser Ehe ohnehin zur Disposition stehen; an dieser Stelle im Film getragen, signalisiert die Küchenschürze, dass die Geschlechterrollen durch die aktuelle Situation vollends flüssig geworden sind. Als der nachbarschaftliche Verehrer Amanda seine Serenade widmet und langsam zudringlich wird, vergisst zudem auch Spencer Tracy seine guten Manieren und beginnt mit vollem Mund zu sprechen. Auch er, so merken wir, ist durchaus bereit, die Grenzen des Wohlanstandes zu überschreiten, um seine Anliegen zu verteidigen. Bemerkenswert ist, dass er im Moment des Sprechens mit vollem Mund regrediert: Er erscheint nicht als Temperamentbündel, sondern als trotziger, ungezogener kleiner Junge.

Gegen Ende des Films gewinnt Amanda den Prozess, Adam gesteht seine Niederlage ein. Zuvor allerdings eskaliert ihr Ehezwist, und Adam zieht in der Nacht vor dem letzten Prozesstag ins Hotel. Am Abend nach der Urteilsverkündung nutzt der Nachbar Adams Abwesenheit, um sich an die allein gelassene Amanda heranzumachen. Sie interessiert sich zwar nicht für ihren Verehrer, gerät aber in eine verfängliche Situation. Gerade als der Nachbar Amanda küssen will, platzt Adam in die Szene, einen gezückten Revolver in der Hand. Es kommt zu einer verbalen Auseinandersetzung, in der Amanda, angesichts der Bewaffnung ihres Gatten um ihr Leben fürchtend, ausruft: «Niemand hat das Recht, jemanden so zu bedrohen!» Adam hat gehört, was er hören will, baute Amandas Verteidigungsstrategie für die Eifersuchtstäterin doch auf einer Rechtfertigung der Tat aus deren Sicht auf. Mit ihrem Ausruf verwandelt sich ihr juristischer Triumph nachträglich in seinen moralischen Sieg. In einer dramatischen Wendung lässt Adam den Revolver sinken, um ihn dann in seinen Mund zu stecken. Amanda und der Nachbar schreien auf, doch Adam drückt nicht ab, er beisst zu: Der Revolver ist aus Lakritze, und Lakritze mag Adam besonders gerne, wie er, wieder ganz der trotzige Bengel, mit vollem Mund sprechend zu verstehen gibt. Das Ess- und Sprechverhalten des kleinen Jungen passt auf die Situation. Mit seinem Auftritt zieht sich Adam vollends den Zorn seiner Frau zu, und fürs Erste hat er nun keine Partnerin, mit der er seine Vergnügungen teilen kann. Er muss wieder alleine essen, ist also in dieser Hinsicht wieder da, wo er als kleiner Junge war. Der Zustand dauert allerdings nicht an. Der Film endet mit einem Happy End, einer Bettszene zwischen Tracy und Hepburn, die zwar ebenso wenig im Detail geschildert wird, wie Filmfiguren sonst im klassischen Kino zum Essen kommen, die aber doch in hinreichender Deutlichkeit impliziert wird.

In «Adam's Rib» wird für einen klassischen Hollywood-Film recht viel gegessen. Gleichwohl lassen sich auch an diesem Beispiel einige der produktionstechnischen und -ökonomischen Gründe dafür illustrieren, weshalb das Essen tendenziell aus dem Bereich des Darstellbaren verbannt bleibt. Hollywood-Studios funktionierten von Mitte der Zehner- bis Ende der Vierzigerjahre ähnlich wie Fabriken. Filme wurden in arbeitsteiliger Herstellungsweise gewissermassen am Fliessband hergestellt. Der Massstab für die Qualität eines Regisseurs war nicht die künstlerische Qualität seiner Inszenierung, sondern die Quantität verwertbaren Filmmaterials, das er pro Tag abdrehte. Als guter Regisseur galt beispielsweise bei Warner Bros. in den Dreissigerjahren jemand, der pro Tag 150 Sekunden abdrehte, das Äquivalent von zweieinhalb Drehbuchseiten.[15] Eine Besonderheit des Filmdrehs ist zudem, dass jede Einstellung mehrfach aufgenommen wird; die beste Variante wird dann im Schneideraum mit anderen Einstellungen zu einer Sequenz montiert. Damit die Montage möglichst reibungslos vonstatten geht, sollten sich die abgedrehten Varianten möglichst wenig unterscheiden. Idealerweise sucht man die beste ausschliesslich nach dem Kriterium der Schauspielerleistungen aus. Unter diesen Bedingungen gilt es, die Unwägbarkeiten beim Dreh so weit wie möglich zu reduzieren. Esswaren auf dem Set allerdings schaffen ähnlich grosse Probleme wie Kinder und Tiere, die zwar zu den Hauptattraktionen des Kinos gehören, aber für die Regisseurin den Nachteil haben, dass sie sich nur schwer kontrollieren lassen. Die Schwierigkeit beim Essen wiederum besteht darin, dass man Esswaren, die man in einer Einstellung verspeisen lässt, für die Wiederholung der Aufnahme durch identische Objekte ersetzen muss. Der Kuchen muss aber nicht immer nur gleich aussehen, er muss auch immer wieder gleich angeschnitten werden, weil das Publikum auch kleinste Abweichungen bei Anschlüssen von einer Einstellung zur nächsten sofort registriert. Auch «Adam's Rib» trägt diesen produktionsökonomischen Restriktionen Rechnung. So werden in allen drei geschilderten Szenen leicht ersetzbare Esswaren verzehrt, oder es wird gar nicht spezifiziert, was überhaupt gegessen wird. Dass

Katharine Hepburn in der ersten Szene Joghurt isst, müssen wir schliessen; gezeigt wird es nicht. In der zweiten sticht sie eine Grapefruit an, eine leicht ersetzbare Speise. Dass Spencer Tracy seinerseits Curry isst, wird uns zwar gesagt, aber wir sehen das Essen nicht. Die Lakritzepistole wiederum ist auch leicht ersetzbar. Die einzige Szene in «Adam's Rib», die echte Schwierigkeiten bereitet hätte, die Tafelrunde der Abendgesellschaft, wird einfach ausgeblendet.

Dass im klassischen Kino so wenig gegessen wird, hat aber auch damit zu tun, dass der Film als Medium bei der Darstellung des Essens an seine Grenzen stösst. Das Kino ist eine Emotionsmaschine, wie der holländische Psychologe und Filmtheoretiker Ed Tan im Titel einer Studie zur Emotion im Kino festhält.[16] Filme sind Programme des Gefühlserlebens; Figurenzeichnung, Inszenierung, Story oder Musikeinsatz bahnen bestimmte emotionale Reaktionen des Publikums vor. Filme stellen Emotionen her, die Emotionen, die wir im Kino erfahren, sind aber doch unsere eigenen und in diesem Sinn authentisch. Bestimmte Erfahrungen kann das Kino allerdings nicht vermitteln. Insbesondere Geschmacks- und Geruchserfahrungen entziehen sich der kontrollierten Anbahnung durch den Film. Findige Techniker haben diesen Defekt seit den Vierzigerjahren immer wieder durch die Entwicklung von Geruchskino-Verfahren zu beheben versucht,[17] ohne nachhaltigen Erfolg: Die Genüsse des Essens und Trinkens entziehen sich weiterhin der unmittelbaren Mitteilung durch audiovisuelle Medien.[18]

Wenn man sich als Regisseurin oder Regisseur auf die Darstellung von Essen im Kino einlässt, muss man also stets in Rechnung stellen, dass vom Zuschauen allein niemand satt wird. Zeigt man im Film Leute beim Essen, so geht man das Risiko ein, dass sich zwischen den Figuren auf der Leinwand und den Zuschauern im Saal eine Distanz auftut, die der empathischen Anteilnahme des Publikums am Filmgeschehen hinderlich ist. Man kann mit dieser drohenden Differenz auf verschiedene Weisen umgehen. Zum einen kann man der Gefahr schlicht aus dem Weg gehen, indem man, wie im klassischen Hollywood-Kino üblich, Essszenen vermeidet. Man kann ferner die Differenz in Kauf nehmen, sich aber abzusichern versuchen. Im taiwanesischen Film «Eat Drink Man Woman» beispielsweise zeichnet sich die Hauptfigur, der Meisterkoch, dadurch aus, dass er den Geschmackssinn verloren hat. Er funktioniert so wie eine Einkoppelungsfigur, wie diese auch aus der Tradition der europäischen Tafelbildmalerei geläufig ist: Im Film selbst gibt's einen, der mit all den Genüssen genauso wenig anfangen kann wie das Publikum unten im Saal.[19] Man kann die Differenz ausserdem zu überwinden versuchen, indem man nachvollziehbare emotionale Äquivalente für den Essgenuss schafft. Ein besonders gelungenes Beispiel findet sich in der Komödie «The Big Night» von Stanley Tucci aus dem Jahr 1997. Ein italienisches Brüderpaar eröffnet in New York ein Restaurant, mit dem Ziel, das beste italienische Essen der Stadt anzubieten. Sie investieren ihr ganzes Kapital in ein grandioses Eröffnungsdiner, zu dem alle ihre Freunde, aber keine zahlenden Kunden kommen, und nach nur einer Nacht, der «Big Night» eben, muss das Lokal wieder schliessen. Eine der Vorspeisen ist ein Teigwarenauflauf. Wir sehen, wie das voluminöse dampfende Gebilde aufgetragen wird. Es folgt ein Schnitt auf eine Kamerafahrt die Tafel entlang. Wir sehen die glücklichen Gesichter derer, die gegessen haben. Dazu hören wir das Schluchzen einer jungen Frau. Als die Kamera sie ereicht, erfahren wir, weshalb sie so unglücklich ist: «My mother was such a bad cook», klärt sie ihren Tischnachbarn auf. Ihren Genuss können wir nicht nachvollziehen, aber sein Ausmass: Er war gross genug, ihr die Augen dafür zu öffnen, dass ihre Kindheit eigentlich verpfuscht war.

Man kann die Differenz zwischen Essern auf der Leinwand und Nichtmitessern im Saal aber auch gezielt einsetzen, um Distanz zu schaffen. Stanley Kubricks «2001 – A Space Odyssey» aus dem Jahr 1969 ist ein experimenteller Spielfilm: In der Frühzeit der Menschheit deponieren Ausserirdische einen quaderförmigen Monolithen im Lebensraum der Vormenschen. Im Jahr 2001 wird dieser Monolith auf dem Mars wieder entdeckt. Eine Gruppe von Astronauten wird daraufhin ans Ende des Universums geschickt, um mehr über die Herkunft des Steines zu erfahren, der merkwürdige Signale aussendet. Unterwegs erfahren die Astronauten, dass sie der Willkür des sprechenden Bordcomputers Hal ausgeliefert sind. Das Verschwinden des Menschen im Dispositiv der Technik ist denn auch ein zentrales Thema des Films. Eine Szene zu Beginn zeigt eine Gruppe von Wissenschaftern unterwegs in einem Kleinraumschiff über der Oberfläche des Mars. Man will die Fundstelle des Monolithen besichtigen und hält eine Lagebesprechung ab. Zu dieser Lagebesprechung trinken die Forscher Kaffee und essen, mitunter mit Schmatzgeräuschen, Sandwiches. Zu den Stilprinzipien dieses Films gehört es, die Raumfahrt zu zeigen, als würde es sich für Menschen des Jahres 2001 um etwas höchst Alltägliches handeln. Dazu leistet die Darstellung des Essverhaltens einen Beitrag. Man isst nicht irgendwelche Pillennahrung, sondern traditionelle Sandwiches, und man isst sie so, wie es Bauarbeiter in der Mittagspause tun: Mal schauen, was die Ehefrau mir eingepackt hat. Zugleich aber schafft das Essen auch Distanz. Es sind ganz normale Angestellte, die man beim Essen beobachtet, nicht irgendwelche Helden oder Supermänner der Wissenschaft. Die übliche Annäherung an den Star durch verehrende Einfühlung wird so erschwert, für einen Film, der ohne die üblichen Gratifikationen einer Starbesetzung auskommen will, ein wichtiger Effekt.

Es gibt also kulturelle, produktionstechnische und medienspezifische Gründe dafür, weshalb im klassischen Tonfilm so wenig gegessen wird: allgemeine Anstandsregeln, ferner die Schwierigkeiten, Essszenen ökonomisch effizient zu inszenieren, und schliesslich auch die Gefahr der emotionalen Distanz zwischen Figur auf der Leinwand und Publikum im Saal. Vielleicht aber ist die Anstandsregel, die besagt, dass man anderen Leuten nicht beim Essen zuschauen sollte, auch deshalb notwendig, weil es so etwas wie eine ursprüngliche Lust gibt, die bei dieser Tätigkeit befriedigt wird. Schaulust im Kino wird gemeinhin mit der Darstellung von Gewalt und Sexualität in Verbindung gebracht, und die Regeln des Production Code dienen nicht zuletzt dazu, die entsprechenden Impulse in wohlkontrollierte Bahnen zu lenken. Vielleicht aber gibt es in der Reihe der Schaulüste auch eine kulinarische, einen kulinarischen Voyeurismus, der dem sexuellen verwandt ist und mitunter auch dessen Stelle einnehmen kann. Nicht von ungefähr enthält ein Handbuch, das im Zweiten Weltkrieg in Massenauflage für Angehörige der amerikanischen Armee gedruckt wurde, ein Kapitel, in dem Essen und Sexualität als verwandte Gegenstände behandelt werden. Kapitel 14 von «Psychology for the Fighting Man» trägt den Titel «Food and Sex as Military Problems» und handelt unter anderem von der Tatsache, dass Soldaten aus ungestillter Sehnsucht nach ihren Ehefrauen (oder Müttern) ein Verhalten des übermässigen Konsums von Zigaretten oder von Süssigkeiten entwickeln. «The confusion in men's minds as to just what they want», erklärt der Text diesen Hang zu oralen Ersatzbefriedigungen in popularisierter psychoanalytischer Diktion, «is due partly to the fact that the two great desires of the flesh – hunger for food and hunger for sex – become joined or mixed in curious ways and modified and extended through experience, so that hunger for one is frequently expressed as hunger for the other.»[20] Esstrieb und Sexualtrieb sind demnach plastische Formen des Begehrens, die sich durchaus ineinander verwandeln können. Wenn es eine sexuelle Schaulust gibt, weshalb also nicht auch eine kulinarische, und zwar eine solche, die aus der sexuellen hervorgehen und deren Statthalterin sein kann (und die in ähnlicher Weise reguliert werden muss wie jene). Jedenfalls scheint die kulinarische Einverleibung besonders geeignet, den symbolischen Platz der sexuellen Vereinigung einzunehmen.

Das Motiv des Essens in «Adam's Rib», das genutzt wird, um die Entwicklung des Liebes- und Sexualverhältnisses der beiden Hauptfiguren zu veranschaulichen, legt einen Zusammenhang zwischen sexuellem und kulinarischem Begehren jedenfalls ebenso nahe wie die Tatsache, dass Essszenen im amerikanischen Mainstreamkino ungefähr im gleichen Mass vermehrt auftreten, wie auch die Regeln für die Darstellung der Sexualität gelockert werden. Der Production Code wird offiziell 1966 abgeschafft und 1968 durch das so genannte Ratings System ersetzt, eine Klassifizierung der fertig produzierten Filme nach Inhalten, die an die Stelle des vorherigen Systems der direkten Kontrolle von Filminhalten während des Produktionsprozesses tritt. Der Wandel schlägt sich alsbald in den Filmen nieder. Das Filmmusical, eines der grossen Genres des klassischen Hollywood-Kinos, liegt in diesen Jahren in seinen letzten Zügen. Es dient aber immerhin noch einem Star wie Barbra Streisand als Sprungbrett zu einer Karriere. Streisand schafft ihren Durchbruch 1967 mit «Funny Girl». 1969 dreht sie «Hello Dolly», ebenfalls eine Verfilmung eines Broadway-Erfolgs. «Funny Girl», eine musikalische Filmbiographie, erzählt das Leben der Bühnenkomikerin Fanny Brice und behandelt auch ihre Romanze mit dem Spieler Nick Arnstein (Omar Sharif). «Hello Dolly» wiederum zeigt Streisand als professionelle Ehestifterin, die sich am Ende des Films ihren vermögendsten Kunden selbst angelt. In beiden Filmen gibt es Verführungsszenen, und in beiden Fällen findet die Verführung beim Essen statt. In «Funny Girl» lässt sich Streisand in einer luxuriösen Hotelsuite von Sharif mit edlen französischen Speisen verwöhnen. In «Hello Dolly» wird sie selbst aktiv und schwärmt im grossen Finale des Films in einem Cabaret-Restaurant ihrem Wunschpartner Walter Matthau von den Vorzügen der Ehe vor, während sie genüsslich ein Hähnchen verspeist. Streisand ist nicht minder eine Grenzgängerin als Hepburn oder Stanwyck (unter anderem ist sie der erste Filmstar unverkennbar jüdischer Herkunft), nur geniesst sie offenbar Ende der Sechzigerjahre beim Essen vor der Kamera schon erheblich grössere Freiheiten als ihre Kolleginnen zwanzig Jahre zuvor.

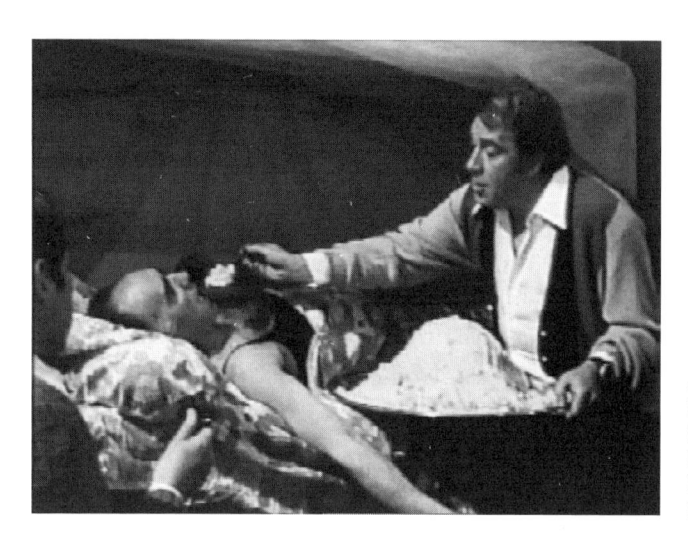

Abb. 2 Die Fütterung der Dekadenten: Ugo Tognazzi (rechts) mästet Michel Piccoli (liegend) in Marco Ferreris «La Grande Bouffe» von 1973.

Für einen kurzen historischen Moment schien es sogar so, als könne man sich bei der Darstellung der Sexualität mehr erlauben als bei der Darstellung des Essens. 1972 kommt der erste offiziell zugelassene Hardcore-Pornofilm in den USA ins Kino, «Deep Throat», mit grossem finanziellem Erfolg und Billigung durch die Kritik. Im darauf folgenden Jahr hingegen entfacht Marco Ferreri einen weltweiten Skandal, als er am Festival von Cannes «La grande bouffe» präsentiert.[21] Spätestens mit dem Übergang zur Produktion auf Video statt auf Filmmaterial verschwindet der Pornofilm Ende der Siebzigerjahre indes wieder aus dem Kino. Die Darstellungskonventionen des Essens ihrerseits lockern sich weiter. Mitte der Achtzigerjahre ist es möglich geworden, einen Film zu drehen wie «Down and Out in Beverly Hills», in dem nicht nur alle Figuren über ihr Essverhalten eingeführt werden,[22] sondern das Essen auch eingesetzt wird, um ein weiteres Tabu anzugreifen, das letztlich auch sexueller Natur ist.

Richard Dreyfuss spielt in dieser Satire von Paul Mazursky aus dem Jahr 1986, einem Remake von Jean Renoirs «Boudu sauvé des eaux» von 1934, einen vermögenden Kleiderbügelfabrikanten, der mit seiner Familie eine grosse Villa in Beverly Hills bewohnt. Von der Ehefrau über die Kinder bis zum Hund sind alle Mitglieder der Familie wohlstandsverwahrlost und hochgradig neurotisch. Eines Tages versucht ein Stadtstreicher, gespielt von Nick Nolte, sich aus Trauer über den Verlust seines Hundes im Pool der Familie zu ertränken. Er wird gerettet und in den Kreis der Familie aufgenommen, und der Reihe nach kuriert der Altachtundsechziger mit seinem Charme und seinen aus den Sechzigerjahren herübergeretteten Lebensweisheiten die Mitglieder der Familie, bis hin zum Hund. Der Hund leidet an Essstörungen. «Er hält sich für einen Menschen, und deshalb will er dasselbe essen wie die Menschen», klärt der Clochard die Besitzerin des Tieres auf. Er heilt den Hund, indem er eine leckere Mahlzeit zubereitet, sich dann niederkniet und dem Tier vormacht, wie man Hundefutter aus dem Napf isst. Die Hausherrin und die Magd werden Zeugen des Ereignisses und sind entsetzt, doch der Erfolg ist durchschlagend: Der Hund gesellt sich dazu, imitiert den Menschen und verhält sich damit endlich wieder wie ein Hund.

Auch hier wird durchs Essen eine Schamgrenze überwunden. Der dramaturgische Zweck dieser Tabuverletzung ist unter anderem, dass wir mehr über die Figuren erfahren: Ähnlich wie der heilige Franziskus mit den Vögeln sprach, isst Nick Noltes Clochard mit den Hunden; er ist eine Art Heiligenfigur. Sein Gastgeber, der Kleiderbügelfabrikant, wird das in der nächsten Szene auch genau so aussprechen. Mit den Tieren sprechen und mit den Tieren essen sind aber zwei verschiedene Dinge. Mit seinem Akt des «devenir-animal», der konventionsverletzenden Tierwerdung, die auch einen Akt der Preisgabe seiner bürgerlichen Individualität darstellt (für ihn angesichts seines beruflichen Werdegangs kein ungewohnter Vorgang), setzt der Clochard einen Kontrast zur vorgängige Anthropomorphisierung und Erotisierung des Tieres durch die Menschen, die er ausdrücklich kritisiert.[23] Das Entsetzen der Hundehalterin erklärt sich so gesehen nicht so sehr daraus, dass der Clochard eine Kulturgrenze verletzt, sondern daraus, dass er eine bereits begangene, aber stets tabuisierte Verletzung der kulturellen Grenzen zwischen Menschen und Tieren durch eine gezielte obszöne Geste zutage treten lässt. Der Ekel der Hausherrin ist auch eine Schamreaktion: Sie verhält sich auch ein wenig so wie die Kinozuschauerin eines klassischen Films, die sich plötzlich eine intime Essszene anschauen muss. Wenn die Leute, denen man im Kino beim Essen zuschaut, Tiere sind, kann man sich auch in nachklassischen Zeiten noch bei etwas Ungehörigem ertappt fühlen.

Anmerkungen

1 Der Begriff «klassisches Hollywood-Kino» wird je nach Ansatz unterschiedlich definiert. Bordwell/Staiger/Thompson (1985) gehen von stilistischen Merkmalen und Produktionspraktiken aus und bestimmen den Zeitraum von 1917 bis 1960 als klassische Periode. Noll Brinckmann (1997, 280) konzentriert sich auf die stilistischen Merkmale und zieht es vor, nur die Zeitspanne vom voll entwickelten Tonfilm bis Anfang der 50er-Jahre als klassische Epoche zu betrachten. Da ich in diesem Aufsatz auf die produktionsökonomischen Determinanten des Stils eingehen werde, möchte ich mich auf die Periodisierung von Bordwell/Staiger/Thompson stützen.

2 Balio (1976).

3 Wie reizvoll es sein kann, sich dem Thema Essen und Trinken im Film unter dem Autorengesichtspunkt anzunähern, zeigt eine Reihe von Studien zur symbolischen Funktion des Kulinarischen im Werk grosser, d.h. von der Kritik kanonisierter Regisseure. Für Texte zu Regisseuren wie Jean Renoir, François Truffaut, Luis Buñuel oder Alfred Hitchcock vgl. Gerstenkorn et. al. (1990) sowie für Buñuel auch Paulhan (1994). Für eine Studie zu Woody Allen vgl. LeBlanc (1989). Eine motivzentrierte Untersuchung des Essens und Trinkens in ausgewählten Filmen und Theaterstücken liefert Poole (1999).

4 Populäre indische Filme erreichen weit über ihren Heimmarkt hinaus ein Massenpublikum in Asien und im arabischen Raum und entfalten dort eine ähnliche kulturprägende Kraft wie Hollywood-Produktionen in Europa oder Südamerika. Zu den Gründen für die Marktdominanz der US-Filmindustrie vgl. Balio (1998), Miller et al. (2001).

5 Mehr als kursorisch kann diese Kenntnis selbst bei profunden Kennern der Filmgeschichte nicht sein. Die grossen Studios hatten in der Stummfilmära in der Zeit zwischen 1917 und Ende der Zwanzigerjahre einen jährlichen Ausstoss von 800 Filmen; nur rund 10% davon sind in Archiven noch erhalten. In der klassischen Tonfilmära sank die Produktion auf etwa 500 Filme pro Jahr. Mittlerweile bringen die grossen Studios nur noch etwa 200 Filme pro Jahr ins Kino. Zu den Produktionszahlen vgl. Conant (1960), S. 23 ff. Für die aktuellen Zahlen vgl. die Homepage der Produzentenvereinigung MPAA, www.mpaa.org.

6 1930 formulierte der Jesuitenpater Daniel A. Lord gemeinsam mit Martin Quigley, dem einflussreichen Verleger der Branchenzeitung *Motion Picture Herald*, einen Vorschriftenkatalog, der bis ins Detail regelte, wie Sexualität, Gewalt und Rauschmittelkonsum in grossen Spielfilmen gezeigt werden durften. In die Tat umgesetzt wurde der Code 1934, nach einer Boykottkampagne der katholischen Laienorganisation Legion of Decency. In Kraft war der Code bis de facto circa 1956, de iure bis 1966. Zur Darstellung des Essens in Spielfilmen enthielt der Code keine Vorschriften, wohl aber zur Darstellung des Trinkens von Alkohol. Alkohol durfte nur massvoll konsumiert werden; exzessiver Alkoholkonsum musste Konsequenzen moralischer Natur nach sich ziehen. Vgl. dazu Black (1994).

7 Zum Begriff des «Priming» im Zusammenhang mit Filmen vgl. Grodal (1997). Der Literaturwissenschafter Meir Sternberg spricht in diesem Zusammenhang auch von einem «primacy effect». In der Psychologie ist der «primacy effect» die Tatsache, dass man sich an das erste Element einer Serie auf Dauer besser erinnert als an die nachfolgenden. Der «primacy effect» bildet so gesehen die Voraussetzung für das «Priming». Vgl. Sternberg (1978). Zur Initialisierungsfunktion von Filmanfängen vgl. Hartmann (1995) sowie Eugeni (1999), S. 11 ff.

8 Für diese Definition des Stars vgl. De Cordova (1991). Für die Analyse von Starimages vgl. Dyer (1979).

9 Woman of the Year (MGM 1942, George Stevens), Keeper of the Flame (MGM 1942, George Cukor), Without Love (MGM 1945, H. S. Bucquet), The Sea of Grass (MGM 1947, Elia Kazan), Adam's Rib (MGM 1949, George Cukor), Pat & Mike (MGM 1952, George Cukor),

The Desk Set (Twentieth Century Fox 1957, W. Lang), Guess Who's Coming for Dinner (United Artists 1967, Stanley Kramer)

10 Anfang 1942 ergab eine Umfrage des Meinungsforschungsinstitutes von George Gallup, dass Kinogänger in den USA eine starke Abneigung dagegen verspürten, sich einen Film mehrfach anzuschauen. Wer sich einen Film wiederholt zu Gemüte führe, sei, wie Produzent David O. Selznick das Ergebnis der Umfrage umschrieb, «something of a booby», schlicht ein Trottel. Memo von David O. Selznick an Lewis Calvert, 31. März 1942. David O. Selznick Archive, Harry Ransom Center for the Study of the Humanities, University of Texas, Austin, Box 177, Folder 6.

11 Eine Umfrage von Gallup aus dem Jahr 1943 zeigte, das nur gerade sechs Regisseure und Produzenten dem Publikum namentlich bekannt waren: Ernst Lubitsch, Frank Capra, Samuel Goldwyn, David O. Selznick, Alfred Hitchcock und Cecil B. DeMille. Brief von David O. Selznick an Barbara M. Benson, 13. Dezember 1943. David O. Selznick Archive, Harry Ransom Center for the Study of the Humanities, University of Texas, Austin, Box 3562, Folder 3.

12 Auf nahezu identische Weise wird Barbara Stanwyck in «Christmas in Connecticut» (Warner Bros. 1945; Regie: Peter Godfrey) eingeführt, einer klassischen Komödie aus den Kriegsjahren. Stanwyck spielt Elizabeth Lane, eine urbane Journalistin nach dem Vorbild von Dorothy Parker, die sich mit einer Kolumne für das Hausfrauenmagazin *Smart Housekeeping* über Wasser hält. Lane gibt sich in ihrer Kolumne als Bauersfrau aus Connecticut aus, erteilt ihren Leserinnen Tipps fürs Heim und verrät neue Rezepte. Lane wird erstmals gezeigt, wie sie in ihrer New Yorker Absteige frühstückt und Besuch vom Chefredaktor der Frauenzeitschrift bekommt, der schlechte Neuigkeiten bringt. Lanes grösster Fan, so berichtet der Chef, ist keine Frau, sondern ein hochdekorierter Kriegsheld, der gerade im Lazarett liegt und sich vom Verleger des Blattes ein Weihnachtsmahl wünscht, gekocht von Elizabeth Lane. Eine prekäre Situation, denn eigentlich kann die Kolumnistin gar nicht kochen (die Rezepte stammen von ihrem Nachbarn, einem Restaurantbesitzer). Einem Kriegshelden andererseits kann man einen solchen Wunsch nicht abschlagen, und es gilt, die Fassade zu wahren. Es kommt zu einem Disput, in dessen Verlauf Lane eine ihrer Antworten ebenfalls mit vollem Mund spricht. Die Analogie der Situationen kommt nicht von ungefähr. Stanwyck und Hepburn waren artverwandte Stars. Beide spielten vorzugsweise intelligente, schlagfertige Frauen, die ihr Leben im Griff hatten und sich von Männern nicht dreinreden liessen. Hepburn spielte eher die aristokratische, Stanwyck die proletarische Variante dieses Typs. Es waren Frauenfiguren, wie man sie im stärker männerdominierten Kino der Siebiger- und Achtzigerjahre vergeblich suchte. Vgl. dazu Haskell (1974), S. 5–6.

13 Vgl. dazu auch Wulff (2002).

14 Das «De la soupe au fromage»-Verfahren kommt auch in «Christmas in Connecticut» zur Anwendung. Angesichts der Ausgangslage der Story dürfte man erwarten, dass die Szene des Festmahls, das nach einigen Komplikationen natürlich doch noch zustande kommt, den Höhepunkt des Films bildet. Nur wartet man in «Christmas in Connecticut» auf diese Szene vergebens. Sie fehlt ganz einfach, oder vielmehr findet sie im filmischen Off statt. Die Gäste versammeln sich; Schnitt; die Gäste verabschieden sich nach genossenem Mahl und gehen zu Bett. Auch aus einer autorenzentrierten Untersuchungsperspektive ist das «De la soupe au fromage»-Verfahren übrigens von Interesse. Wie kaum ein zweiter nicht-amerikanischer Regisseur verbannt François Truffaut Essen und Trinken aus seinen Filmen. Wenn bei Truffaut gegessen wird, dann eben nur im «De la soupe au fromage»-Verfahren. Man könnte versucht sein, dies auf den starken Einfluss zurück zu führen, den das klassische Hollywood-Kino auf den Regisseur der «nouvelle vague» ausübte.

15 Schatz (1988), S. 140.

[16] Tan (1996).
[17] Für einen solchen Versuch, der von einer Kinokette im mittleren Westen der USA durchgeführt wurde, vgl. Detroit Chain Extending «Smellies»; Curious Statistics on Reactions. In: *Variety* 141/13, 5. März 1941, S. 27. Für eine kleine historische Übersicht vgl. auch Burnstock (1989).
[18] Die Spekulation erscheint zulässig, dass das Publikum diesen Mangel unter anderem durch den Verzehr von Popcorn während der Kinovorstellung kompensiert. Immerhin machen grosse Kinos schon seit Jahren mehr Umsatz mit dem Verkauf von Popcorn und Süssgetränken als mit dem Verkauf von Kinotickets. Vgl. dazu Hediger (2002).
[19] Zur Inszenierung des Essens in Ang Lees Film vgl. Comer (1995).
[20] National Research Council (1943), S. 276.
[21] Mury (1995).
[22] Tuchman (1986).
[23] Über den Komplex von Tierliebe, Sodomie und Essen vgl. Dekkers (1994), S. 93–114. Für das Konzept des «devenir-animal» vgl. Deleuze/Guattari (1980), S. 284 ff.

Literatur

Balio, Tino: *United Artists. The Company Built By the Stars*, Madison 1976 (Wisconsin University Press).

Balio, Tino: «A Major Presence in All of the World's Most Important Markets». The Globalization of Hollywood in the 1990s, in: Steve Neale, Murray Smith (Hg.), *Contemporary Hollywood Cinema*, London, New York 1998 (Routledge), S. 58–73.

Benghozi, Pierre-Jean (Hg.): *Images du goût*, Paris 1997 (Champs Visuels N° 5, L'Harmattan).

Black, Gregory D.: *Hollywood Censored. Morality Codes, Catholics, and the Movies*, Cambridge 1994 (Cambridge University Press).

Bordwell, David, Staiger, Janet, und Thompson, Kristin: *The Classical Hollywood Cinema*. London 1985 (Routledge).

Brinckmann Noll, Christine: *Die anthropomorphe Kamera und andere Schriften zur filmischen Narration*. Zürich 1997 (Chronos).

Burnstock, T.: Stop Making Scents. Aromarama, in: *Cinema Papers* 72, März 1989, S. 46–47.

Comer, Brooke: Eat Drink Man Woman. A Feast for the Eyes, in: *American Cinematographer*, 76, 1, Januar 1995, S. 62–67.

Conant, Michael: *Antitrust in the Motion Picture Industry*, Berkeley 1960 (University of California Press).

De Cordova, Richard: The Emergence of the Star System in America, in: Christine Gledhill (Hg.), *Stardom. Industry of Desire*, London 1991 (Routledge), S. 17–29.

Dekkers, Midas: *Dearest Pet. On Bestiality*, London 1994 (Verso).

Deleuze, Gilles, Guattari, Felix: *Mille Plateaux. Capitalisme et Schizophrénie 2,* Paris 1980 (Editions de Minuit).

Dyer, Richard: *Stars*, London 1979 (BFI Publishing).

Eugeni, Ruggero: *Film, Sapere, Società. Per un'analisi sociosemiotica del testo cinematografico*, Mailand 1999 (Vita e pensiero).

Gerstenkorn, Jacques et. al.: *Le cinéma à table,* Paris 1990 (Vertigo; N° 5).

Grodal, Torben Kragh: *Moving Pictures. A New Theory of Film Genre, Feelings and Cognition*, Oxford 1997 (Oxford University Press).

Hartmann, Britta: Anfang, Exposition, Initiation. Perspektiven einer pragmatischen Texttheorie des Filmanfangs, in: *montage a/v*, 4, 2, 1995, S. 101–122.

Haskell, Molly: *From Reverence to Rape. The Treatment of Women in the Movies*, New York 1974 (Holt, Rinehart, Winston).

Hediger, Vinzenz: Das Popcornessen als Vervollständigungshandlung der synästhetischen Erfahrung des Films. Anmerkungen zu einem Defizit der Filmtheorie, in: *montage a/v*, 10, 2, 2002 (i. Dr.).

LeBlanc, R. D.: Love and Death and Food. Woody Allen's Comic Use of Gastronomy, in: *Literature and Film Quarterly*, 17, 1, Januar 1989, S. 18–26.

Miller, Toby, Nitin, Govil, McMurria, John, Maxwell, Richard: *Global Hollywood*, London 2001 (BFI Publishing).

Mury, Cécile: Les années nausée, in: *Télérama* 2371, Juni 1995, S. 78–79, 105.

National Research Council (Hg.): *Psychology for the Fighting Man. What You Should Know About Yourself and Others*, Washington, New York 1943 (Infantry Journal, Penguin Books).

Paulhan, J.: A Revolution Is Not a Dinner Party. The Discrete Charm of Buñuel's Burgeoisie, in: *Literature and Film Quarterly*, 22, 4, Oktober 1994, S. 232–237.

Poole, Gaye: *Reel Meals, Set Meals. Food in Film and Theatre*, Sydney 1999 (Currency Press).

Schatz, Thomas: *The Genius of the System. Hollywood Filmmaking in the Studio Era*, New York 1988 (Pantheon).

Sternberg, Meir: *Expositional Modes and Temporal Ordering in Fiction*. Baltimore, London 1978 (Johns Hopkins University Press).

Tan, Ed S.: *Emotion and the Structure of Narrative Film. Film as an Emotion Machine*. Mahwah, NJ 1996 (Lawrence Erlenbaum).

Tuchman, Mitch: Down the Hatch in Beverly Hills, in: *Film Comment*, 22, 1, Januar–Februar 1986, S. 16–19, 71–72.

Wulff, Hans-Jürgen: Konstellationen, Kontrakte und Vertrauen. Pragmatische Grundlagen der Dramaturgie, in: *montage a/v*, 10, 2, 2002 (i. Dr.).

Peter von Matt

«Nichts unbändiger doch denn die Wut des leidigen Magens»
Not und Glück des Essens in der Literatur.
Von Homer bis Brecht.

Was hält die Welt überhaupt zusammen? Was bewirkt, dass das Leben und Treiben auf diesem Planeten nicht einfach stillsteht und verkümmert und erlischt? Friedrich Schiller hat es auf den Begriff gebracht: Es sind der Hunger und die Liebe. Den Philosophen, die glauben, das innerste Weltgesetz bestehe in ihren Systemen und ihrer Logik, reibt der Dichter die folgenden Verse unter die Nase:

> So übt Natur die Mutterpflicht
> Und sorgt, dass nie die Kette bricht
> Und dass der Reif nie springet.
> Einstweilen, bis den Bau der Welt
> Philosophie zusammenhält,
> Erhält sie das Getriebe
> Durch Hunger und durch Liebe.[1]

Hunger und Liebe, heisst das, sind die grossen Gewalten, die alles Leben am Leben erhalten. Ihre Wahrheit und Wirklichkeit ist da vor aller Theorie und kann von keiner Theorie in die Schranken gewiesen werden. Deshalb sind Hunger und Liebe aber auch eine Provokation für das Selbstbewusstsein des Menschen, der sich stets von seiner Vernunft her definiert. Die Vernunft, so möchte es das Ranggefühl des Homo sapiens gerne haben, hebt ihn weit über die kreatürliche Sphäre von Hunger und Liebe hinaus. Doch dieser Abstand ist mehr ein Produkt des Denkens selbst als eine gelebte Wirklichkeit. Auch das weiss die Vernunft ganz genau. Deshalb stellen Hunger und Liebe eine chronische Kränkung der rationalen Souveränität des Menschen dar. Sie gleichen darin dem Schlaf, der ja selbst die erhabensten Geister zwingt, täglich für sieben Stunden zwischen Tücher und Decken zu kriechen und hilflos wie ein Neugeborenes dazuliegen. Hamlet, der Kopfmensch par excellence, sagt es unzweideutig:

> What is a man,
> If his chief good and market of his time
> Be but to sleep and feed? A beast, no more.[2]

Was ist der Mensch, wenn sein höchstes Gut und das Ergebnis seiner Lebenszeit nur Schlaf und Essen sind? Ein Tier, nichts weiter – a beast, no more. Und Nestroy lässt eine seiner Figuren, eine Rolle, die er selber spielt, die Sache angesichts eines grossen Hochzeitsmahls auf Wienerisch ausdrücken:

> Wenn das Volk nur fressen kann! Wie s' den Speisenduft wittern, da erwacht die Esslust, und wie die erwacht, legen sich alle ihre Leidenschaften schlafen; sie haben keinen Zorn, keine Rührung, keine Wut, keinen Gram, keine Lieb', keinen Hass, nicht einmal eine Seel' haben s'. Nix haben s' als ein' Appetit.[3]

Ein Tier, meint Hamlet; ein Wesen ohne Seele und Seelenleben, meint Nestroy. Und seit es überhaupt Weisheitslehren gibt, Theorien von der Welt und von den Göttern, gibt es daher auch die Versuche der Priester und der Philosophen, diese Herrschaft von Hunger und Liebe über den Menschen zu brechen. Die Kränkung des Geistes durch die zwei Urtriebe hat in der Kulturgeschichte zu immer neuen Anläufen geführt, eine von ihnen unabhängige Existenz zu erlangen und die Herrschaft des Begehrens loszuwerden. Fasten, Zölibat, Askese, Abtötung, die ganze Kultur der rituellen Enthaltsamkeiten, sie sind ein Produkt der narzisstischen Kränkung des Homo sapiens, dass selbst er, die Krone der Schöpfung, nicht anders kann.

Es gibt also nicht nur eine Not des Essens dort, wo das Essen mangelt, es gibt sie auch, wo es in Fülle vorhanden ist und mir gerade dadurch meine Abhängigkeit zeigt. Selbst das in unserer Zivilisation so weit verbreitete Leiden frühmorgens auf der Waage, das stille Martyrium in den Badezimmern angesichts der digitalen oder analogen Auskunft über das Körpergewicht, enthält ein Moment vitaler Reflexion über die Grenzen der menschlichen Freiheit. Die hüllenlose Konfrontation mit der unerbittlichen Skala ist für viele der einzige Augenblick metaphysischer Einsicht im Tageslauf.

Dass der Hunger den Menschen von allem abtrennen kann, was wichtiger wäre, vom «Höheren» also, wie wir mit unserer Fixierung auf die Vertikale so gern sagen, zeigt sich schon in den frühsten literarischen Zeugnissen. Als Odysseus alle seine Gefährten verloren hat und als jämmerlicher Schiffbrüchiger bei den Phäaken aufgenommen wird, möchte er ihnen seine schweren Schicksale erzählen, möchte berichten und schildern, klagen und beweinen, wie die Götter mit ihm umgesprungen sind, aber er kann es nicht. Der leere Bauch regiert ihn; er lähmt ihm die Zunge; er verlangt nach Nahrung, trotz des schweren Kummers, der die Seele des Weitgereisten erfüllt.

> Ja, ich wüsste vielleicht noch mehr zu nennen des Unheils,
> Was ich alles bereits nach dem Rate der Götter geduldet;
> Aber lass't mich geniessen des Mahls, wie sehr ich betrübt bin!
> Nichts unbändiger doch denn die Wut des leidigen Magens,
> Der an seinen Bedarf mit Gewalt jedweden erinnert,
> Auch den Bekümmerten selbst, dem Gram die Seele belastet.
> So ist mir auch belastet mit Gram die Seele; doch immer
> Speise verlangt er und Trank gebieterisch; und mir entrückt er
> All mein Leid aus dem Sinn, bis seine Begier ich gesättigt.[4]

Man spürt in dieser Rede des Odysseus die Irritation, dass er trotz seines Grams der Diktatur des Magens gehorchen muss: «Nichts unbändiger doch denn die Wut des leidigen Magens», oder, nach einer andern Übersetzung: «Gibt es doch nichts, das hündischer wäre als der verhasste Bauch»[5]. «Hündisch», das heisst dem Tierreich zugehörig; «verhasst», das heisst als Feind von unten betrachtet. So belanglos der betrübten Seele des Odysseus Dinge wie Essen und Trinken jetzt auch erscheinen, so unmöglich ist es ihm doch, sich ihrem Anspruch zu entziehen. Die Wut darüber, die Beschimpfung des eigenen Magens, zeigt die Erniedrigung des Kopfes durch den Bauch. Die moralische Freiheit wird durch den Hunger eingeschränkt. Um Freuds berühmte Formel umzudrehen: Was hier geschieht, ist Triebgewinn durch Kulturverzicht.

Es geht also nicht nur um die Hungersnot, wenn wir von der Not des Essens reden. Es geht um das anthropologische Skandalon, dass der Geist vom Körper immer abhängig bleibt, dass wir die so genannte tierische

Seite nie loswerden. Wir können sie zwar kultivieren und in Formen bringen, die aus den Zonen des Geistes stammen, aber frei davon werden wir nie.

Der Mythos, der alle menschlichen Dinge in der Gestalt von Geschichten und Figuren durchgedacht hat, lange bevor die Philosophie begann, sie in Gestalt von Theorien und Systemen durchzudenken, hat auch die extremste Möglichkeit des Hungerns erzählend reflektiert. In den «Metamorphosen» des Ovid findet sich der Bericht von Erysichthon. Dieser begeht einen Frevel gegen die Natur. Er fällt eine gewaltige Eiche, die der Ceres heilig ist, der Göttin der Fruchtbarkeit, des Getreides und des täglichen Brotes. Er wird gewarnt, aber er schlägt den Warner auf der Stelle tot und sagt, er würde die Axt auch dann in den Baum hauen, wenn dieser die Göttin selbst wäre:

> Wär sie nicht bloss der Göttin geheiligt und wäre sie selber
> Göttin, so streife doch ihr laubiger Gipfel den Boden.[6]

Im Baum aber wohnt eine Nymphe, die an dem Frevel stirbt. Und nun straft Ceres den Übeltäter, indem sie ihm Fames, den Hunger, auf den Hals schickt. Dieser wohnt in den Einöden des Kaukasus und ist schrecklich anzusehn:

> Zottig das Haar verwirrt, hohläugig, mit bleichem Gesichte,
> Grau und schmutzig die Lippen, verfault und trocken die Backen,
> Spröde die Haut, man konnte die Eingeweide erkennen,
> Hager starrten die Knochen aus eingefallenen Lenden,
> Statt eines Bauchs war nur des Bauches Stelle, zu schweben
> Schien die Brust und nur von Rippen und Rückgrat gehalten.
> Magerkeit hob die Gelenke hervor, und die Scheiben der Kniee
> Quollen hervor, und die Knöchel erschienen masslos vergrössert.[7]

Dieses Scheusal überfällt nun den Erysichthon im Schlaf, umarmt ihn und haucht ihm sich selbst, also den Hunger, ein. Und noch schlafend wird er schon von entsetzlicher Gier nach Nahrung gepackt. Er träumt vom Essen und würgt und schluckt am geträumten Nichts. Erwacht aber, will er mehr und mehr. Alles muss man ihm auftragen, und je mehr er isst, um so hungriger wird er nur. Er jammert vor Hunger, während er schlingt und kaut und den überfüllten Tisch leer isst, und verlangt mehr und immer mehr. Was ganze Städte ernähren könnte, verzehrt er ohne eine Spur von Sättigung, unter nur immer wilderem Hunger. Er ruiniert seinen ganzen Besitz, verkauft sogar die eigene Tochter, um Speisen zu erlangen, und am Ende heisst es:

Aber nachdem der entsetzliche Trieb auch dieses nun alles
Aufgezehrt und der Sucht so neue Nahrung geboten,
Fing er an, sich selbst mit zerfleischenden Bissen die Glieder
Abzureissen und unselig den Leib zu vertilgen.[8]

Er frisst sich also selber auf, leibhaftig das eigene Fleisch, und stirbt daran.

Wir können hier anschaulich studieren, wie der Mythos das Äusserste denkt. Die Abhängigkeit des Menschen vom Körper wird hier in einer Radikalität erzählerisch formuliert, vor der wir uns in der philosophischen Reflexion scheuen. Wir reden ja so gern von «unserem Körper». Wir sagen, dass wir den Körper «haben», als wäre er ein Ding wie ein Stuhl oder ein Stiefel. Als ob wir ihn auch nicht «haben» könnten, ihn wegstellen könnten und abgeben! In Wahrheit haben wir ihn nicht, wir sind dieser eine und einmalige Körper. Die Radikalität, die in dem Gedanken steckt und der sich unsere Sprache verweigert, ist genau die Radikalität, die in der Geschichte von Erysichthon steckt und vor der es unserer Einbildungskraft graut. So stehen Philosophie und Mythos einander gegenüber.

Aufschlussreich aber ist, wie in dieser Erzählung der Hunger mit dem Frevel verbunden wird, dem Frevel gegen die Natur als der nährenden und schützenden Macht. Ceres ist Demeter, die Muttergottheit. Sie ist die Göttin der Erde und der Fruchtbarkeit, die Göttin auch der Mysterien, zu denen nur die Frauen zugelassen sind. Im Bericht vom Wüten des Mannes gegen den heiligen Wald der Demeter wohnt noch die Erinnerung an den einstigen Kampf der männlichen, technischen Zivilisation gegen die matriarchale Welt. Damals war alle Nahrung Geschenk; jetzt ist sie Beute, mit Waffen und Werkzeug erstritten, Gewinn aus Gewalt. Essen und Frevel stehen in den Mythen und Sagen in einem dauernden und auffälligen Zusammenhang. Der Frevel kann zum Hunger, der Hunger aber auch zum Frevel führen.

In den Alpensagen führt die Vergeudung der Nahrung zur Verwüstung der Alpweiden. Der Überfluss lässt die Menschen den ehrfürchtigen Umgang mit der Nahrung vergessen. Er lässt vergessen, dass die Nahrung Geschenk ist und also Dankbarkeit fordert in Zeichen und Worten. Diese Zeichen verkehren sich im Frevel in ihr Gegenteil; sie werden zu Ritualen der Verschwendung. So etwa in der Clariden-Sage aus dem Kanton Uri. Da hauste einst ein Senn mit seiner Geliebten auf einer schönen Alp, und damit die hübschen Füsse der Frau nicht schmutzig wurden, pflasterte er von der Sennhütte zum Käsespeicher einen Weg mit Käseleibern und Butter. Der eigenen Mutter aber gab er Mistwasser statt Milch ins Gefäss. Da wurde die Alp zusammen mit dem Sennenpaar verschüttet und vergletschert, und heute noch hört man jeden Karfreitag vom Clariden her eine Stimme: «Ich und d Hüer Kathry miänt immer und ewig im Claride sii.»[9]

Eine sehr frühe Frevelgeschichte findet sich wiederum in der Odyssee. Als das Schiff des Odysseus unter schweren Verlusten zwischen Skylla und Charybdis endlich durchgekommen ist, gelangen die Überlebenden zur Insel Thrinakia. Hier weiden die prächtigen Rinder des Sonnengottes Helios. Odysseus ist bereits zweimal gewarnt worden, sich ja nicht an diesen Tieren zu vergreifen, und er lässt daher die Gefährten schwören, keines dieser Rinder zu schlachten. Mit der Zeit aber gehen den Männern die Vorräte aus. Sie fischen zwar und jagen Vögel, aber das reicht ihnen nicht; sie wollen Fleisch, schweres, gebratenes Rindfleisch. Odysseus begibt sich in die Berge, um zu den Göttern für guten Fahrtwind zu beten, und wird dort in einen schweren Schlaf versenkt. Derweil ergreift einer der Männer die Initiative. Er hält den Kollegen eine Rede:

> Hört meine Worte an, ihr armen Leidensgefährten.
> Alle Arten des Todes sind arg für die elenden Menschen,
> Doch das Erbärmlichste ist, am Hungertode zu sterben.
> Aber wohlan, treibt her von des Helios Rindern die besten,
> Um den Unsterblichen sie, die den weiten Himmel bewohnen,
> Darzubringen; wenn wir nach Ithaka dann, in die Heimat,
> Kommen, dann wollen dem Helios wir einen stattlichen Tempel
> Gleich errichten; darin viel edle Geschenke ihm weihen.
> Wenn er jedoch unser Schiff im Zorn um die hochgehörnten
> Rinder vernichten will und die andern Götter ihm folgen,
> Öffne ich lieber den Mund der Flut und sterbe auf einmal,
> Als lang hinzusiechen auf dieser veröedeten Insel.[10]

Das ist eine klassische Demagogenrede. Sie stellt einerseits in Aussicht, dass man sich dann schon aus der Affäre ziehen werde – wir bauen zu Hause dem Helios einen Tempel –, andererseits operiert sie mit einer falschen Alternative: Wenn uns die Götter dafür ersäufen, ist es immer noch besser als dieser Hunger jetzt. Der Demagoge erreicht sein Ziel, weil den anderen jedes Argument recht ist, wenn es auch nur den Schein einer Rechtfertigung liefert für die verbotene Tat. Nicht die Qualität des Arguments zählt für die Hungrigen, sondern die blosse Tatsache, dass einer mit einem Argument auffährt. Und so gehen sie denn ans Schlachten. Sie opfern dabei reichlich, aber es bleibt ihnen natürlich immer noch mehr als genug. Und als Odysseus zurückkehrt, geht es ihm wie Moses beim Abstieg vom Sinai: Er sieht das geschehene Unheil vor sich. Alles riecht nach Fett und Braten, und die Gefährten sitzen um die Feuer und schlagen sich die Bäuche voll. Aber gleichzeitig erscheinen schreckliche Zeichen. Die leeren Häute der geschlachteten Tiere regen sich und kriechen am Boden herum. Das Fleisch, das an den Spiessen steckt über dem Feuer, beginnt zu muhen und zu brüllen, das rohe wie das bereits gebratene.

Das ist das Zeichen des Frevels in seinem akuten Vollzug. So hat auch die heilige Eiche, die Erysichthon fällte, beim ersten Axthieb zu bluten begonnen. Der Frevel aus Hunger und der Frevel aus Überfluss vergessen beide, dass die Nahrung dem Menschen nicht gehört, sondern Geschenk ist, Geschenk der Erde, Geschenk der Götter. Auch in der Hilflosigkeit, mit der wir heute verfolgen, was uns vom Fleisch droht und was mit den zu vielen Rindern geschieht, regt sich eine Erinnerung an das alte Wissen um den Frevel an der Nahrung. Die technische Zivilisation vergisst ja sehr leicht, dass ihre Grenzen nicht dort liegen, wo die Technik etwas noch nicht kann, sondern dort, wo die Technik sich gegen die Würde der Schöpfung vergeht. Die Gefährten des Odysseus mussten wenig später alle ersaufen im Sturm, den ihnen die gereizten Götter schickten:

> Und da donnerte Zeus und warf in das Schiff einen Blitzstrahl;
> Und das wirbelte ganz herum, vom Blitze getroffen,
> Und ward voll von Schwefel; da fielen vom Schiff die Gefährten
> Alle und trieben ums schwarze Schiff wie die Krähen des Meeres
> In den Wogen herum; ein Gott nahm ihnen die Heimkehr.[11]

Im Hunger erfahren wir unsere Gebundenheit an die tierische Natur, im Hunger erfährt das Ens rationale die Grenzen seiner souveränen Vernunft. Aber wir brauchen diese Grenzen gar nicht nur als Konfrontation mit dem feindlichen, dem hündischen Bauch zu erleben, von dem Odysseus spricht, wir können diese Grenzen auch erleben als unsere eigene

Beheimatung in der vegetativen und animalischen Welt. Wenn wir selbst zu dem gehören, wovon wir uns ernähren, dann ist es nur folgerichtig, dass die frevelhafte Verletzung seiner Würde sich fortpflanzt in eine Verletzung unserer selbst. Zur Vermessenheit der technischen Zivilisation, nicht zuletzt bei der so genannten «Fleischproduktion», gehört der Hochmut einer zweckrationalen Vernunft, welche glaubt, eines Tages die eigene Natur gänzlich unter Kontrolle zu haben. So waren wir ja auch ein paar Jahrzehnte lang tatsächlich der Überzeugung, die grossen Seuchen seien endgültig von diesem Planeten vertrieben.

* * *

Wie die Not des Essens nicht nur im kruden Hungern liegt, so liegt das Glück des Essens nicht nur im kauenden und schlingenden Vollzug der Sättigung. Not und Glück des Essens sind eingebunden in den Umgang des Menschen mit seiner Kreatürlichkeit. Wo dieser Umgang zur reinen Herrschaft wird, verflüchtigt sich das Glück. Wo das Glück des Essens aber wahrhaftig sich ereignet, da ist der Umgang des Menschen mit seiner Leiblichkeit ein Verhältnis der Freundschaft, des Vertrauens, des Machtverzichts. Da verschwistert sich die Vernunft mit dem Leib in einer fröhlichen Gemeinschaft, und eines lässt das andere gelten, dankbar, dass es dieses andere gibt, so wie die Verliebten einander dankbar sind für ihr blosses wechselseitiges Vorhandensein. Es ist dieser gegenseitige Respekt, der zu den Zeremonien führt, zu den Riten und Ritualen des Essens. In ihnen verschwindet die Eifersucht zwischen Kopf und Bauch. Die Vernunft ist nicht mehr die Herrin, und der Leib ist nicht länger der Untertan. Sie begegnen einander in Spielen und Gebärden, die so alt und so schön sind wie die Spiele und Gebärden der Liebe.

Das beginnt schon beim Kochen. Die Rituale des Kochens sind nie ganz abgetrennt von den Ritualen des Essens, der Gastfreundschaft und der Tischgemeinschaft. Im Weg von der Küche zum Tisch, im Vorzeigen und Auftragen der Speisen verknüpft sich die Zeremonialität des Kochens mit derjenigen des Essens.

Zeremonialität des Kochens – ist das nicht ein zu grosses Wort für eine banale Tätigkeit? Natürlich muss man wissen, welche Handgriffe aufeinander folgen, wenn man eine Rösti macht oder einen Risotto oder eine Forelle blau. Aber das ist doch Handwerk, nicht Ritus. Es muss zwar präzis beherrscht werden, auf die Sekunde genau unter Umständen, aber handelt es sich da wirklich um mehr als eine Kulturtechnik? Ich glaube, die Übergänge sind fliessend. Es gibt durchaus Verwandtschaften und Berührungen zwischen den geregelten Handgriffen in der Küche und den Gesten und Zeichen religiöser Rituale. Bei Homer wird auf dem gleichen Feuer geopfert und gekocht.

Ein schöner Beleg findet sich einmal mehr bei Ovid, in der Geschichte von Philemon und Baucis. Da wandeln Jupiter und Merkur, also Zeus und Hermes, in Menschengestalt unter den Menschen. Sie bitten um Obdach und werden überall abgewiesen. Nur das alte Ehepaar Philemon und Baucis nimmt die beiden in seiner armen Hütte auf. Und kaum sind die Gäste eingetreten, beginnt eine Tätigkeit, bei der wir nicht mehr unterscheiden können, was Ritual der Gastfreundschaft ist und was banales Küchenhandwerk. Jeder Handgriff der beiden Alten erscheint als beides zugleich. Es sind heilige Handlungen, weil es um das hohe Gut der Gastfreundschaft geht, und es sind gleichzeitig eben auch die Routinebewegungen der alltäglichen Küche. Die dichterische Beschreibung vom Treiben der beiden Alten in der von ihnen nicht erkannten Gegenwart des höchsten Gottes verbindet wie selbstverständlich den Aspekt des religiösen Rituals mit dem des genauen Handwerks. Der Text gewinnt so einen auch heute noch bezwingenden Reiz, nicht zuletzt deshalb, weil wir hier manches erfahren über die antiken Küchenpraktiken.

Sobald die Gäste eingetreten sind, werden ihnen Sitze bereitet, und schon können wir verfolgen, wie das Feuer im Herd entfacht wird:

> Als nun die Himmelsbewohner gelangt zu der kleinen Behausung
> Und mit gebeugtem Haupt durch die niedrige Türe getreten,
> Bietet ihnen sogleich der Greis zur Ruhe zwei Sessel,
> Die die geschäftige Baucis mit grobem Gewebe bedeckte.
> Eifrig zerwühlte sie drauf auf dem Herd die lauliche Asche,
> Stochert die gestrige Glut und nährt sie mit Blättern und trockener
> Rinde und sucht die Flamme mit greisem Atem zu fachen.
> Kleingespaltenes Holz und trockenes Reisig vom Boden
> Holt sie, zerknickt es und schiebt es unter den winzigen Kessel,
> Kohl dann, den ihr Mann im bewässerten Garten gesammelt,
> Blättert sie ab; doch er mit doppelzinkiger Gabel
> Hebt den geräucherten Rücken des Schweins von der russigen Latte,
> Wo er ihn lange gespart, er schneidet vom Rücken ein kleines
> Stück und kocht es weich sodann in siedendem Wasser.
> Beide versuchen inzwischen die Zeit mit Gesprächen zu kürzen,
> Dass man das Warten nicht spüre.[12]

Wir erhalten hier einen reizvollen Blick in eine einfache Küche des Altertums. Das Geräucherte hängt im Kamin über dem Feuer. Es ist kostbar und wird nur selten verwendet – hier für die Gäste allerdings sofort und ohne Umstände. Feuer macht man mit der Glut vom Vortag, die sich noch unter der fast ausgekühlten Asche findet. Man entzündet an den winzigen Glutresten zuerst trockene Blätter und Rindenstücke, dann schiebt man Kleinholz nach, schiesslich die grösseren Scheiter. Ins Wasser zum geräucherten Schweinerücken kommt Kohl aus dem Garten.

Bezeichnend ist, dass das Problem, was mit den Gästen geschieht, während man kocht, auch hier schon existiert. Geräuchertes Schweinefleisch braucht bekanntlich seine Zeit, bis es gar ist. Daher treiben die beiden Alten eine sorgfältige Gesprächskultur, um die Gäste nicht zu langweilen, und bieten ihnen überdies ein lauwarmes Fussbad in einer Wanne aus Buchenholz. Desgleichen wird die Liegestatt – man liegt ja zum Essen auf niedrigen Gestellen – bereitgestellt, mit einer Schicht von weichen Blättern und Decken darauf. Dem wackligen Tisch muss noch eine Scherbe untergeschoben werden. Dann wickelt sich die Mahlzeit in drei Gängen ab, wobei einige heute vergessene Küchentechniken erwähnt werden:

> Geschürzt und mit zitternden Händen
> Setzte die Alte den Tisch, der dritte Fuss aber war ungleich.
> Eine Scherbe darunter erhöht ihn, und als er gerade
> Stand, ward rings die Platte mit grüner Minze gereinigt.
> > *[Das gibt es heute nicht mehr, dass der Tisch*
> > *duften soll, bevor man ihn deckt.]*
> Roh wird jetzt gebracht zweifarbige Frucht der Minerva,
> > *[Das sind Oliven, grüne und schwarze]*
> Herbstliche Kirschen dazu, die in flüssiger Hefe gelegen,
> Rettich und auch Salat, dazu geronnener Käse,
> Eier, nur leicht gewälzt in glimmender, laulicher Asche,
> > *[Auch dies ein vergessenes Verfahren, Eier in der*
> > *Schale genau richtig zuzubereiten]*
> Alles auf irdnem Geschirr, dann ebenso silbern ein Mischkrug,
> Künstlich mit Bildern geschmückt, und neben ihm buchengeschnitzte
> Becher, deren Inneres mit gelbem Wachse gebohnert.
> > *[Soweit der erste Gang, ein reiches Antipasto-*
> > *Buffet; jetzt folgt das Fleisch]*
> Wenig später erschienen vom Herde die dampfenden Speisen,
> Fortgetragen wurden die nicht sehr ältlichen Weine
> Und von der Tafel ein wenig entfernt für den späteren Nachtisch.

> *[Mehr wird über den Hauptgang nicht gesagt,
> wohl aber über den angekündigten Nachtisch]*
> Nüsse sind da und Feigen, gemischt mit faltigen Datteln,
> Pflaumen in offenem Korb, dazu noch duftende Äpfel,
> Und auch purpurne Trauben genug, von den Reben gesammelt.
> Mitten darin eine Scheibe von schimmerndem Honig; vor allem
> Freundliche Mienen dazu und willig spendende Güte.[13]

Alles, was hier geschieht, ist zugleich Handwerk der Zubereitung und Ritual der Gastfreundschaft. Jede Handlung geschieht vor den Augen der Gäste und ist damit auch Zeichen der Reverenz vor ihnen. Dabei muss man bedenken, dass den dunklen Hintergrund des Ganzen der kollektive Verstoss aller andern Bewohner dieser Gegend gegen die heilige Gastfreundschaft bildet. Aus der Fülle, die auch den zwei Ärmsten noch gegeben ist, können wir erschliessen, was die Geizigen und Hartherzigen alles für sich behalten wollten. Das heisst, die herzliche Freigebigkeit der beiden Alten ereignet sich vor einem Hintergrund des Frevels, Frevel diesmal nicht als Verschwendung, sondern als Geiz. Daher wird dann auch im Anschluss an das erzählte Geschehen die ganze Gegend mit Ausnahme der Hütte in eine unabsehbare Sumpflandschaft verwandelt, ganz analog zu den verschütteten und vergletscherten Alpweiden in den Frevelsagen unserer Berggebiete. Dieser Kontext eines Frevels verstärkt den sakralen Zug der zeremoniellen Gastfreundschaft von Philemon und Baucis.

Tatsächlich ereignet sich bereits während des Essens ein Weinwunder. Die Krüge werden nicht leer. Die Alten erkennen daran, dass ihre Gäste von höherer Natur sind. Sie geraten in Furcht und möchten nun sogar noch die einzige Gans schlachten, die sie sich als Wächterin des Gütleins halten. Da schreiten die zwei Götter ein und geben sich zu erkennen:

> Beide gewahrten indes, wie der Krug, so oft er geleert ist,
> Wieder von selbst sich füllt und der Wein immer wieder emporsteigt:
> Staunen und Furcht erfasst sie ob dieses Wunders, sie heben
> Flehend die Hände und beten, der bange Philemon und Baucis,
> Und sie bitten um Nachsicht für mangelnd bereitete Mahlzeit.
> Jetzt die einzige Gans, die Wacht des kleinen Gehöftes,
> Wollen ihre Besitzer den göttlichen Gästen noch schlachten.
> Flatternd enteilt der Vogel, ermüdet die alten, geschwächten
> Leute lange wie höhnend, dann schien er endlich zu fliehen
> Zu den Unsterblichen selbst. Die Tötung verbieten die Götter:

«Himmlische sind wir, und bald wird gebührende Strafe die schlimmen Nachbarn treffen ...»[14]

Kochen und Bewirten, Essen und Trinken, es vollzieht sich offensichtlich alles zwischen den zwei drohenden Vergehen der Verschwendung und des Geizes. Immer schwebt eine mögliche Schuld über der friedlichen Unschuld des Tafelns, des Zusammenseins und der freundschaftlichen Tischgespräche.

Dabei tritt neben die Möglichkeiten von Verschwendung und Geiz noch ein Drittes. Schon in der Antike gibt es das Wissen, dass alles Essen das Töten von Lebendigem voraussetzt. Wir können nur leben, indem wir anderes Leben vernichten. Walter Burkert hat dies in seinen Forschungen über die Opferrituale eindrücklich gezeigt. Schöner, ergreifender aber hat es keiner gesagt als, noch einmal bei Ovid, der weise Pythagoras. Dieser sei der Erste gewesen, meint Ovid, der sich gegen das Essen von Fleisch ganz grundsätzlich gestellt habe, und er lässt ihn sagen:

> Welch ein vermessener Frevel ist Fleisch in Fleisch zu versenken
> Und den begierigen Leib mit verschlungenen Leibern zu mästen,
> Selber zu leben durch den Tod eines anderen Lebens!
> Mitten in Fülle, die euch die Erde, die beste der Mütter,
> Schenkte, behagt dir nichts, als traurige Wunden mit wilden
> Zähnen zu schlagen, als wäret ihr wieder Cyclopen geworden;
> Kannst den gefrässigen Bauch, den übel beratenen Hunger
> Wirklich du nur stillen, indem du andre vernichtest?[15]

Das geht jetzt einen entschiedenen Schritt über das Dilemma zwischen Geiz und Verschwendung hinaus. Auch wenn dieser dritte Frevel auf das Fleisch begrenzt bleibt, steht doch der Gedanke nahe, dass alles Essen eine Schuld bedeute gegenüber dem vernichteten Leben. Vielleicht ist dies überhaupt der älteste Hintergrund für die Tatsache, dass im Erzählen der Menschheit die Verbindung von Essen und Frevel so oft und so dramatisch gezogen wird.

Die Untat des Erysichthon war ein Verbrechen nicht gegen ein Tier, sondern einen Baum, gegen eine Pflanze eigentlich, die der Göttin aller Pflanzen gehörte. Nicht nur das geschlachtete Tier ist getötetes Leben, auch die geschnittene Pflanze, der gefällte Baum. Als ich selbst ein Bub war, sah man in den Wäldern der Innerschweiz noch bei jedem gefällten Baum ein Kreuz in die Schnittfläche des Baumstumpfs gehauen. Heute gibt es das nicht mehr. Man mag den verschwundenen Brauch als Magie und Aberglauben betrachten, vielleicht war er aber auch ein überliefertes Zeichen der Ehrfurcht vor dem Lebendigen, das wir uns zu Diensten machen. Dem steht heute die grauenhafte Vernichtung der Regenwälder durch die technische Zivilisation gegenüber, ein Weltfrevel, von dem noch niemand weiss, wie wir ihn werden bezahlen müssen.

Im Glück des Essens, in der heiteren Gesellschaft um den vollen Tisch, erscheint ein Partikel des Paradieses wieder verwirklicht. Für einen Moment ist alles da, man braucht nur danach zu greifen. Vergnügter Friede herrscht und Zuneigung unter den versammelten Menschen. Man wünscht sich gegenseitig Genuss und Freude am Essen und Trinken und bleibende Gesundheit. Und so wie hier etwas vom verlorenen Ur*glück* der Menschheit aufleuchtet, drängt auch in der Literatur bei solchen Szenen gern etwas heran von der Ur*schuld*, die als Mythos oder Legende den Traum vom Paradies immer begleitet. Es gibt eine bewegende kleine Erzählung von Regina Ullmann, dieser so wichtigen und dennoch fast vergessenen Stimme der Schweizer Literatur des 20. Jahrhunderts, in der der plötzliche Sturz einer Tischgemeinschaft aus dem Paradieseszustand geschildert wird. Die Geschichte heisst «Durchs Glasaug» und handelt vom Besuch bei einer Bauernfamilie im Schwäbischen um Martini herum. Es ist Notzeit; alle Welt hat Hunger; hier aber ist plötzlich ein ungeahnter Tisch bereitet um eine mächtige Martinsgans herum:

> Da dampfte nämlich die Fleischbrühe mit den «Flädle» drin. Geselchtes, fettdurchwachsen, mit Knödeln, stand schon daneben bereit, als könne die Bäuerin es nicht erwarten, es auftragen zu dürfen. Ferner das obligate Bauernschweinerne (und mit was für knusperiger Rinde...). Zugleich mit ihm der Kartoffelsalat, ferner Selleriesalat und schliesslich die Martinsgans, eher rotbackig als bloss braun, mit dem Goldton ihrer Wohlgenährtheit, wie sie eben aus der Bratröhre kam, allein schon eine grossmächtige Platte für sich in Anspruch nehmend. Apfelküchle rundeten einen prächtigen Teller, Most, Zwetschgenschnaps, Kaffee und Milch in hohen Festtagskannen: alles auf einmal, vollzählig versammelt, wartete mit überlegener Sicherheit.[16]

Das erscheint der Erzählerin, die von weit her durch eine vernebelte Novemberlandschaft angereist ist und «Hungermonate» hinter sich hat, wie ein Wunder. Das Wort vom Partikel des Paradieses ist hier angebracht wie selten sonst. Langsam setzt sich jetzt die grosse Familie zusammen um den unerhörten Tisch herum. Nun gibt es aber in der Ecke der Bauernstube ein kleines Fensterchen, das «Glasaug», von dem aus man die Strasse überblickt. Und auf dieser Strasse taucht plötzlich eine ältliche, ungeliebte Verwandte auf, die «Bas», und steuert, man sieht es von weitem, zielsicher auf das Haus zu. Alle scheinen auf der Stelle zu wissen, was das heisst. Alle sind wortlos und augenblicklich der Überzeugung: die Bas ahnt, dass es hier ein mächtiges Mahl gibt, und will sich dazu drängen. Und ohne dass ein Wort gewechselt würde, wird der Tisch blitzschnell abgeräumt, werden die Speisen in eine Nebenkammer getragen. Stumm sitzt die Gesellschaft um den grossen leeren Tisch herum, als die Frau anklopft und eintritt. Dabei ist die Luft schwer vom Duft des Gebratenen und Gebackenen. Die Frau merkt mit dem ersten Atemzug, was los ist; sie wechselt mit den wortkargen Verwandten ein paar Sätze und verabschiedet sich wieder. Und jetzt geschieht das Merkwürdige. Obwohl die Gans erst angeschnitten ist, die Küchlein und vieles andere noch unberührt sind, isst niemand mehr weiter. Mit der gleichen reflexhaften Selbstverständlichkeit, mit der die Frauen und Männer der grossen Familie vorher alles weggeräumt haben, um den unerwünschten Gast von der Tischgemeinschaft fernzuhalten, sind sie nun nicht mehr imstande, die Speisen wieder hereinzutragen und sich erneut festlich zusammenzusetzen. Es geht einfach nicht. Niemand mag mehr essen. Niemanden lockt das grosse, herzliche Gespräch. Das Glück ist erloschen, obwohl alle Dinge noch da sind. Das Paradies dieses seltenen Tages ist verloren. So zudringlich jene Frau auch war, so bitter empfinden jetzt trotzdem alle den Verstoss gegen die Gastfreundschaft. «Sie war nun einmal entzweigerissen, diese schöne Mahlzeit.»[17]

Das Interessante an der scheinbar einfachen, aber, wie immer bei Regina Ullmann, hintergründigen Erzählung ist die Unreflektiertheit des Handelns. Der Moment eines irdischen Paradieses um den herrlichen Tisch herum wird ebenso willentlich-unwillentlich geschaffen, wie er willentlich-unwillentlich zerstört wird. Alle wissen: Ein Teller und ein Stuhl unten am Tisch hätten genügt, und die Base hätte das gemeinsame Fest nicht weiter zu stören vermocht. Aber die Tat ist geschehen, und wieder finden kann man das verlorene Paradies nicht.

Deutlicher noch als in der Geschichte von Philemon und Baucis tritt hier zutage, wie sehr das Glück des Essens gebunden ist an eine geglückte Gesellschaft, bestehe sie nun aus einer verzweigten Familie oder nur aus zwei Leuten, die einander gern haben. Auch die homerischen Götter essen gemeinsam. Nur der Papst isst allein. Wo es ein einziges höchstes

Amt gibt, ist die Tischgemeinschaft eine Verletzung der Hierarchie.[18] Dies bestätigt nun aber ex negativo die Sozialutopie des gemeinsamen Essens. Dieses verwirklicht etwas im Kleinen und Flüchtigen, was im Grossen und Dauernden immer misslingt: die versöhnte, die brüderlich verschwisterte Gesellschaft.

Wenn ich gesagt habe, dass im kulturell ritualisierten Essen die alte asketische Feindschaft zwischen Kopf und Bauch, zwischen Vernunft und Körper, zwischen Unsterblichkeitsidee und Vergänglichkeit aufgehoben werde zu einer menschlichen Ganzheit, kann ich jetzt sagen, dass im kulturell ritualisierten Essen auch die allgegenwärtige Feindschaft unter den Menschen aufgehoben wird. Eine anthropologische und eine soziale Utopie rücken hier also nahe zueinander.

Und hier wäre nun auch der Ort, um endlich vom prächtigsten Gastmahl der Schweizer Literatur, vielleicht sogar der deutschsprachigen Literatur überhaupt zu reden, von der Rahmengeschichte zu Jeremias Gotthelfs Erzählung «Die schwarze Spinne». Vieles des bisher Gesagten wäre dabei zu wiederholen und erneut zu belegen. Es ist ein paradiesischer Tag, an dem vom Morgen bis zum Abend in gewaltiger Weise gegessen wird. Auffahrt ist und strahlendes Wetter, die Erde leuchtet gesegnet unter der Sonne. Eine weitläufige Verwandtschaft versammelt sich zu einer Taufe und dem entsprechenden Gastmahl, das schon mit dem Frühstück beginnt und erst spät in der Nacht endet. Dazwischen ist der Kirchgang, der die Leute zwar an Gott denken lassen soll, vor allem aber den Appetit anregen muss. Denn was von den Essern gefordert wird, ist ungeheuerlich. Und niemand kann sich entziehen, niemand darf sich entziehen, bei keinem Gang des endlosen Menus. Gotthelf, der unerbittliche Beobachter, zeigt, wie die zahllosen Rituale des bäuerlichen Gastmahls nicht nur ein kulturelles Spiel sind, sondern auch strenges Gesetz. Wie sich die Gastgeber verhalten und was sie auftragen, wird von den Gästen scharf beobachtet. Wehe, wenn irgendwo der Eindruck entsteht, es sei gespart worden. Schon am Morgen früh sagt die Hausfrau zur Gehilfin: «Röste mir den Kaffee heute nicht so schwarz, sie könnten sonst meinen, ich hätte das Pulver sparen mögen. Des Göttis Frau ist gar grausam misstreu und legt einem alles zu ungunsten aus.»[19] Und wenn die Gastgeber so der unerbittlichen Sozialkontrolle ausgesetzt sind, geht es den Gästen nicht anders beim Auftragen und Schöpfen der Speisen. Die Höflichkeit fordert, dass man immer abwehrt, aber wehe, wenn man einmal tatsächlich nicht mehr nehmen sollte. Das hiesse, dass man es nicht gut findet, und das wäre eine Beleidigung der Gastgeber, und das kann sich niemand leisten. Beide Seiten überwachen einander also mit gleichermassen scharfen Augen.

Dennoch bleibt das immense Mahl deutlich verbunden mit der Idee des Paradieses. Es spielt sich am schönsten Tag des Jahres ab und wird veranlasst durch die Taufe eines unschuldigen Kindes. Diesem Komplex von Genuss und Unschuld steht dann in schrecklichem Kontrast die Geschichte von der Schwarzen Spinne gegenüber. Sie wird während dieses Essens erzählt. In ihr ist nun vom grossen Frevel die Rede, von der schweren Schuld Einzelner und einer ganzen Gemeinschaft. Es scheint fast, als ob die Literatur, die ja stets auch das Ganze im Auge hat, von den kleinen, flüchtigen Paradiesen unseres Daseins gar nicht reden könne, ohne auch die Schlangen zu zeigen, die sie bedrohen.

So viel zu den anthropologischen, sozialen und metaphysischen Erfahrungen, die sich in der Literatur um das Essen herum ereignen, so viel zur Erkenntnis, die sich mit dem Essen verbinden kann. Schon Adam und Eva haben essend erkannt und erkennend gegessen. Es ist kein Zufall, dass sich die Grundfragen der Kultur im Zusammenhang mit dem Essen so einfach und unzweideutig stellen wie sonst fast nie. Einfach und unzweideutig ist ja auch die deutsche Sprache in ihrem Nebeneinander der zwei Wörter *fressen* und *essen*. Jedes Kind erlebt an diesen zwei Wörtern, was Kultur ist, lange bevor es dem Wort Kultur überhaupt begegnet. Und wenn wir als die höchste Form der Kultur die Künste betrachten, so zeigt sich sogar hier noch der eigentümliche Versöhnungscharakter, der dem Essen zukommt. Kochen ist eine Kunst, und das herausragende Essen ist ein Kunstwerk ohne Zweifel. Aber im Unterschied zu all den Werken, die unsterblich und ewig sein wollen, *aere perennius*, dauerhafter als Erz, wie Horaz sagt, erfüllt sich das Kunstwerk des vollkommenen Essens in seinem eigenen Untergang. Es wird damit zu einer Provokation des Unsterblichkeitswillens der andern Künste. Wie sich der Geist an der vergnügten Tafel mit dem sterblichen Körper versöhnt, versöhnt sich die Kunst im vollkommenen Essen mit ihrer eigenen Vergänglichkeit. Einmal allerdings ist es gelungen, aus der kulinarischen Feier des Flüchtigen und Verschwindenden doch noch etwas Dauerhaftes zu machen. Bertolt Brecht hat es uns überliefert in einem schönen Gedicht. Es handelt vom Bauch des Schauspielers Charles Laughton, und es zeigt diesen Bauch als ein Kunstwerk eigener Art:

Der Bauch Laughtons

Sie alle verschleppen ihre Bäuche
Als wäre es Raubgut, als würde gefahndet danach
Aber der grosse Laughton trug ihn vor wie ein Gedicht
Zu seiner Erbauung und niemandes Ungemach.
Hier war er: nicht unerwartet, doch nicht gewöhnlich
Und gebaut aus Speisen, ausgekürt
In Musse, zur Kurzweil.
Und nach gutem Plan, vortrefflich ausgeführt.[20]

Der letzte Vers – «nach gutem Plan, vortrefflich ausgeführt» – zeigt, dass der vorhergehende Vergleich mit einem Gedicht mehr ist als ein Scherz. Der Dramatiker Brecht attestiert dem Bauch des Schauspielers das, was er von einem guten Stück verlangt: «nach gutem Plan, vortrefflich ausgeführt». Dadurch wird dieser Körperteil mehr als nur ein Zeugnis für Genuss und Genussfreude, er wird zu einem gewollten, formsicher gestalteten Gebilde. Der Besitzer und Schöpfer schämt sich seiner nicht wie jene andern Bauchträger, die ihre ausladende Leiblichkeit verstecken möchten und sich ihrer schämen, als hätten sie sie gestohlen. Indem Brecht ein Gedicht schreibt auf diesen Bauch, der selbst ein Gedicht ist und der sich langsam geformt hat aus vielen Mahlzeiten, die ihrerseits wieder die Vortrefflichkeit schöner Gedichte besassen, rückt uns der Dialektiker eine kleine, hintersinnige Kunstlehre vor Augen. Er feiert eine Kunst, die sich ihrer Vergänglichkeit bewusst ist, und zeigt gleichzeitig, dass der Wille zur Unsterblichkeit im Kunstwerk doch kein leerer Wahn ist. In Laughtons Bauch findet die flüchtige Vergänglichkeit des geglückten Essens ein Denkmal, das auf ein paar Jahre vorhält; im Gedicht auf diesen Bauch aber gewinnt das Denkmal selbst seine viel höhere Dauer, wenn nicht *aere perennius*, so doch *ventre perennius*, und mindestens so lange, als es auf diesem Planeten noch Bibliotheken gibt.

Anmerkungen

1. Friedrich Schiller: Die Weltweisen. In: Friedrich Schiller: Sämtliche Werke. Hrsg. von Gerhard Fricke und Herbert G. Göpfert. 1. Band. München 1965. S. 223.
2. William Shakespeare: Hamlet, Prinz von Dänemark. Englisch und Deutsch. Hrsg. von L. L. Schücking. Hamburg 1957. S. 156 (Szene IV.4).
3. Johann Nestroy: Weder Lorbeerbaum noch Bettelstab. Erste Abteilung. Zwanzigste Szene. In: Johann Nestroy: Gesammelte Werke. Ausgabe in sechs Bänden. Hrsg. von Otto Rommel. Zweiter Band. Wien 1962. S. 328.
4. Homer: Odyssee. 7. Gesang. Vers 213–221. Hier zitiert nach der Übersetzung von Johann Heinrich Voss. In: Poetische Werke von Johann Heinrich Voss. Fünfter Teil. Berlin o. J.. S. 84.
5. Homer: Odyssee. Übersetzt von Roland Hampe. Stuttgart 1979. S. 109.
6. Ovid: Metamorphosen. Aus dem Lateinischen von Thassilo von Scheffer. Zürich 1998. S. 233.
7. Ovid: Metamorphosen. A.a.O. S. 234 f.
8. Ovid: Metamorphosen. A.a.O. S. 237.
9. Vgl. Sagen aus Uri. Aus dem Volksmunde gesammelt von Josef Müller, Kurat am Kantonsspital Altdorf. Hrsg. von Hanns Bächtold-Stäubli. Band I. Basel 1926. S. 71–73.
10. Homer: Odyssee. Übersetzung Hampe. A.a.O. S. 204.
11. Homer: Odyssee. Übersetzung Hampe. A.a.O. S. 206.
12. Ovid: Metamorphosen. A.a.O. S.228 f.
13. Ovid: Metamorphosen. A.a.O. S. 229 f.
14. Ebd.
15. Ovid: Metamorphosen. A.a.O. S. 420.
16. Regina Ullmann: Durchs Glasaug. In: Regina Ullmann: Erzählungen, Prosastücke, Gedichte. Zusammengestellt von Regina Ullmann und Ellen Delp. Neu herausgegeben von Friedhelm Kemp. München 1978. Zweiter Band. S. 273 f.
17. Ullmann: Durchs Glausaug. A.a.O. S. 278.
18. Dass der Papst allein isst, geht nach mündlicher Auskunft von Ludwig Schmugge zurück auf das byzantinische Hofzeremoniell. Auch der Kaiser zu Byzanz durfte nicht Teil einer Tafelrunde sein.
19. Jeremias Gotthelf: Die schwarze Spinne. In: Jeremias Gotthelf: Sämtliche Werke in 24 Bänden. Hrsg. von Rudolf Hunziker und Hans Bloesch. 17. Band. Zürich 1936. S.8
20. Bertolt Brecht: Gesammelte Werke in 20 Bänden. Hrsg. vom Suhrkamp Verlag in Zusammenarbeit mit Elisabeth Hauptmann. Frankfurt am Main 1967. Band 10. S. 875.

Pierre Bühler

«Für Spys und Trank ...»: biblisch-christlicher Umgang mit Essen und Trinken

Einleitung

Zum Einstieg: das Tischgebet

«Für Spys und Trank, fürs täglich Brot, mir danke Dir, o Gott.» So hat man früher am Tisch gebetet, so hat auch mein Vater am Tisch gebetet. Das Phänomen des Tischgebets ist für unser Thema nicht unwichtig und eignet sich deshalb sehr gut als Einstieg. Es bezeugt, dass dem Essen und Trinken in religiöser Perspektive eine wichtige Bedeutung zukommt, dass es in dieser Hinsicht nicht einfach gleichgültig ist. Im Tischgebet wird das Essen und Trinken ins Gottesverhältnis aufgenommen: «Spys und Trank» werden als Gottes Gaben wahrgenommen und sind als solche Gegenstand des Dankes. Damit kommt ein religiöser Umgang mit dem Essen und Trinken zum Ausdruck, und darum soll es in der heutigen Vorlesung vornehmlich gehen.

Essen und Trinken: säkularisiert oder kultisch?

Heute aber haben sich Essen und Trinken stark säkularisiert. Ohne jetzt dazu eine Umfrage zu starten, können wir davon ausgehen, dass in unserer abendländischen Gesellschaft nur noch wenige Leute am Tisch beten. Unser Umgang mit Essen und Trinken ist nicht spontan religiös. In vieler Hinsicht geht damit auch eine Banalisierung des Essens und Trinkens einher. Freilich jedoch können sich auch wieder kultische, quasireligiöse Züge einstellen: etwa in der hohen Gastronomie, wo mit den Gerichten in kultischer Manier umgegangen wird, oder im ökologisch bewussten Essen, wo nach ganz genauen, quasireligiösen Regeln gespiesen wird. In der Regel aber wird heute das Essen und Trinken oft instrumentalisiert: es soll schnell («fastfood»!), effizient, gesund sein. Es bleibt aber in seiner Grundbedeutung eher unreflektiert (höchstens schaut man vielleicht ein wenig auf die Linie ...!).

Von dorther stellt sich die legitime Frage, ob der religiöse Umgang mit Essen und Trinken heute nicht endgültig überholt sei. Demgegenüber wollen wir aber überlegen, ob dieser religiöse Umgang nicht gerade einen wichtigen Beitrag zu unserer heutigen Essenskultur leisten könnte. In diesem Sinne sollen hier gewisse Aspekte der biblisch-christlichen Tradition des Essens und Trinkens in Hinsicht auf das grundmenschliche Problem des Essens und Trinkens zum Tragen kommen.

Zum Aufbau

Das Thema soll in vier Schritten behandelt werden. Zuerst werden unter religiösem Aspekt ein paar Grundspannungen wahrgenommen, die den menschlichen Umgang mit Essen und Trinken charakterisieren. Auf diesem Hintergrund sollen dann wichtige Dimensionen des Essens und Trinkens in der biblischen Welt und im Urchristentum thematisiert werden. Das wird uns schliesslich zu einer kleinen Theologie des Essens und Trinkens führen. Das ist sozusagen das Menü der heutigen Vorlesung, in der Hoffnung, dass es nicht allzu schwer verdaulich ist!

Ich beginne gleich mit dem ersten Gericht: einem «Entree», das uns erlauben soll, den religiösen Aspekt mit dem menschlichen zu verbinden.

Religion als Umgang mit Grundspannungen des Essens und Trinkens

Eine grundmenschliche Gegebenheit – und ihre religiösen Implikationen

«Der Mensch ist, was er isst.» Dieser Satz, den man oft Ludwig Feuerbach zugesprochen hat, soll von Karl Friedrich von Rumohr (1785–1843) stammen, der sich als Philosoph der Kochkunst ausgezeichnet hat.[1] Er bringt ganz schlicht zum Ausdruck, wie stark das Essen und Trinken zu den Grundgegebenheiten des menschlichen Lebens gehört. Das gilt in aller Materialität: Speis und Trank sind dem Menschen lebens- und überlebensnotwendig, wie er auch beim Einatmen Luft braucht. Externität gehört deshalb wesenhaft zum Kreislauf des menschlichen Organismus. Der Mensch hat nicht bereits alles in sich, was er zum Leben braucht. Um nicht abzusterben, muss er Stoffe aufnehmen, einverleiben, verdauen. Essen und Trinken bildet also für das menschliche Lebewesen etwas Vitales, Lebenselementares.

Zugleich muss hervorgehoben werden, dass dieses Essen und Trinken als vitaler Gestus nicht einfach irgendwie absolviert wird. Er nimmt in menschlicher Kultur Gestalt an, was auch für die religiöse Praxis von Essen und Trinken von Bedeutung sein wird. Es seien hier vor allem zwei Aspekte betont:
– Das Zubereiten der Speisen und Getränke ist an sich auch vital: Das Kochen erlaubt die Aufbewahrung der Nahrung, schützt das Rohe vor dem Verwesen.[2] Das Zubereiten führt aber auch zur Entwicklung der Kochkunst. Das kulinarische Können, indem es den Appetit fördert, verbindet die Ernährung als vitalen Akt mit der Lust zum Essen.
– Mit dem Essen und Trinken verbindet sich eine Sozialpraxis: Das Mahl nimmt gemeinschaftliche Züge an, verbunden mit ganz bestimmten Regeln und Koden. Man isst und trinkt nicht irgendwas irgendwo irgendwann mit irgendwem. Wie wir vom Religiösen her noch sehen werden, sind nicht alle am selben Tisch willkommen! Essen und Trinken kann Gemeinschaft stiften, kann aber auch ausgrenzend wirken.

Die menschliche Grundgegebenheit des Essens und Trinkens hat von Anfang an religiöse Implikationen. Das zeigt sich etwa daran, dass bereits im Garten Eden (Genesis 3), ganz am Anfang der Menschheit nach mythologischer Erzählung, das Essen einer Frucht das Gottesverhältnis in eine Krise versetzt. In der Lust an der verbotenen Frucht[3] entzündet ein Ungehorsam gegenüber Gott, eine Auflehnung gegen ihn, die die geschöpfliche Beziehung mit ihm zerstört. Am Schluss dieses Kapitels wird der Mensch dazu bestimmt, sich sein Essen und Trinken arbeitend vom Erdboden zu erkämpfen. «Mit Mühsal sollst du dich von ihm nähren dein Leben lang. Dornen und Disteln soll er dir tragen, und das Kraut des Feldes sollst du essen. Im Schweisse deines Angesichts sollst du dein Brot essen ...» (Genesis 3, 18 f.).[4]

Damit kommen Spannungen im Verhältnis des Menschen zum Essen und Trinken zum Ausdruck, welche die Religion wahrzunehmen und als konstitutive Spannungen auszuhalten versucht. Es seien hier kurz vier solche Spannungen angesprochen, die auch religiös bedeutsam sind.

Tägliches Brot – und doch nicht Brot allein: irdische und himmlische Speisen

Wie vorhin schon betont wurde, ist das Essen und Trinken lebensnotwendig. Das kommt auch religiös zum Ausdruck, als die Sorge um das tägliche Brot, im Tischgebet, wie bereits zitiert, oder auch im Vaterunser: «Gib uns heute unser tägliches Brot» (Matthäus 6, 11). Zugleich gilt aber, dass dieses Brot für das Leben nicht genügt. Die Bibel betont deshalb: «Nicht vom Brot allein wird der Mensch leben, sondern von jedem Wort, das aus dem Munde Gottes hervorgeht» (Matthäus 4, 4; Zitat von 5. Mose 8, 3).

Um es mit André Gide zum Ausdruck zu bringen, könnte man sagen: die «nourritures terrestres», die irdischen Speisen, genügen nicht, es bedarf auch der «nourritures spirituelles», der geistig-geistlichen, himmlischen Speisen.[5] Das Irdische ist zwar durchaus nicht zu verachten, weil es lebenswichtig ist; zugleich aber weist es auf Höheres oder Tieferes, hier mit dem Wort in Verbindung gebracht. Ein solcher Bezug zeigt sich auch bei unserer Tischgemeinschaft: Ein gelungenes Mahl hängt nicht nur von guten Speisen ab, es geht auch darum, gute Worte ausgetauscht zu haben, miteinander ins Gespräch gekommen zu sein.

Ungleichheiten: «Der eine hungert, der andre ist betrunken»

Die zweite Spannung ist schmerzhafter: es ist die der Ungleichheiten beim Essen und Trinken. Ein etymologischer Hinweis mag hier als Einstieg dienen: Das griechische Wort für Essen, *phagein*, heisst zugleich «austeilen, teilen, Anteil geben». Damit ist angezeigt, dass zum menschlichen Essen und Trinken von vornherein die Spannung gehört, dass das Essen und Trinken sehr ungleich verteilt ist. Hunger und Sättigung bilden ein weltweites Problem, das Horst Haitzinger mit einer Zeichnung der zwei Hemisphären des Planeten krass zum Ausdruck gebracht hat.[6]

Horst Haitzinger ©, München

Dass zum Nachdenken über den menschlichen Umgang mit Essen und Trinken auch das ethische Problem der Austeilung von Nahrung gehört, kommt in der Bibel ebenfalls zum Ausdruck. Paulus klagt verärgert darüber, dass in der korinthischen Gemeinde beim gemeinsamen Mahl krasse Ungleichheiten entstehen: «... jeder nimmt beim Essen sein eignes Mahl vorweg, und der eine hungert, der andre ist betrunken» (1. Korinther 11, 21).

Exzesse: zwischen Völlerei und Fasten

Auch bei den Exzessen im Umgang mit Essen und Trinken kommt eine eigentümliche Ambivalenz zum Vorschein, die auf tiefe Störungen hinweist. Der Exzess im Zuviel ist die Gefrässigkeit, die Fresssucht. Man mag hier etwa an die römischen Orgien denken oder an die amerikanischen Guinness-Rekorde (wie viele Hotdogs oder wie viele Liter Bier in einer Stunde!). Der Exzess wird religiös verurteilt: Völlerei gilt als eine der sieben Todsünden, was bei weitem nicht heisst, dass es nicht auch viele religiöse Gründe zu exzessivem Essen und Trinken gibt (verbunden etwa mit der Vorstellung des paradiesischen Schlaraffenlandes!). Die Völlerei hat jedoch etwas Krankhaftes, Morbides an sich, wie sich in gewissen Filmen zeigt, die in seltsamer Manier die Fresslust, den Sexualtrieb und den Todeswunsch vermischen.[7] Die pathologische Form dieses Exzesses ist im Heisshunger zu finden.

Im Kontrast dazu, auch von religiöser Bedeutung, gibt es den asketischen Umgang mit Essen und Trinken, etwa im religiös begründeten Fasten. Züchtigung des Leibes, Bekämpfung und Bestrafung des Fleisches können zur bewusst betriebenen Abmagerung führen. Pathologisch entspricht diesem religiösen Verhalten die Magersucht (man entdeckt heute bei vielen Heiligen der Tradition mehr oder weniger deutliche Anzeichen von Magersucht!).

Der religiöse Umgang mit den Exzessen ist ambivalent: einerseits werden sie verurteilt, andererseits hat aber die Religion auch intensiv daran teil und befördert sie.

Frohes Beisammensein und Einbruch des Unheimlichen

Eine vierte Spannung betrifft den gemeinschaftlichen Aspekt. Eine Mahlzeit ist ein gemeinschaftliches Erlebnis. Um den Tisch herum entwickelt sich ein frohes Beisammensein. Doch zugleich kann bei der Tischgemeinschaft gerade auch das Unheimliche einbrechen: Offenbarungen finden statt, Geheimnisse werden enthüllt, Rachen werden vollzogen. Es seien hier in aller Kürze zwei Beispiele aus Film und Literatur erwähnt. Im Film *Festen* von Thomas Vinterberg wählt ein Sohn das grosse Fest, das man seinem Vater zum 60. Geburtstag organisiert hat, um vor allen Gästen zu enthüllen, dass dieser Vater ihn und seine Schwester in der Kindheit jahrelang sexuell missbraucht hatte! In seinem Roman *Die Panne* erzählt uns Friedrich Dürrenmatt, wie vier pensionierte Juristen, die ihre Abende damit verbringen, beim Nachtessen Gericht zu spielen, eines Abends den Handelsreisenden Alfredo Traps seiner Schuld überführen. Der Abend ist herrlich; die Gerichte folgen einander, das eine fantastischer als das andere, begleitet von den besten Weinen. Zugleich wird aber ein Prozess vollzogen, der dazu führt, dass sich schliesslich am frühen Morgen Alfredo Traps erhängt, das Todesurteil ausführend, das die vier Alten im Spiel ausgesprochen hatten!

Die Religion setzt sich mit diesen Grundspannungen des menschlichen Umgangs mit Essen und Trinken auseinander, ist aber zugleich darin verwickelt. Von dieser Ambivalenz her wollen wir uns nun in die biblische Welt hinein begeben. Wir kommen so zu unserem zweiten Gericht, zum ersten Hauptgang.

Essen und Trinken in der biblischen Welt

Eine allgegenwärtige Wirklichkeit

Blättert man in seiner Bibel, so entdeckt man schnell eine Unmenge von Material zu unserem Thema. Das Essen und Trinken ist in der Bibel eine allgegenwärtige Wirklichkeit: nicht nur viele Gerichte, Gastmähler und Festmähler wären hier zu erwähnen, sondern auch viele Ernährungsmetaphern und viele theologische und religiöse Überlegungen zum Essen und Trinken. Es wäre langwierig und mühsam, hier alles aufzulisten. Ich beschränke mich darauf, ein paar prägende, spezifische Züge aufzugreifen. Zunächst seien ein paar Hinweise zur sprachlichen Erfassung unseres Themas erwähnt.

Einige Bemerkungen zum Wortschatz

Der Begriff «Fest» hat im Hebräischen zwei Wurzeln: *hagag*, von *hug*, der Kreis, was auf das Tanzen, das Herumgehen im Kreis, hinweist, und *moer*, von *yaar*: eine Zeit festlegen, was auf das Fest als Kalenderfest hinweist, als Festtag im Ablauf des Jahres. Interessanter, wichtiger ist zu beobachten, wie «Mahl, Mahlzeit» zum Ausdruck gebracht wird: sowohl im Hebräischen als auch im Griechischen des Neuen Testaments wird hier einfach «das Brot» gebraucht, was seine zentrale Bedeutung in der biblischen Welt unterstreicht, die wir bereits in der Bitte des Vaterunsers entdeckt hatten. Das Mahl heisst: «sein Brot essen, sein Brot teilen», auch wenn weit mehr als nur Brot dazu gehört. So ist denn auch das gemeinsame Mahl bei den ersten Christen bezeichnet als das Brechen des Brotes (vgl. etwa Apostelgeschichte 2, 42 und 46).

Für ein Festmahl sagt man im Hebräischen *michetteh*, von *chatah*, trinken, was hier, bereits negativ bewertet, Trinkgelage, Trinkerei heisst. Im Neuen Testament braucht man hier die im klassischen Griechischen üblichen Begriffe *ariston*, *deipnon*, als Nachtessen, Abendessen verstanden (von daher kommt dann das so genannte *Abendmahl*, bei Paulus auch wörtlich als das *Herrenmahl* bezeichnet – *kuriakon deipnon*, 1. Korinther 11, 20).

Interessant ist hier noch die Tatsache, dass das gemeinsame Essen in den urchristlichen Gemeinden als *agape* bezeichnet wird, was «Liebe» heisst. Dass es in der «agape» nicht immer ganz so liebevoll zu- und hergeht, werden wir noch sehen. Trotzdem bleibt es aber eindrücklich, die Tischgemeinschaft als «Liebe» zu bezeichnen.

Das erste Mahl in der Bibel: Abraham und die Boten Gottes (Genesis 18)

Getragen ist das Mahl vom Zwischenmenschlichen her durch die Grunderfahrung von Schenken und Empfangen. Eine Einladung zum gemeinsamen Essen heisst: diese Person empfangen, ihr an meinem Tisch einen Platz machen und ihr das Beste vorbereiten, was ich habe. Das sind die Grundprinzipien der biblischen Gastfreundschaft. Sie werden ganz eindrücklich kund im ersten Mahl, das uns in der Bibel erzählt wird, das Mahl, das Abraham seinen Besuchern in Genesis 18 vorbereiten lässt. Drei Männer kommen, die sich als Gottes Boten erweisen werden. Noch bevor Abraham das weiss, umsorgt er sie. Er bietet Wasser an, damit sie ihre Füsse waschen können, und lädt sie ein, sich unter dem Baum zu lagern, und verspricht ihnen, «einen Bissen Brot» zu holen (V. 4 f.). Was dieses Brot ist, wird nun ausführlich beschrieben: «Nun eilte Abraham ins Zelt zu Sara und sprach: Nimm schnell drei Scheffel Mehl! Knete es und backe Kuchen! Auch zu den Rindern lief Abraham, holte ein zartes Kalb und gab es dem Knechte; der rüstete es eilends zu. Dann nahm er Sauermilch und frische Milch und das Kalb, das er gerüstet hatte, und setzte es ihnen vor; er selbst aber wartete ihnen auf unter dem Baume, und sie assen.» (V. 6–8)

Bei diesem Essen geschieht dann auch die grosse Offenbarung: dass der versprochene Sohn, die lang ersehnte Nachkommenschaft, endlich kommen wird! Das Essen wird zum Ort der Begegnung mit Gott.[8]

Ganz ähnlich vollzieht sich im Gleichnis des verlorenen Sohnes (Lukas 15, 11–31) der Empfang des zurückkehrenden Sohnes. Der liebevolle Vater vollzieht alles nach den Regeln der Gastfreundschaft, jedoch in einem unglaublichen Übermass: er läuft ihm entgegen, umarmt und küsst ihn und befiehlt: «Bringet schnell das beste Kleid heraus und ziehet es ihm an und gebet ihm einen Ring an die Hand und Schuhe an die Füsse, und holet das gemästete Kalb, schlachtet es, und lasset uns essen und fröhlich sein!» (V. 21–23) Die Mahlzeit wird hier zum Ort des Empfangs, der Liebe und deshalb auch der Begegnung mit dem Heil und damit der Freude. Freilich vermag es der treue, daheim gebliebene Sohn nicht, diese Freude zu teilen, und damit ist auch bereits eine Schattenseite des biblischen Mahls angedeutet, was wir hier noch etwas vertiefen wollen.

Schattenseiten im biblischen Essen und Trinken

Beobachtet man die biblischen Mähler und Feste genauer, so klingt in ihnen all das auch an, was wir vorhin als menschliche Begebenheiten hervorgehoben haben: Schattenseiten, Ambivalenzen, Spannungen. Auch in der Bibel geht es also beim Essen und Trinken menschlich, allzu menschlich zu und her. Ein Gericht kann zum Zwecke eines Tausch- und Täuschmanövers angeboten werden, wie etwa Jakobs berühmtes Linsengericht in Genesis 25, um sich vom älteren Bruder das Erstlingsrecht zu erheischen. Später bereitet derselbe Jakob mit Hilfe der Mutter seinem blinden Vater Isaak ein Fleischgericht, um von ihm den Segen des Erstgeborenen zu bekommen (Genesis 27). Auch wird in der Bibel für den König Saul eine Mahlzeit zur Gelegenheit, Ermordungspläne zu schmieden (1. Könige 20), und anlässlich eines grossen Festes am Hof des Herodes wird dann auch in Matthäus 14 Johannes der Täufer hingerichtet.

Deshalb stehen die Feste und Gerichte auch nicht immer im Zeichen der Liebe und der Freude, sondern vielmehr im Zeichen des Gerichts (seltsames Wortspiel zwischen Gericht im kulinarischen und Gericht im rechtlichen Sinne!). Die Feste der Menschen können Gottes Zorn hervorrufen, etwa in der Gerichtspredigt der Propheten: «Ich hasse, ich verschmähe eure Feste und mag nicht riechen eure Feiern» (Amos 5, 21). «Eure Neumonde und eure Feste hasst meine Seele; sie sind mir zur Last geworden, ich bin's müde, sie zu ertragen» (Jesaja 1, 14). Deshalb kann denn auch Gott gegen die Feinde seines Volkes ein Gerichtsfest planen: «... so richte ich ihnen das Gelage und mache sie trunken, dass sie betäubt werden und ... nicht mehr erwachen, spricht der Herr» (Jeremia 51, 39).

In der jüdischen Tradition steht eine Mahlzeit ganz im Zeichen des Gerichts und der Bedrohung, das bedeutsame Passamahl, verbunden mit den zehn Plagen in Ägypten, als Mahl für den Auszug. Exodus 12, 11: «So sollt ihr es essen: die Lenden gegürtet, die Schuhe an den Füssen und den Stab in der Hand: ihr sollt es essen in angstvoller Eile, ein Passa für den Herrn ist es.»

Die Mahlzeiten begleiten die entscheidenden Ereignisse

Im Kontrast zu all diesen Schattenseiten gilt aber zugleich, dass das Essen und Trinken zentral zur Sozialpraxis des alten Israel gehört. Es stiftet Gemeinschaft, als einen privilegierten Ort für das Teilen des Glaubens, der Hoffnung und der Liebe. Das gilt ganz konkret, etwa auch in den urchristlichen Gemeinden: das gemeinsame Mahl der Christen ist hier ebenfalls der Ort, wo zwischen den Armen und den Reichen geteilt wird, damit zum Ausdruck bringend, dass das griechische *phagein* als Essen auch das Teilen meint. Am gemeinsamen Tisch werden Opfer gespendet für die, die notdürftig leben müssen.

In diesem Sinne der Sozialpraxis bekommt das Essen und Trinken auch einen symbolischen Gehalt: Im alten Israel begleiten Mähler alle wichtigen Ereignisse, so etwa wenn Könige gewählt oder Priester ordiniert werden. Um hier bloss zwei Beispiele zu erwähnen: a) Als Salomo als König eingesetzt wird, heisst es in 1. Chronik 29, 22: «Und sie assen und tranken an jenem Tage vor dem Herrn mit grosser Freude ...» b) So auch wurde dem ganzen Volk Nahrung ausgeteilt, als die Bundeslade nach Jerusalem zurückkam (2. Samuel 6, 19): «[David] gab allem Volk, der ganzen Menge Israels, Männern und Frauen, einem jeden einen Brotkuchen, ein Stück Fleisch und einen Rosinenkuchen.»

Viele der hier betonten Aspekte akzentuieren sich noch im Neuen Testament, in Verbindung mit Jesu ganz neuer Praxis mit der Tischgemeinschaft. Deshalb wollen wir nun noch den neutestamentlich-urchristlichen Aspekt etwas vertiefen und kommen damit zu unserem zweiten Hauptgang.

Essen und Trinken im Urchristentum

Jesus: freie und befreiende Tischgemeinschaft

Jesu Umgang mit Essen und Trinken erlaubt noch einmal eine ganz besondere Konzentration auf das Wesentliche, denn im Namen der kommenden Gottesherrschaft durchbricht er die strengen Regeln der damaligen Essens- und Trinkenskultur, um damit das ganz Neue zum Ausdruck zu bringen, das er verkündigt. So erlaubt er seinen Jüngern, am Sabbat Ähren einzusammeln, mit der Begründung, dass der Sabbat für den Menschen gemacht sei und nicht der Mensch für den Sabbat. Wenn er zum Essen eingeladen wird, stiftet er Ärgernis, weil er sich zu Tisch setzt, ohne sich zu waschen. Hingegen lässt er es am Tisch eines strengen Pharisäers zu, dass eine unreine Frau, eine Dirne, ihm die Füsse mit Tränen benetzt, mit ihren Haaren trocknet, sie küsst und mit Salbe einbalsamiert (Lukas 7, 36 ff.). Noch ärgerlicher ist wohl, dass er Tischgemeinschaft pflegt mit den Unreinen, mit denen, die damals von der Tischgemeinschaft der Reinen ausgeschlossen waren, mit den Sündern, Zöllnern, Steuereinnehmern und Dirnen. Das führt in Markus 2, 16 zur aufgeregten Frage der Schriftgelehrten: «Warum isst er mit den Zöllnern und Sündern?» Jesu Antwort, um seine freie und befreiende Tischgemeinschaft zu begründen, ist (V. 17): «Nicht die Starken bedürfen des Arztes, sondern die Kranken. Ich bin nicht gekommen, Gerechte zu berufen, sondern Sünder.»

«Ein Schlemmer und Zecher, Freund mit Zöllnern und Sündern!»

Es ist nicht ganz ausgeschlossen, dass es diese Freiheit in der Tischgemeinschaft war, die ihm die Feindseligkeiten der religiösen Autoritäten eingebracht hat. In diesem Sinne ist es möglich, dass wir in Matthäus 11, 18 f. vielleicht einen der ältesten Vorwürfe gegen Jesus haben: «[...] Johannes ist gekommen, der ass nicht und trank nicht; da sagen sie: Er hat einen Dämon. Der Sohn des Menschen ist gekommen, der isst und trinkt; da sagen sie: Siehe, ein Schlemmer und Zecher, Freund mit Zöllnern und Sündern!» Vielleicht hat Jesu freie Tischgemeinschaft die Tötungsvorhaben der religiösen Autoritäten ausgelöst, so dass Jesus ans Kreuz gekommen wäre, weil er zu frei ass und trank!

In Verbindung mit der Tischgemeinschaft seien hier noch zwei Züge in Jesu Predigen und Wirken erwähnt, die für unser Thema von Bedeutung sind.

Speisungswunder als Erfahrung des Himmelreichs

Der erste Aspekt ist in den Wundergeschichten zu finden. Neben Heilungswundern, die eindeutig das Hauptgewicht haben, sind in den Evangelien auch Speisungswunder zu finden. Das ist etwa der Fall in Johannes 2 mit

Jesu Wunder an der berühmten Hochzeit zu Kana: die Hochzeit droht schlecht auszugehen, weil die Weinreserve nicht ausreicht. Jesus verwandelt Wasser in Wein, und zwar in so guten, dass der Speisemeister zum Bräutigam sagt: «Jedermann setzt zuerst den guten Wein vor, und wenn sie trunken geworden sind, den geringeren; du hast den guten Wein bis jetzt aufgespart.» (Johannes 2, 10)

Noch eigentümlicher wohl sind die Speisungswunder, wie etwa in Markus 6, 30–44: Eine grosse Menge (fünftausend Männer) ist ihm und den Jüngern an einen öden Ort gefolgt. Als es spät wird, schlagen die Jünger vor, die Leute zurückzuschicken. Doch Jesus ernährt die Menge mit fünf Broten und zwei Fischen. «Und alle assen und wurden satt. Und sie hoben an Brocken zwölf Körbe voll auf und dazu auch von den Fischen.» (V. 42 f.)

Der französische Karikaturist Piem[9] hat sich deshalb Jesus beim Einkaufen vorgestellt. Man kann die Frage der Marktfrau gut nachvollziehen, als Jesus ein Brot und einen Fisch bestellt: «Ja, für wie viele Personen?»

Speisungswunder bringen zum Ausdruck, dass das neue Reich, das Reich Gottes, bereits angebrochen ist, dass wir es jetzt schon, im Beisammensein mit Jesus, wunderhaft erfahren können. Das hängt damit zusammen, dass das endzeitliche Himmelreich bei Jesus auch immer wieder als ein grosses Festmahl (*deipnon mega* auf Griechisch) erzählt wird.

Das grosse Festmahl im Himmelreich ... und seine Probleme

In vielen Gleichnissen Jesu wird das endzeitliche Himmelreich als ein Fest, ein Bankett, eine Hochzeit dargestellt. «Selig ist, wer am Mahl im Reich Gottes wird teilnehmen» (Lukas 14, 15). Diese Vorstellung des endzeitlichen Festmahls hat alttestamentliche Bezüge. So wird etwa in Jesaja 25 bereits verheissen, dass der Herr auf dem Berg ein grosses Festmahl für alle Völker rüsten wird, «ein Mahl von fetten Speisen, ein Mahl von alten Weinen». «Und vernichten wird er auf diesem Berge die Hülle, von der alle Nationen umhüllt sind, und die Decke, die über alle Völker gedeckt ist. Vernichten wird er den Tod auf ewig. Und abwischen wird Gott, der Herr, die Tränen von jedem Antlitz [...]» (V. 7 f.)

Interessant ist nun aber, dass wie bei der Tischgemeinschaft Jesu auch in den Gleichnissen des grossen Festmahls immer wieder Probleme auftauchen. So etwa verachten die Eingeladenen die Einladung und lassen sich mit guten Ausreden entschuldigen (vgl. Lukas 14, 15 ff.). Schliesslich wird der Knecht auf die Strassen und Gassen ausgeschickt: «[...] führe die Armen und Krüppel und Blinden und Lahmen hier herein!» (V. 21), bis das Haus voll werde, denn: «Keiner jener Männer, die eingeladen waren, wird mein Gastmahl zu kosten bekommen» (V. 24). Manchmal ist das Problem umgekehrt: Nicht alle bekommen Zugang zum Mahl. Von den zehn Jungfrauen werden nur die fünf besonnenen hereingelassen, deren Öllampen noch Vorrat haben, als der Bräutigam spät in der Nacht eintrifft (Matthäus 25, 1–13). In einem anderen Hochzeitsmahl wird ein Gast, der nicht das rechte Hochzeitskleid angezogen hat, wieder hinausgeworfen (Matthäus 22, 11–14).

Auch andere Probleme werden in Hinsicht auf das grosse Gastmahl verhandelt, menschliche, allzu menschliche Probleme, wie z.B. die Frage, wer zur Rechten und zur Linken des Herrn werde sitzen können (vgl. Markus 10, 35–45), oder die Überlegung, ob es besser sei, sich am Tisch oben zu setzen, um dann plötzlich nach unten befördert zu werden, oder sich am Tisch unten zu setzen, um dann eventuell nach oben befördert zu werden (vgl. Lukas 14, 7–11).

Das letzte Mahl Jesu, das «Herrenmahl» und einige Agape-Probleme

Betrachtet man die wichtige Rolle, die die Tischgemeinschaft in Jesu Wort und Verhalten spielt, so ist man kaum erstaunt, dass dem Essen und Trinken dann auch bei den Urchristen eine Schlüsselfunktion zukommt. Doch auch hier lassen sich eigentümliche Probleme und Spannungen beobachten.

Zu erwähnen ist hier zuerst das letzte Mahl Jesu mit seinen Jüngern, wie es uns – mit gewissen Unterschieden – von allen vier Evangelien erzählt wird. Wichtig ist dieses Mahl, weil es in ihm zu einer entscheidenden Enthüllung kommt, zur Enthüllung des Verräters: Judas, der mit Jesus seine Hand in die Schüssel taucht. Zugleich geschieht in diesem Mahl für Paulus und für die synoptischen Evangelien die Einsetzung des Abendmahls oder Herrenmahls, später auch Eucharistie genannt.[10] Jesus teilt seinen Jüngern Brot und Wein aus, diese zwei Elemente mit seinem Leib und seinem Blut in Beziehung bringend (vgl. 1. Korinther 11, 23–25; Markus 14, 22–25; Matthäus 26, 26–29; Lukas 22, 14–20). Damit verkündet das Herrenmahl zeichenhaft die Hingabe Jesu in seiner Passion: Brot, als Zeichen des gebrochenen Leibes, und Wein, Zeichen des vergossenen Blutes, werden so zu den zwei zentralen Bestandteilen dieser Feier, deren Deutung im Laufe der Jahrhunderte unglaubliche Streitigkeiten auslösen wird.[11]

Für die synoptischen Evangelien besteht bei diesem Mahl ein klarer Bezug zum endzeitlichen Gastmahl der Gleichnisse, denn der feiernde Jesus sagt selbst: «Wahrlich, ich sage euch: Ich werde vom Gewächs des Weinstocks nicht mehr trinken bis zu jenem Tage, wo ich es neu trinken werde im Reiche Gottes» (Markus 14, 25). Natürlich ist die Einsetzungsgeschichte auch mit der urchristlichen Praxis des gemeinsamen Brotbrechens verbunden, wie sie uns in Apostelgeschichte 2 erzählt wird. Diese liturgische Zeichenhandlung wird anscheinend immer stärker mit dem ersten Tag der Woche verbunden, zur Erinnerung an die Auferstehung, so dass dieser Tag zum «Tag des Herrn» wird (auf Italienisch «domenica», auf Spanisch «domingo» und auf Französisch «dimanche», im Kontrast zum deutschen «Sonntag»!), an dem das «Herrenmahl» gefeiert wird. Sehr wahrscheinlich findet das Herrenmahl im Rahmen einer «Agape», eines normalen Gemeinschaftsmahls, statt, wie sich in den paulinischen Briefen zeigt. Auf jeden Fall muss Paulus hier Missstände bekämpfen (1. Korinther 11, 17–34) und schliesslich empfehlen, das Herrenmahl getrennt vom Gemeinschaftsmahl zu feiern. Das Herrenmahl scheint ihm entehrt, denn jeder isst, ohne auf seinen Nächsten zu achten. Wenn der eine hungert, während der andere betrunken ist, wie bereits zitiert, ist die Gemeinschaft zerstört und deshalb auch das Herrenmahl nicht mehr sachgemäss gefeiert.

Es zeigt sich hier, dass es in der urchristlichen Gemeinschaft etliche Agape-Probleme gibt: Wie bereits oben angedeutet, ist das Gemeinschaftsmahl, obschon es «Liebe» heisst, durch Mangel an Liebe gekennzeichnet. Dazu möchte ich nur zwei Beispiele anbringen:
– In Antiochien sitzt der Apostel Petrus mit Heidenchristen am Tisch; als strengere, judenchristliche Brüder aus Jerusalem in den Saal kommen, verlässt Petrus den Tisch. Doch diese gesetzliche Unfreiheit im gemeinschaftlichen Essen zwischen Heiden- und Judenchristen kann der Apostel Paulus nicht tolerieren: vor allen weist er Petrus zurecht (vgl. Galater 2, 11–21). Im Namen des gekreuzigten Christus sind die

jüdischen Reinheitsregeln aufgehoben, wie es auch nicht mehr nötig ist, sich beschneiden zu lassen, um Christ zu sein.
– Das zweite Beispiel ist in einem späten Text des Neuen Testaments zu finden, im kleinen Judasbrief. Dort ist in V. 12 ff. eine grosse polemische Rede gegen Frevler zu finden, die anscheinend auch die Agape verunstalten: «Diese sind die Klippen bei euren Liebesmahlen, ohne Scheu mit euch schmausend, sich selbst weidend, Wolken ohne Wasser, die von Winden vorübergetrieben werden, Bäume im Spätherbst ohne Früchte, zwiefach abgestorben, entwurzelt, wilde Meereswellen, die ihre eigenen Schändlichkeiten ausschäumen, Irrsterne, denen die dunkelste Finsternis für ewig aufbehalten ist.» Der polemische Ton lässt erraten, wie scharf die Auseinandersetzungen um Essen und Trinken gewesen sein müssen.

Erlauben Sie mir nun, meinen Vortrag mit einigen theologischen Überlegungen abzuschliessen. Wir kommen damit, nach unseren zwei Hauptgängen, zum Nachtisch oder Dessert. Dieser Teil ist deshalb, den Regeln der Kochkunst entsprechend, auch kürzer als die zwei vorangegangenen Hauptgänge.

Eine kleine «Theologie des Essens und Trinkens»

Wie unser Durchgang zeigt, sind die religiösen Bezüge bei unserem Thema Essen und Trinken allgegenwärtig. Ich versuche hier, die Grundperspektiven zu bündeln.

Die Ambivalenzen nicht ignorieren

Es wäre falsch, in biblisch-christlicher Perspektive die Mahlzeiten zu idealisieren. Wie wir gesehen haben, kommen in ihnen immer wieder Probleme auf, Spannungen, Schwierigkeiten, die auf ihre Schattenseiten hinweisen. Gerade diese Ambivalenzen weisen auf, dass auch hier dem Essen und Trinken eine menschliche Dichte zukommt. Deshalb ist es theologisch wichtig, sich mit diesen menschlichen, allzu menschlichen Ambivalenzen und mit der sich in ihnen offenbarenden Dichte kritisch auseinander zu setzen. Im selben letzten Mahl Jesu, wo der Verräter enthüllt wird, wird auch das Herrenmahl eingesetzt ... So nahe beieinander liegen die Gegensätze!

Essen und Trinken als Ort der Begegnung mit Gott

Es hat sich bei unserem Durchgang gezeigt, dass das Mahl ein privilegierter Ort der Begegnung mit Gott ist. Freilich ist nicht gleich zu entscheiden, auf welchen Gott man dabei stösst! Als Liebesmahl darf die Tischgemeinschaft sicher Erfahrung der Liebe Gottes sein. Auffallend ist aber zugleich, um es mit einem Wortspiel zum Ausdruck zu bringen, wie oft das Gericht (im kulinarischen Sinn) auch mit dem göttlichen Gericht (im juridischen Sinn) zu tun bekommt. Ob wir deshalb beim Tischgebet Gott darum bitten, die Mahlzeit zu segnen? Weil sie auch immer die Gefahr des Unheils enthält?

Auf jeden Fall ist sie immer der Ort, wo Gott einbrechen kann, wenn auch vielleicht nur sehr diskret. Dabei kann das Gericht auch Ausdruck der Gnade werden, einer überwältigenden Gnade, die befreit, erheitert, beschenkt. Und es muss hier gefragt werden, ob wir auch heute noch bereit sind, uns dieser Gnade zu öffnen, ihr gegenüber empfänglich zu werden.

Erfahrung von Schenken und Empfangen

Steht das Mahl im Zeichen der Gastfreundschaft, so kommt in ihm die Grunderfahrung des Schenkens und Empfangens zum Tragen. Ein Mensch empfängt einen anderen Menschen, schenkt ihm, was er für ihn vorbereitet hat, und dieser andere darf sich beschenken lassen. In diesem Sinne ist ein Mahl immer geschenkt und empfangen. Aus biblisch-christlicher Perspektive wird dieser Aspekt religiös interpretiert: Was auch immer in einem Mahl geschenkt und empfangen wird, es wird von Gott geschenkt, und deshalb soll und darf man im Tischgebet ihm zuerst «für Spys und Trank» danken. Weil wir es von ihm empfangen haben, können wir es dann auch anderen schenken. Das macht die religiöse Dimension des Mahls aus: In ihm kann auch immer etwas des grossen Schenkens und Empfangens des Himmelreichs anbrechen.

Das Gastmahl als Gleichnis der Gnade? (Tania Blixen, Babettes Fest)

Inwiefern könnte, auf Grund des soeben Betonten, das Gastmahl als Gleichnis der Gnade verstanden werden? Auf diese Frage möchte ich mit einem Beispiel antworten: Tania Blixens schöne Erzählung *Babettes Fest*.[12]

Die Geschichte spielt am Ende des 19. Jahrhunderts, in einem abgelegenen Fjord Norwegens. Dort lebt eine rigoristische lutherische Gemeinschaft, deren überalterte Mitglieder zerstritten sind. Doch unter ihnen befindet sich auch eine französische Dienerin namens Babette, die aus Paris geflüchtet und von den zwei Töchtern des verstorbenen Leiters der Gemeinschaft als Flüchtling aufgenommen worden war. Weil sie in der Lotterie das grosse Los gewonnen hat, will sie sich damit bedanken, dass sie zum Anlass des 100. Geburtstages des Leiters der Gemeinschaft ein französisches Dîner vorbereitet. Nach etlichem Zögern stimmen die zwei Schwestern zu. Nun schauen die alten frommen Menschen den Vorbereitungen zu, mit immer grösserem Unbehagen, denn das Mahl erscheint ihnen mehr und mehr als ein Hexenmahl, mit Schildkröte, Kalbskopf und vielem mehr! Doch beim Essen dann, mit den allerbesten Gerichten und allerbesten Weinen, entsteht progressiv ein ganz neuer Geist der Gemeinschaft, der die alten Leute langsam verwandelt. Sie fühlen Wärme, Liebe und Versöhnung, sie reden wieder liebevoll, scherzen und lachen miteinander. Es ist, als ob das Reich Gottes angebrochen wäre, und sie fühlen sich wie neugeboren. Als sie spät in der Nacht das Haus verlassen, ist alles von Schnee bedeckt, und wie Kinder nehmen sie ein Schneebad! Am Ende der Erzählung heisst es von Babette, der Fremden, die man einfach die Papistin nannte, dass die, die verworfen worden war, zum Eckstein geworden sei! Aus dem gefürchteten Essen war plötzlich ein göttliches Gastmahl geworden! Babette erweist sich am Schluss als die Chefköchin des berühmtesten Restaurants in Paris.

Vorbereitung und Unvorhergesehenes

Babette hat ihre Gerichte mit selbstloser Liebe, mit unglaublicher Aufopferung vorbereitet, nichts einsparend (sowohl von der Zeit her wie auch finanziell – die ganze Geldsumme, die sie gewonnen hat, wird aufgebraucht!). Damit wird die Hingabe des Schenkens zum Ausdruck gebracht, die bei der Vorbereitung zum Zuge kommt. Der Geist eines Festmahls hängt mit dieser Vorbereitung zusammen. Zugleich jedoch gehört die Bereitschaft dazu, sich bei aller Vorbereitung dann auch dem Unvorhergesehenen zu öffnen, es ganz frei geschehen zu lassen, das Vorbereitete loszulassen. Nur so kann dann auch etwas von einer Freude des Empfangens anbrechen.

Empfang des anderen im Mahl: ethische Aspekte

Aus der Theologie des Essens und Trinkens lässt sich auch eine Ethik des Essens und Trinkens erschliessen. Im Geist der Gastfreundschaft liegt auch immer, wie wir bei Abraham gesehen haben, die Bereitschaft, den anderen, den Fremden am Tisch zu empfangen. Es gibt also, in diesem Sinne, eine Ethik der Gastfreundschaft, die in vielen östlichen Ländern weiterhin eine ganz zentrale Rolle spielt, die sich aber bei uns oft verflüchtigt hat. Es müsste bei jedem Mahl ein leerer Platz für den unerwarteten Gast vorgesehen werden. Oder, wie es der Karikaturist Barrigue[13] zum Ausdruck bringt: beim überraschenden Auftreten eines Marsbewohners sollte der spontane Ausruf sein: «Toll! Schnell, ein neues Gedeck!»

Schluss: Warten auf das letzte grosse Festmahl ...

All unsere Mahlzeiten, all unsere Gastmähler sind noch nicht das grosse letzte Festmahl. Noch ist es nicht eingetroffen, noch warten wir darauf. Aber in diesem Warten darf unser vorläufiges, menschliches, allzu menschliches Essen und Trinken auf die Zukunft hinweisen, ein Gleichnis, ein Zeichen dieses zukünftigen Essens und Trinkens in Herrlichkeit sein. Unsere Mahlzeiten mögen, wenn auch nur sehr unvollkommen und sehr indirekt, etwas vom endzeitlichen Freudenmahl durchschimmern lassen, wie Babettes Fest!

Anmerkungen

1. Vgl. L. Lütkehaus: Der denkende Mundkoch. Karl Friedrich von Rumohrs «Geist der Kochkunst», in: Neue Zürcher Zeitung, Nr. 123: 27./28.5.2000, S. 86.
2. Aus anthropologischer Perspektive hat sich Cl. Lévy-Strauss intensiv mit dem Gegensatz des Rohen und des Gekochten befasst.
3. Die Tradition hat die Frucht als Apfel identifiziert, obschon der Text nur von einer Frucht spricht!
4. Die Bibelstellen werden nach der Fassung der Zürcher Bibel zitiert.
5. Anspielung auf Romanüberschriften des französischen Schriftstellers.
6. Aus: Horst Haitzinger, *Globetrottel*, München, Bruckmann, 1989.
7. Man denke hier etwa an *La grande bouffe* von Marco Ferreri oder an *The Cook, the Thief, his Wife and her Lover* von Peter Greenaway.
8. Das bringt viel später der Hebräerbrief zum Ausdruck in seiner Empfehlung zur Gastfreundschaft: «Der Gastfreundschaft vergesset nicht! Denn durch diese haben etliche ohne ihr Wissen Engel beherbergt.» (Hebräer 13, 2)
9. Im Buch *Dieu et vous*, Paris, le cherche midi éditeur, 1996.
10. Das Johannesevangelium kennt keine Einsetzung des Abendmahls; bei ihm bekommt die Fusswaschung eine vergleichbare Bedeutung (Johannes 13).
11. «Nicht sehr abwechslungsreich!» Aus: Piem: *Dieu et vous*, Paris, le cherche midi éditeur, 1996.
12. *Babettes Fest*, aus dem Engl. übertragen von W. E. Süskind, Zürich, Manesse, 1994 (die Erzählung wurde auch vom dänischen Filmregisseur Gabriel Axel verfilmt).
13. Im Kalender «Il est comment Dieu?», Lausanne, Agence romande d'éducation chrétienne, 1992.

Christoph Asendorf

Essen und Trinken in der Kunst der Moderne

I.

Wer die Frage stellt, wie Essen und Trinken in der Kunst der Moderne in Erscheinung treten, kann sich auf Stillleben konzentrieren. Vielversprechender aber ist zunächst vielleicht der Blick auf die sozialen Szenerien, innerhalb derer das Essen bildwürdig wird. So können auch kulturhistorische Begleitumstände mit untersucht werden. Als Einstieg bietet sich hier das Werk eines Malers an, der mitgemeint war, als Baudelaire den «Peintre de la vie moderne» beschrieb, nämlich Edouard Manet. Bei ihm findet man ein ganzes Spektrum von Bildern zum Thema, an dem zunächst eines auffällig ist: Essen und Trinken haben wenig mit ruhigem Genuss, mit einer sich versammelnden Gemeinschaft zu tun; die Nahrungsaufnahme geschieht eher beiläufig.

Schon das erste einschlägige Bild, das «Frühstück im Grünen»[1], destruiert jede Vorstellung von bukolischem Idyll, die das Thema ja vielleicht nahe gelegt hätte. Natürlich könnte man an Watteaus Gartenfeste denken und über sie zurückgehen bis zu Giorgiones bzw. Tizians «Ländlichem Konzert». Doch wenn man sich Manets Modelle näher anschaut, ist man eher mit einer Szene aus dem Pariser Bohème-Leben konfrontiert; das Ganze ist also eine ausgeklügelte Mischung aus Tradition und Modernität. Das Picknickmahl im Vordergrund ist nicht in der stellenweise vereinfachten Manier des übrigen Bildes gemalt, sondern mit eleganter Präzision; in seiner Plastizität fällt es fast aus dem Bild heraus.

Edouard Manet, Im Café-concert, 1878;
© Pro Litteris, 2003, 8033 Zürich

Noch auffälliger aber ist das Unrealistische in seiner Zusammenstellung: hier begegnen sich die Kirschen vom Juni und die Feigen vom September, was vor dem Zeitalter entwickelter Kühl- und Transporttechnik kaum eine mögliche Kombination gewesen wäre.

Auf den ersten Blick erscheint manches auch an der Mahlzeit seltsam, deren Zeugen wir beim «Frühstück im Atelier» werden. Man weiss nicht, ob Kaffee gebracht oder der Tisch bereits abgeräumt wird. Die Auflösung der Szene spricht vielleicht eher für ein Ende des Frühstücks, aber zugleich ist noch die Vorspeise, der Teller mit den Austern, zu sehen. Auch irritiert, dass der Raucher rechts bei Tisch einen Zylinder trägt. Sieht man hier nur ein Speiseritual, so erscheint dieses also seltsam verfremdet. Nur wenn wir eine Art Stillleben wahrnehmen, würde nach dessen ganz anderer Logik das Arrangement verständlich werden. Es bleibt aber eine Irritation, wenn man dieses Frühstück mit einigen Bildern aus dem zeitlichen und persönlichen Umfeld des Künstlers vergleicht, Bildern, die Manet wahrscheinlich gekannt hat und die auf seine Komposition eingewirkt haben könnten.[2] Dabei handelt es sich um Renoirs behäbiges «Gasthaus von Mutter Anthony» und um Monets «Mittagsmahl» von 1868, das die vertraute Zuwendung innerhalb der Familie thematisiert. Manet bietet im Vergleich dazu ein Bild der Auflösung: drei beziehungslose Figuren bei einem wenig koordinierten Speiseritual.

Als «Peintre de la vie moderne» erweist sich Manet besonders da, wo er Café-concerts oder Vergnügungsstätten wie die «Bar in den Folies-

Bergère» darstellt. An diesen Brennpunkten des sozialen Lebens begegnen sich Menschen verschiedenster Klassen so einfach wie sonst nirgends; die Serie der «Café-concerts», am eindrucksvollsten vielleicht das Bild aus Baltimore, zeigt bei aller Enge im Zusammensein aber immer auch Verbindungslosigkeit. Paare sprechen nicht miteinander, Fremde sehen sich nicht an; lebendig scheint nur der Betrieb an sich. Die junge Frau, die vor ihrem Pflaumenschnaps sitzt, hat diesen vergessen, so wie sie die Zigarette nicht angezündet hat. Auch sonst sind die Biergläser, Champagnerflaschen oder Fruchtkörbe einfach da, aber man sieht kaum einmal, dass ihr Inhalt genossen würde. Mit dem dissoziierten Verhalten der Menschen in der Menge korrespondiert die zerstreute Art ihres Konsumierens.

Eine gute Generation später scheint ein Maler wie Ernst Ludwig Kirchner an diesen Bildtypus anzuknüpfen. Seine «Damen im Café» sind weder auf die gefüllten Kelchgläser vor sich noch auf ein Gespräch konzentriert; selbst diejenige, die Zigaretten anbietet, achtet nicht darauf, sondern lässt ihre Augen in die Runde schweifen. Dennoch gibt es signifikante Unterschiede. Der Eindruck von Unruhe bei Kirchners Bild entsteht weniger aus dem Café als einem Ort der Zirkulation als vielmehr aus einem anderen Körperbild. Diese Menschen ruhen nicht in sich, was

Ernst Ludwig Kirchner, Nervöse beim Diner, 1916;
© Pro Litteris, 2003, 8033 Zürich

bei Manet inmitten aller Betriebsamkeit noch der Fall gewesen zu sein schien. Die Frauenkörper Kirchners sind hager und vermitteln einen angespannt-nervösen Eindruck, der durch ihre Sitzhaltung und die Spitzwinkligkeit der malerischen Faktur noch unterstrichen wird.

Hier wird ein Paradigmenwechsel sichtbar, für den Kunst und Literatur des Fin de siècle auch sonst zahlreiche Beispiele bieten. Die Verbindung von Schönheit und stattlicher Leiblichkeit, wie sie in der Belle Epoque noch bestanden hatte, löst sich auf, Körperbild und Esskultur verändern sich. Wo eine Mode, die mit Krinolinen und cul de Paris noch einen Teil vom körperumgebenden Raum beansprucht hatte, langsam verschwindet, da wird auch starker Appetit ein wenig ridikül. Eine Figur wie Leona, die Musils «Mann ohne Eigenschaften» begegnet, fällt ihm durch eine jetzt, in den Jahren vor dem Ersten Weltkrieg also, «unzeitgemäss» gewordene Eigenschaft auf, denn «sie war in ungeheurem Masse gefrässig», wie es sehr uncharmant heisst.[3] Den modernen Typus jener Jahre verkörpert hingegen eher eine «femme fragile» wie Gabriele Klöterjahn aus Thomas Manns Erzählung «Tristan». Ihr männliches Gegenstück sind vielleicht die Dyspeptiker der Décadence-Literatur. Das Essverhalten solcher Charaktere charakterisiert Kirchner auf seinem Holzschnitt «Nervöse beim Diner» durch das abwesende Stochern kapriziös gebogener Händepaare – und es scheint, als sei der Weg von den «Damen im Café» bis hierher gar nicht so weit.

In einem ganz anderen Kraftfeld stehen dann die Darstellungen des Essens und Trinkens bei Edward Hopper, auch wenn die Bilder Manets durch manche Kompositionsschemata hindurchscheinen. Hoppers Bilder aus den 1920-er bis 1950er-Jahren zeigen genau wie die seiner modernen Vorgänger kaum je ein Essen im privaten Interieur, in grosser festlicher Gesellschaft oder in traditionellen Restaurants. Auch er interessiert sich eher für Cafés und Bars, Orte also, bei denen die Qualität als Treffpunkt mindestens genauso wichtig ist wie die der Speisen. Darüberhinaus kommt bei ihm ein neuer Typ von Lokal ins Spiel, nämlich das Schnellrestaurant bzw. der Schnellimbiss. Das erste Bild dieser Art stammt von 1927 und trägt den Titel «Automat». Im ersten Moment könnte man sich noch an Manets «Plum» erinnert fühlen, doch gerade das würde verdeutlichen, um wie viele Kältegrade sich die Bildwelt Hoppers verändert hat. Manets Protagonistin füllt das Bild aus und schaut, wie abwesend auch immer, in ihre Umwelt. Hoppers junge Frau dagegen scheint verloren im Raum, und sie wird hinterfangen von einem grossen Fenster, das ausser den Spiegelungen der Lampen im Lokal nur ein grosses Nichts zeigt. Ihr Bezugspunkt ist einzig der Kaffee vor sich auf dem ansonsten leeren Tisch.

Zu dieser Art von Szenerien gehört neben den berühmten «Nighthawks» von 1942 auch noch das späte Bild «Sunlight in a Cafeteria», entstanden 1958. Die Isolation der Figuren ist noch grösser geworden; klein und unzugehörig sitzen, in einer Art nichtkommunikativer Kommunikation begriffen, die beiden Gäste in einem Raum, der weniger ein Café als ein sonnendurchflutetes Vakuum zu sein scheint. Die Einrichtungsgegenstände sehen aus wie kunststoffüberzogen. Das wenige Ess- bzw. Trinkbare, das man hier findet, das Glas Milch vor der Frau oder die Zuckerstreuer auf den anderen Tischen, wirkt seltsam neutral und verliert sich auf den Tischplatten. Weder Geräusch noch Geruch scheint an einem solchen Ort möglich. Genauso wie hier Hopper verzichten, noch eine Generation weiter und bei aller Unterschiedlichkeit im sonstigen Ansatz, auch die amerikanischen Fotorealisten der späten sechziger und der siebziger Jahre auf «jede Spur von lebendiger Atmosphäre»[4], und dies natürlich auch da, wo es um Erscheinungsformen der Esskultur geht. In einer menschenleeren Welt statischer Dinge unterscheidet sich ein Volkswagen-Schaufenster nicht von dem eines Foodshops.

All diese Beispiele können nicht den Anspruch erheben, repräsentativ zu sein – es sind lediglich, über ein Jahrhundert verteilt, Sondierungen in vier Zeitschichten. Aber wenn man trotzdem einen ersten Eindruck festhalten wollte, so wäre das der, dass Essen und Trinken hier eher in einer desintegrierten und etwas zerstreuten Manier erscheinen. Mehr als das grosse Mahl interessieren die Künstler der Imbiss oder das schnelle Getränk und die Umgebung, in der diese eingenommen werden. Bilder von Familien, die sich etwa um einen sonntäglichen Braten herum versammelt haben, gibt es höchstens von als zweitrangig, provinziell und gelegentlich sogar als reaktionär eingeschätzten Malern wie Norman Rockwell. Vielleicht ist die Kunst ein Indikator für Auflösungserscheinungen dessen, was für den Soziologen Georg Simmel noch am Anfang des 20. Jahrhunderts das bedeutsamste Kennzeichen entwickelter Esskultur gewesen war – nämlich der Moment des Zusammenseins, in dem er «gewissermassen die Seele» der Mahlzeit erblickte.[5] Ohne die Regelmässigkeit der gemeinsam eingenommenen Mahlzeit aber wird Essen im modernen Leben mehr und mehr zur reinen Nahrungsaufnahme.

II.

Während auf der Ebene des gemeinschaftlichen Essverhaltens Desintegration zu beobachten ist, findet gleichzeitig, was die Lebensmittel selber angeht, ein Prozess der Industrialisierung statt. Die zweite Hälfte des 19. Jahrhunderts nämlich brachte, wie Sigfried Giedion es ausdrückte, «den Zusammenstoss von Mechanisierung und hochentwickelter organischer Substanz».[6] Eine Vielzahl von Techniken wurden entwickelt, um insbesondere Fleisch industriell verarbeiten zu können. In den 1860er-Jahren hatte der Baron Haussmann in Paris den ersten Schlachthof für eine Millionenbevölkerung errichtet, was für ihn ein Unternehmen von der gleichen Bedeutung wie seine Strassendurchbrüche war. Zur gleichen Zeit wurden in Chicago die Union Stock Yards errichtet, die zwanzig Jahre später mit beispielsweise fünf Millionen Schweinen pro Jahr die Kapazität der Pariser Schlachthöfe um ein Vielfaches übertrafen.

Der Grad der Mechanisierung lässt sich an den ausdifferenzierten Methoden industriell-neutralen Tötens ablesen. Das lebende Tier musste auf irgendeine Weise in den Produktionsvorgang überführt werden, an dessen Ende nicht selten eine Konservendose stand. In Chicago gelangten die Schweine durch eigene Kraft in die Obergeschosse der Schlachthöfe, wo sie mechanisch in eine zur Tötung geeignete Lage versetzt wurden. Die toten Tiere kamen dann mit Hilfe der Schwerkraft und in immer kleinere Teile zerlegt wieder hinunter. Die Verarbeitung erfolgte arbeitsteilig, 24 verschiedene Operationen lagen auf dem Weg des lebenden Tieres in den Kühlraum. Ein einziges Schwein wurde dabei von mehreren hundert Männern ausgeschlachtet und jedes Stück mehrmals bearbeitet.[7]

Voraussetzung für einen weiträumigen Handel war die Möglichkeit der Frischhaltung des Fleisches. Die Entwicklung des Kühlwaggons erfolgte parallel zu derjenigen der Union Stock Yards. Darüber hinaus entstand eine leistungsfähige Packerindustrie. Mit dem Corned Beef wurde 1875 wurde eine neue Konserve eingeführt: Das Fleisch konnte, fertig gekocht und in eine kompakte Form gepresst, ohne Geschmacksverlust transportiert und ungekühlt über längere Zeit gelagert werden. Der Packer Wilson erfand einen Behälter in Form eines Pyramidenstumpfes, um das Fleisch bei einem Schlag auf das schmalere Ende leicht herausgleiten zu lassen; er ist heute noch in Gebrauch. Jenseits aber von den Problemen der Distribution und der Verpackung ist die Produktionsweise der

Fleisch verarbeitenden Industrie auch ein Probelauf der Fliessbandproduktion – hier wurden Erfahrungen gesammelt, die sich später die Automobilindustrie zunutze machen konnte, wie nämlich ein Objekt in fortlaufender Bewegung bearbeitet werden kann.[8]

Am Fliessband wurde nicht nur das zum Verzehr bestimmte Fleisch zerlegt – auch die nicht konsumierbaren Teile der Tiere wurden noch verarbeitet, Knochen zu Zahnbürstenstielen, Fette zu Seifen, Hufe zu Knöpfen, Gelenkknorpel und Sehnen zu Schuhwichse etc., so dass, schreibt Upton Sinclair in seinem Schlachthofroman, «nicht das kleinste Fitzelchen organischer Materie ungenutzt blieb».[9] Die toten Tiere wurden also vollständig in die Warenzirkulation überführt. Dass «alles Sein miteinander verflochten» ist[10], verkündeten die Vegetarier auf ihrem Ersten Deutschen Vereinstag 1869. Sie meinten dies als Appell an die Achtung vor dem Leben. Wenn man diesen Satz aber auf die Realität der industriellen Fleischproduktion bezieht, die sich genau in diesen Jahren zu entfalten begann, bekommt er einen zynischen Doppelsinn.

Mit der Industrialisierung entwickelte sich auch die Fähigkeit, den Nährwert von Lebensmitteln gleichsam zu komprimieren, also Extrakte herzustellen bzw. auch Substanzen, in denen wie in Arzneimitteln Wirkstoffe konzentriert sind. Schon 1844 beschrieb Justus von Liebig in seinen «Chemischen Briefen» Wirkung und Anwendungsfelder des von ihm kreierten Fleischextraktes: «Das Muskelsystem ist die Quelle aller Kraftwirkungen im tierischen Körper und es kann in diesem Sinn der Fleischsaft als die nächste Bedingung der Krafterzeugung angesehen werden. Von diesem Gesichtspunkte aus erklärt sich die Wirkung der Fleischbrühe; sie ist die Arznei der Genesenden ... Mittel zur Hebung der erschöpften Kräfte ... ihre belebende Wirkung auf den Appetit, auf die Verdauungsorgane, die Farbe und das Aussehen der Kranken ist in die Augen fallend.» Liebig empfiehlt die Anwendung im Krieg zur Stärkung für erschöpfte Soldaten, aber vor allem sieht er hier ein Mittel, die Ernährung der «Kartoffel essenden Bevölkerung Europas» zu verbessern: In wenig bevölkerten überseeischen Gebieten, wo das Rindfleisch kaum gebraucht werden könne, liessen sich «die grössten Quantitäten des besten Fleischextraktes sammeln».[11]

Extrakte erscheinen als Garant der Lebensenergie in einer Zeit, in der zunehmend – und mit einem Höhepunkt in den Jahren um 1900 – das moderne Leben für den Abbau der Lebenskräfte verantwortlich gemacht wird; nervöse Reiz- und Schwächezustände sind geradezu das Signum der Epoche. Gleichsam Nachfolger des Fleischextraktes als Mittel zur Wiederherstellung der erschöpften Energien ist das Kokain, das anders als das noch einer agrarischen Epoche zugehörige tierische Produkt direkt und schnell die Nerven stimuliert. Anderen Kulturen war die anregende Wirkung des Mittels längst bekannt, in Europa aber wird man erst zu Beginn der Achtzigerjahre durch den Bericht eines schottischen Arztes und Toxikologen aufmerksam. Ein deutscher Militärarzt versuchte sogar, durch Manöver erschöpfte Soldaten mit Hilfe von Kokain zu restituieren. Hergestellt wurde das noch wenig bekannte Alkaloid von der Pharmafirma Merck. In den USA brachte 1886 der Apotheker John S. Pemberton ein neues Erfrischungsgetränk auf den Markt, indem er einen grünen Sud mit Kokainzusatz an lokale «soda fountains» verkaufte, der an der Theke verdünnt und in Gläsern ausgeschenkt wurde. Sein Buchhalter erfand dafür den Namen Coca-Cola und den fliessenden Schriftzug, der bis heute Markenzeichen ist.[12] Das Produkt war schnell sehr erfolgreich, aber erst nach dem Antidrogengesetz von 1906 wurde es kokainfrei. Nur der Name noch (und das Koffein) vertreten heute den energetischen Mythos des ursprünglichen Extraktes.

Das Motiv der Lebenskraft wird durchgängig auch in der Lebensmittelwerbung des Fin de siècle benutzt – für allerdings dann weit harmlosere Produkte. So ist Oetkers «Fructin-Honig» ganz allgemein eine «Quelle

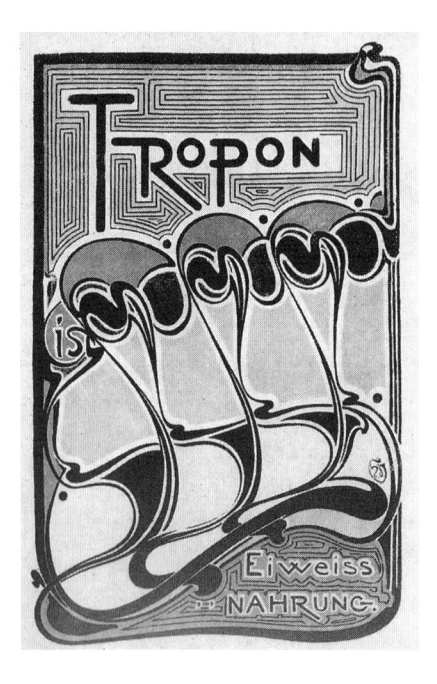

Henry van der Velde, Tropon, 1898.

von Energie». Ein Produkt mit Namen «Biocitin» wird angepriesen als «Nähr- und Kräftigungsmittel» für «das grosse Heer der Nervösen», als «unerreichte Energiequelle» aus Lecithin, mit dessen Hilfe die «Wiedererlangung verlorener Kräfte» garantiert werden kann – oder kurz gesagt: als ein Mittel für «rationelle Nervenpflege».[13] Nur wegen der künstlerischen Gestaltung der Anzeigen heute noch bekannt ist das «Tropon», «concentrierteste Eiweiss-Kraftnahrung». Hier besteht eine eigentümliche Entsprechung zwischen dem Produkt und der Form seiner Anpreisung. Henry van de Velde entwarf 1898 Verpackung und Schriftzug; sein Werbeplakat erweckt, trotz abstrakter Gestaltung, mit seinen schwingenden Linien den Eindruck pflanzlichen Wachstums. «Die Linie ist eine Kraft»,[14] lautet die berühmte Definition van de Veldes; Linien sind übertragene Gesten, Aufzeichnungen von Kraftflüssen. Das lineare Ornament des Plakates repräsentiert die energetische Sprache des Art Nouveau und in dieser die Wirkung des Tropon.

Nicht mehr von Kräften der Natur, sondern von denen der modernen Welt ist bei den Futuristen die Rede. Hier wird deutlich, wie konsequent sich die leitenden Prinzipien einer künstlerischen Avantgarde auf die Esskultur übertragen lassen bzw. wie umgekehrt eine Esskultur auch als avantgardistisches Kunstprogramm ausgeprägt werden kann. Einer der Leitbegriffe der futuristischen Bewegung ist der der Simultaneität. So wie das Sensorium sich auf die simultane Verarbeitung heterogener Reize einstellen sollte, so durfte auch das Essen kein abgesonderter Vorgang mehr sein. Also propagierte man das so genannte «Simultanessen», das vollständig in den sonstigen Lebensprozess integriert ist. Wenn man über kleine Taschenflaschen mit «Fischextrakt» verfügt und zum Nachtisch diskret Schokolade aus kleinen Thermosflaschen in Form von Füllfederhaltern zu sich nehmen kann, dann ist es leicht möglich, das Reden und Schreiben während der Nahrungsaufnahme fortzusetzen.[15] Die Fähigkeit zum simultanen Handeln macht eine zeitlich geordnete Folge von Operationen überflüssig, ermöglicht Kompression.

Der Futurist, der seine Kräfte auf das simultane Erfassen alles Gegenwärtigen richtet, muss beweglich sein, und dies nicht nur im übertragenen Sinn. Auch sein Körper sollte sich nicht, so Marinetti im «Manifest der futuristischen Küche», «massig» und in «blinder Kompaktheit» darstellen, sondern voller Schwung und «heroischer Zähigkeit»: «Lasst uns ... die Agilität italienischer Körper vorbereiten, den leichtesten Zügen aus Aluminium angepasst, die die gegenwärtigen schweren aus Eisen,

Holz und Stahl ersetzen.» Marinetti fordert die Ausrichtung des Körperbildes an den neuesten technischen Produkten aus Leichtmetall. Wie in seinen anderen Manifesten ist die Tradition auch hier der immer und überall zu bekämpfende Feind, im Fall der Küche verkörpert durch die Pasta asciutta, «diese absurde Religion der italienischen Gastronomie». Sie sei verantwortlich nicht nur für Schlappheit, Pessimismus und nostalgische Untätigkeit, sondern auch für die allgemeine Verdickung, das übermässige Volumen der Leiber.[16] Statt der Teigwaren wird hier der Fleischgenuss mit seiner impliziten Mythologie der Kraft empfohlen, um Körper zu erzeugen, die so schnell und aggressiv sind wie das moderne Leben selbst.

Das neue Körperbild, das über eine veränderte Esskultur generiert werden soll, korrespondiert mit den leichten und transparenten Gebilden, die die Avantgarde-Architektur jener Jahre hervorbringt. Das Baumaterial Eisen, so stellte der Architekturtheoretiker Alfred Gotthold Meyer 1907 fest, erlaube «die Umwertung von Kraft und Masse», indem nämlich jeweils das statisch mögliche Minimum an Material für eine Konstruktion ermittelt werden könne. Daraus folgt auch eine «Umwertung der Raumgrenzen»: Das Massige der Mauern verschwindet; was bleibt, sind fast immaterielle Grenzflächen. Die architektonischen Konsequenzen aus diesen Möglichkeiten zieht zuerst Gropius mit dem Fagus-Werk von 1911. Die Wandflächen sind nur noch Verkleidungen, sie haben keine statische Funktion mehr. Gropius selbst sah in der hier praktizierten Skelettbauweise mit vorgehängter Fassade ein «direktes Resultat des wachsenden Übergewichts des Transparenten über das Feste».[17]

Widersprüchlich aber ist das Bild, wenn man jenseits solcher ästhetischer Affinitäten die futuristischen Ernährungskonzepte in ein Verhältnis zur Realität moderner Esskultur setzt. Was das «Simultanessen» angeht, so haben sie sicher einen Trend vorausgespürt, für den heute ein Schnellimbiss genauso wie ein Pizza-Service steht. Doch nur in der Astronautennahrung, und dies auch nur in der Frühzeit der Weltraumfahrt, hat man wirklich konsequent den Wechsel vom natürlichen Produkt zum reinen Extrakt vollzogen. Aber auch hier kehrte man, vielleicht weil man auf eine anthropologische Grenze gestossen war, schnell zu ausdifferenzierten Produkten zurück[18], die zwar dehydriert, gefroren oder hitzekonserviert sind, aber ihren Ursprung noch erkennen lassen.

Im Endeffekt eher folgenlos blieb der futuristische Appell, die Fettleibigkeit zu bekämpfen, auch wenn er im Prinzip von Medizinern und

Pädagogen das ganze 20. Jahrhundert hindurch wiederholt wurde. In den Achtzigerjahren bezog Jean Baudrillard dieses Phänomen auf eine gesamtkulturelle Disposition. Fettleibigkeit, wie er sie besonders in den USA beobachtete, sei Ausdruck eines leeren und dabei aufgeblähten Systems, das mit dem Sinn auch jede Form von Individualität und Besonderheit verloren habe. Es scheint ihm, als ob ein solcher «Körper sich nicht mehr von der Aussenwelt abgrenzte, sondern versuchte, sie zu verschlingen, einzuverleiben und in der eigenen Hülle den Raum zu verdauen».[19] Das «nach allen Seiten wuchernde Zellgewebe» hat also den Platz umgrenzter und isolierter Formen eingenommen. Was Baudrillard hier als Gegenwartszustand beschreibt, ist die exakte Negation der von den Futuristen herbeigewünschten konzentrierten Leiblichkeit des agil-aggressiven modernen Körpers.

III.

Was die explizite Darstellung von Nahrungsmitteln, von Früchten, Fleisch oder Getränken in der Kunst angeht, so bietet auch noch in der Moderne die Gattung des Stilllebens, zumindest bis zur Mitte des 20. Jahrhunderts, ein grosses Spektrum entsprechender Werke. Und auch hier liegt es nahe, mit Manet zu beginnen. Über den «Apfel auf einem Teller» von 1880/82 schrieb Françoise Cachin im Katalog der Jahrhundertausstellung 1983: Er «repräsentiert Natur in der Gestalt, die Manet allein liebte: kultiviert, gepflückt, zur Schau gestellt und, vor allem in ihrer gemalten Erscheinung, zu einem Gegenstand reinen Entzückens geworden».[20] Genau dieser Aspekt der Naturrepräsentation aber fällt in der folgenden Malergeneration fort, obgleich hier eine ganz ausserordentliche Fülle bedeutender Stillleben mit Frucht- oder sonstigen Speisedarstellungen entstand. Doch wenn man die entsprechenden Arbeiten etwa Cézannes betrachtet, dann wird schnell deutlich, dass es hier um andere Probleme als das Verhältnis des Menschen zur Natur und deren Hervorbringungen geht. Ein Apfel ist bei ihm, genau wie bei Picasso, nichts Essbares, sondern primär ein runder Elementarkörper, der mit anderen in Beziehung tritt.

Natürlich könnte man nun einzelne malerisch hoch interessante Speisestillleben von Matisse, Beckmann oder anderen betrachten; ein Zusammenhang aber, eine Geschichte, bezogen auf das kulturgeschichtliche Problem des Essens und Trinkens, liesse sich daraus nur schwer ableiten. Doch eine Opposition drängt sich bei der Sichtung des Materials auf: die nämlich der Darstellung der materiellen Präsenz, Dichte und Kraft von Nahrungsmitteln gegenüber der von Fäulnis, Zerfall und Ekelhaftigkeit. Für erstere Möglichkeit mögen wenige Beispiele genügen, zunächst die grossen «Kürbisse» des mexikanischen Muralisten Siqueiros von 1946.[21] Von fern erinnert das Bild an die spanische Tradition, an barocken Dynamismus. Siqueiros zeigt die Kürbisse als Objekte von trächtiger körperlicher Schwere; sie erscheinen in monumentalem Massstab, fast monströs aus der Landschaft hervorgewachsen. Solch extreme Sicht überwältigender Naturkraft finden wir ebenso in Westons «Pfeffer»-Photo als auch, allerdings kompositorisch domestiziert, in Steichens Aufnahmen der Birnen und Äpfel vom Anfang der Zwanzigerjahre.

Wesentlich häufiger jedoch sind in der Moderne Darstellungen von Essbarem im Zustand von Fäulnis und Zerfall oder mit sonstwie fragwürdiger Konnotation. Am Anfang dieser langen Reihe steht das Werk von James Ensor. Manche Bilder erwecken den Eindruck, dass so selbstverständliche Dinge wie Nahrungsmittel ihm nicht ganz geheuer vorkommen. So zeigt das «Stillleben mit Pfirsichen» von 1895 Dinge, deren Festigkeit unsicher geworden zu sein scheint, wobei hier nicht nur die Kollektion der Früchte labil konturiert ist, sondern auch der Tisch, auf dem sie liegen. In einem weiteren Stilleben spielt er mit der Zweideutigkeit der Physiognomie eines Fisches, die auch ein quallig entstelltes menschliches Antlitz darstellen könnte. Solche Arbeiten weisen auf die – durchaus von Idiosynkrasien geprägte – kulturpessimistische Weltsicht Ensors. Wenn man sie in Relation zu einigen etwa gleichzeitig entstandenen Radierungen setzt, wird dieser Zusammenhang schnell deutlich. Ensor sieht nicht nur die Natur als eine Macht, die Katastrophen auslösen kann («Les Cataclysmes») – auch sich selbst visiert er als jemanden, der dem ständigen Angriff innerer Gesichte ausgesetzt ist («Démons me turlupinant»). Wie zuvor die Konturen der Früchte, so erweisen sich hier die Grenzen des Subjekts als unfest; ihm droht Auflösung durch Vermischung mit seiner Umgebung. Seine Identität ist so unsicher wie die des Fisches, dessen Ausdruck ins Menschliche herüberspielte.

Ensors Arbeiten stehen nicht allein. Trotz aller individuell-obsessiven Eigenheiten berührt sich seine Kunst mit anderen Werken der Zeit. Merkwürdige Dinge geschehen mit den Körpern des Fin de siècle: geschlossene Oberflächen werden aufgebrochen, ausgehöhlt, verflüssigt oder durch-

Oskar Kokoschka, Stillleben mit totem Hammel und Hyazinthe, 1919; © Pro Litteris, 2003, 8033 Zürich

lässig, Konsistenzen verändern sich. Der Blick der Künstler wühlt sich in die Materie ein. Ein besonders prominentes Beispiel ist Kokoschkas «Stillleben mit totem Hammel und Hyazinthe» von 1909. Wir sehen zerfallende Materie und verwesendes Fleisch in schwärenden Farben. Den gleichsam transzendenten Charakter der Dinge deutet ein Detail an: Vom Körper des toten Hammels geht ein Leuchten aus, das so stark ist, dass es sogar den vor ihm stehenden Krug durchdringt. Das Hammelstillleben gehört in den Kontext der Wiener Moderne, in der auf allen Ebenen (man denke nur an den Streit um Klimts «Philosophie») ein Überdenken der gewohnten Grenzen und Ordnungen der Dinge zu beobachten ist. Von hier aus gesehen, ist der tote Hammel nicht nur Produkt einer vielleicht manchmal übersteigerten Fin-de-siècle-Sensibilität, sondern eben auch Repräsentant einer weiter ausgreifenden Diskussion, in der es immer wieder um das Verhältnis von Materie und Energie, Formgebung und Chaos geht.

Sieht man dagegen einen der berühmten «Geschlachteten Ochsen» von Chaim Soutine aus den Zwanzigerjahren, so scheinen diese Bilder hauptsächlich auf die persönliche Vision eines Malers zu verweisen. Auch wenn man sich an Arbeiten des Expressionismus erinnert fühlen könnte, so war Soutines Vorbild Rembrandts «Geschlachteter Ochse» von 1655. Wo dessen Darstellung vergleichsweise sachlich ist, malt Soutine, so könnte man etwas überspitzt sagen, nicht Fleisch, sondern Blut. Seine Bildräume erscheinen so zerwühlt wie das düster leuchtende Fleisch. Die tote Kreatur wird auf ihren «existentiellen Gehalt»[22] hin befragt: das tote Fleisch und der eigene Tod treten in eine unauflösbare Verbindung. Um 1925 malte Soutine mit den bildnerischen Mitteln der Ochsenbilder auch einige Stillleben mit gerupften Hühnern. Hier ist der Vergleich mit einer zeitgenössischen Bildserie aufschlussreich – wenig später photographierte Berenice Abbott den industrialisierten Vorgang der Geflügeltötung und Fleischverarbeitung. Soutines Werke und Abbotts auf den ersten Blick nur illustrative und ikonographisch schwer einzuordnende Aufnahmen scheinen verschiedenen Welten anzugehören. Den verschiedenen Medien Malerei und Photographie entsprechen die verschiedenen Arten des Tötens von Hand oder am Fliessband. Trotz dieser doppelten Differenz aber, der also in jeder Hinsicht unterschiedlichen Vorgaben, ist die Irritationskraft beider Werkgruppen durchaus vergleichbar.

Gleichermassen nun auf die kunsthistorische Tradition wie die moderne Welt, ihre Technik, Ästhetik und Grausamkeit, ist «Painting 1946» bezogen, ein frühes Hauptwerk von Francis Bacon. Drei ganz verschiedene Bild- und Bedeutungsschichten lassen sich leicht voneinander abheben: im Hintergrund geschlachtete Tierleiber, die auch Bacons Verehrung für Rembrandt bezeugen. Davor ein Redner, sitzend vor Mikrophonen, beschirmt und mit blutiger Oberlippe. Und im Vordergrund – mit aufgesteckten Fleischstücken – ein Gestänge, das zunächst an die kühlmodernen Chrom- und Glastische von Eileen Gray erinnert, tatsächlich aber auf einen eigenen Entwurf Bacons von 1930 zurückgeht. Was im-

Francis Bacon, Gemälde 1946;
© Pro Litteris, 2003, 8033 Zürich

mer man nun, z.B. in Hinsicht auf den Redner, an einzelnen Zuordnungen und Aufschlüsselungen finden könnte – es würde nicht über die Unverbundenheit der Bildschichten hinweghelfen, die sich eben nicht zu einer Erzählung zusammenschliessen lassen. Nur der Eindruck einer insgesamt gewalttätig-blutigen Szenerie stellt sich sicher ein. Auch wenn ein Bild wie «Painting 1946» mit Blick auf sein Entstehungsjahr einen solchen Gedanken nahe legen könnte, geht es Bacon bei seiner Kunst nicht um konkrete historische Verortung, sondern um etwas Allgemeines: «Wir sind Fleisch, wir sind potentielles Schlachtfleisch. Wenn ich in einen Fleischerladen gehe, denke ich immer, es ist verwunderlich, dass nicht ich anstelle des toten Tieres dort bin.»[23]

IV.

Einen Zugang gänzlich anderer Art zum Themenbereich des Essens und Trinkens zeigen manche Arbeiten von Klee und Beuys. So wenig wie es Klee um Stillleben im gewohnten Sinn geht, so wenig geht es Beuys etwa um solche Rituale, die seine Zeitgenossen unter den Begriff der Eat-Art subsumierten. Beide hingegen machen, jeweils auf ihre Weise, das Thema des Essens zum Bestandteil eines elaborierten künstlerischen Denksystems, benutzen es zur Repräsentation weit ausgesponnener Vorstellungen über das Verhältnis von Mikro- und Makrokosmos. Für seine sehr besonderen darstellerischen Absichten, denen es immer auch um das Zeigen des Zusammenwirkens physischer, psychischer und sonstiger

Paul Klee, Um den Fisch, 1926; © Pro Litteris, 2003, 8033 Zürich

Kräfte geht, entwickelte Klee ein gleichsam fliessendes Raumbild, das alle nur denkbaren Dimensions- und Erfahrungsebenen integriert. Ihm geht es nicht um fixierte Zustände; das entscheidende Agens seiner Kunst ist Bewegung, die Darstellung von Veränderungen.

Einen solchen Vorgang raumzeitlicher Bewegtheit zeigt das Gemälde «Die Frucht» von 1932: Wir sehen die irregulär kreisende Bahn eines Punktes, die sich überlagernde Farbflächen zu hinterlassen scheint – ein Bild langsamen Sich-Verdichtens und -Wieder-Auflösens in nichtdeterminierter Prozessualität. In anderer Bildsprache und mit hoher symbolischer Aufladung verfolgt auch das Gemälde «Um den Fisch» das Thema der Veränderungsdynamik. Bei diesem Hauptwerk der mittleren Zwanzigerjahre liegt der Fisch wie schwimmend in einer Schale, die in ihrem tiefen Blau auf schwarzem Grund als schwebender Körper im leeren Raum erscheint. Das ist der Fixpunkt, den ein kleines Planetensystem von Zeichen und Emblemen umkreist[24], die alle auf eines verweisen: das Werden und Vergehen in irdisch-kreatürlichen wie in kosmischen Zyklen.

An diesem Punkt, dem Interesse an den Verwandlungen eines Zustandes in einen anderen, berühren sich, bei aller Differenz der Medien und künstlerischen Strategien, die Werke von Klee und Beuys. Ein Material wie Fett, das Beuys mit Vorliebe verwendet, kommt solcher Intention

Joseph Beuys, Die Honigpumpe, 1977;
© Pro Litteris, 2003, 8033 Zürich

entgegen. Es kann die Zustände von flüssig und fest durchlaufen, und sein Gebrauch ist nicht festgelegt – es dient als Nahrung so gut wie dem Schutz vor Kälte, es konserviert, verbindet sich mit anderen Stoffen und ist selbst formbar. Fett ist ein Energiespeicher wie die Batterien, die so häufig im Werk von Beuys erscheinen. Sein Begriff von Plastik zielt nicht auf die starre Form, sondern auf Prozesse der Umwandlung. Energien sind gleichsam Arbeitsmaterial, wobei es ohne Bedeutung ist, ob es sich um organische oder physikalische, spirituelle oder soziale Potentiale handelt.

Ganz deutlich wurde dieses Konzept in der Installation der «Honigpumpe am Arbeitsplatz» auf der documenta 6 in Kassel 1977. Durch Elektromotoren wurde Honig über ein System von Plexiglasschläuchen durch das Treppenhaus des Museum Friedricianum gepumpt – ein Kreislauf, der als Symbol von Lebensvorgängen gedacht war. Mit dem Honig aber zirkuliert nicht nur ein Energieträger: War in früheren Arbeiten Honig «das Symbol für das Wärmeelement», d.h. für Fliessfähigkeit, und war andererseits «Wachs das Symbol des Kristallinen, des festen Bauens», so wird in Kassel «die Honigbiene nun auch in ihrer staatenbildenden Fähigkeit Symbolträger und schafft so die Verbindung zur sozialen Plastik der Gesellschaft».[25]

V.

Was die reale Esskultur angeht, so gab es wohl selten so einschneidende Veränderungen in so kurzer Zeit wie in den Jahren nach dem Zweiten Weltkrieg. Mit dem Entstehen der Konsumgesellschaft änderten sich, zuerst in den USA, die Formen des Einkaufens, als nämlich die Supermärkte und Shopping Malls den Einzelhandel verdrängten. Als Kühlschrank und Gefriertruhe in allgemeinen Gebrauch kamen, änderten sich auch die Formen der Nahrungsmittel, insofern als beispielsweise die Gefriertrocknung eingeführt wurde. Weiter sind neu: «Produkte aus der Massentierhaltung; Fleisch, das mit Enzymen und verschiedensten Chemikalien zur Veränderung seines Geschmacks behandelt oder sogar durch die ‹Simulation von knochenlosen Hochqualitätsstücken› völlig verändert wurde; ganz zu schweigen von Produkten, die per Luftfracht frisch aus der ganzen Welt importiert werden können.»[26] Das Ganze ist ein entschiedener Schritt in Richtung konsequenter Industrialisierung der Lebensmittelherstellung. Dazu kommt, dass sich in den fünfziger Jahren die Werbung professionalisierte und zu einer internationalen Industrie wurde, die nicht nur feste Markenbilder, sondern ganze Lebenswelten rund um so bescheidene Produkte wie etwa Cornflakes aufbaute. Als Marshall McLuhan 1951 sein erstes Buch über die «Folklore of Industrial Man» veröffentlichte, untersuchte er genau diesen Aspekt am Beispiel von Coca-Cola-Anzeigen.[27]

Für die jungen Künstler der britischen Independent Group wurden solche Konsumgüteranzeigen zur erstrangigen Inspiration – «we collect ads», verkündeten etwa die Smithsons. Und sie lesen nicht nur die amerikanischen Bücher von Giedion und Moholy, sondern auch McLuhan, als sie darangehen, ein Kunstkonzept zu entwickeln, das die modernen Lebenswelten reflektiert. Das Ergebnis sollte man später als den Anfang der Pop Art erkennen. Besonders berühmt wurde Richard Hamiltons Collage «Just what is it that makes today's homes so different, so appealing?», die 1956 für die grosse Independent-Group-Ausstellung «This is Tomorrow» werben sollte. Zu sehen ist ein Interieur, ein Wohnzimmer von ausgesuchter Künstlichkeit.

Durch das Filmplakat draussen und den laufenden Fernseher innen ist alles potentiell Intime direkt mit der Sphäre der Massenmedien verschaltet. Die Ausstattung des Raums ist willkürlich collagiert – alte Dinge wie das viktorianische Porträt neben einem ultramodernen Tonbandgerät, der Gummibaum neben einem Comic, die Fleischkonserve übergross und ungeöffnet auf einem Tisch neben einem Sofa aus aktueller dänischer Produktion. «Young Romance» gibt es eher auf dem Plakat hinter den beiden Bewohnern als bei ihnen selbst, dieser Kombination aus Pin-

Richard Hamilton, Just what is it that makes todays ..., 1959; © Pro Litteris, 2003, 8033 Zürich

up und Bodybuilder, deren Status zwischen Mieter und Model changiert. Der Teppich hat für den flüchtigen Blick eine Art von Jackson-Pollock-Dekor, und unter der Decke hängt, umgeben vom schwarzen Nichts, die Erdkugel, wie sie aus einer amerikanischen Rakete photographiert wurde. Hamilton erreichte in seiner Collage eine solche ikonographische Dichte, dass ein Kritiker von der kleinen Arbeit als einem «stageset of modernity» sprechen konnte.[28]

Die Bildwelten moderner Konsumkultur, wie sie die Independent Group erschloss, sollten nur wenig später auch die Künstler der amerikanischen Pop Art beschäftigen. Obwohl sie sich also prinzipiell auf demselben Feld bewegten, kam die erste Generation um Warhol, Oldenburg und Rosenquist in den frühen und mittleren Sechzigerjahren zu durchaus unvergleichlichen Ergebnissen. In Warhols «Suppendosen» ist, anders als bei Hamiltons «stageset», alles Erzählerische ausgeschieden – es geht nicht einmal um die Fertigsuppen selber, sondern ausschliesslich um deren Verkaufsoberfläche, die 1962 schon seit fünfzig Jahren unveränderten Etiketten, die jedoch vor Warhols Eingriff dem kollektiven Bewusstsein gleichsam unsichtbar gewesen waren. Oldenburgs frühe und teilweise monströs vergrösserten Hamburger oder Donuts übersetzen das gleiche Ausgangmaterial – nämlich das industriell hergestellte amerikanische Billiglebensmittel in all seiner Künstlichkeit – in das Medium der Skulptur. Dabei verhält sich Oldenburg «zu Warhol sozusagen wie Courbet zu Manet: Er ist eher ein Künstler, der darauf aus ist, die Kraft fleischlicher Materie festzuhalten, als ein conaisseur der Oberflächen.»[29] Die Materialität dieser manchmal etwas formlosen und Fett ausschwitzenden Dinge führt für die Wahrnehmung immer auch die Möglichkeit eines Umschlags in Ekel mit sich.

Rosenquists «F-111» schliesslich kehrt in gewisser Hinsicht zur komplexen Ikonographie von Hamiltons kleiner Collage zurück: In der Hochglanzästhetik der Werbung sind Kinder und Autoreifen, Torte und Atompilz unterschiedslos amalgamiert, während ein (bei 26 m Bildlänge) gewaltiger Düsenjäger gleichsam all diese Schichten des American Dream durchdringt und schliesslich mit seiner Nase in ein entropisches Knäuel schon aufgeweicht aussehender Spaghetti sticht. Auch wenn die Nahrungsmittel kein zentraler Bestandteil der Komposition sind, so sind sie doch metaphorisch wirksam – die Spaghetti erwecken zunächst nur eine vielleicht etwas regressive Esslust, doch untergründig scheint auch, zumindest in den Augen mancher Kritiker,[30] das Bild blutiger Eingeweide auf.

Wo Rosenquist noch auf das Ganze der amerikanischen Gegenwartskultur zielt, da wendet sich Duane Hanson mit seiner «Frau mit Einkaufswagen» von 1969 ganz der kruden Realität der Supermärkte und ihres Warenangebotes zu. Tiefgefrorene Pizzas, Coca-Cola und Hundefutter in grellbunten Verpackungen quellen aus dem Einkaufswagen der Konsumentin, die mit Lockenwicklern, Zigarette und in Hausschuhen einkauft. Die Art der sehr fett- und zuckerhaltigen Nahrungsmittel und ihr wie ein Teig aufgegangener Körper scheinen einander zu entsprechen. Hansons Arbeit markiert den Punkt, wo sich die Warenästhetik von Lebensmitteln, wie sie die Pop Art immer wieder thematisiert hat, mit der Erfahrung vollkommener Denaturierung verbindet. Der Abstand zur ursprünglichen Form der Lebensmittel ist so gross geworden, dass sie zu ganz künstlichen Dingen geworden sind, wahrnehmbar nur noch über das Design ihrer Verpackungen.

Diese Erfahrung von Distanz, die heute weit verbreitete Erscheinung der Lebensmittel als artifizielle Dinge, die man also auch entsprechend traktieren kann, ist es wohl auch, die den auf den ersten Blick befremdlichen Umgang mit ihnen in manchen Bereichen der Gegenwartskunst lizenziert hat. Fischli und Weiss behandeln Wurstscheiben wie Spielzeug, während Diter Rot Wurst, Käse und Schokolade als verwesliche Bestandteile seiner Kunst nutzt. Durch extreme Nähe, indem sie nämlich statt realer Nahrungsmittel die Projektion eines endoskopischen Videos ihres sich weitenden und wieder zusammenziehenden Kehlkopfes auf einen Essteller platziert, rückt Mona Hatoum den Essvorgang selber in die Sphäre des Ekelhaften (Deep Throat, 1996[31]). All diese Etüden werden von den drastischen Ketchup- und Mayonnaiseorgien des kalifornischen Künstlers Paul McCarthy in den Schatten gestellt: Diese Substanzen sind für ihn der «flux» seiner Performances, in denen er seinen Körper zum Objekt gelegentlich geradezu ekstatischer Besudelungen macht.[32]

Doch scheint dies im Ganzen nur ein Seitentrieb der Kunst im Zeitalter industriell hergestellter Esswaren zu sein. Denn mit der Serie «Easyfun-Ethereal» von Jeff Koons erfährt das in aller Künstlichkeit Lust verheissend sexualisierte Lebensmittel der Gegenwart eine Art Apotheose. Sie entstand im Jahr 2000 als Auftragswerk für die Deutsche Guggenheim Berlin.[33] Vor ein Landschaftsfoto, das von fern an die weiten Räume Caspar David Friedrichs erinnert, ist bei «Lips», dem ersten Bild, gleichsam ein Vorhang aus Frauenmündern, Saftströmen und Haaren gezogen: als hätte sich vor die tiefe alte Traumlandschaft die des Kommerzes gesetzt mit ihrem Versprechen sofortiger Appetitstillung und Lustbefriedigung. Dass dann die Wurst auf dem linken der beiden «Sandwiches» aussieht wie gemalter roter Marmor, verweist wohl nicht zufällig auf Koons Vorliebe für die Dekorationskunst des süddeutschen Rokoko. Um einen Akt der Sphärenverschmelzung handelt es sich offensichtlich bei der Arbeit «Niagara», einer fetischistischen Collage von Werbefotos aus Hochglanzmagazinen. Ins Bild baumeln Frauenbeine, unbekleidet, doch glänzend wie unter Nylonstrümpfen und hinterfangen von der Arena der rauschenden Wasser des Niagarafalls. Blassrosa schimmernd werden sie im harmonischen Einklang mit den Farbstoffen und Glasuren bei Eis und Kuchen präsentiert, also so, dass alle nur denkbaren Verlockungen zusammenwirken.

VI.

Das gesichtete Material hat einige Fragen beantwortet und andere offen gelassen. Unter den letzteren ist sicher die nach der Aussagekraft der gezeigten Werke die drängendste. Gehört das Thema des Essens bei Manet, Hopper oder Rosenquist wirklich in den Kontext einer Kunst- bzw. Kulturgeschichte des Essens – oder hat es nicht doch eher mit der persönlichen Vision des Malers zu tun, der Gruppe, der er zugehört und der Zeit, in der er arbeitet? Diese Frage lässt sich nicht allgemein beantworten; man ist zur Abwägung vor dem Einzelbeispiel angehalten. Darüber hinaus ist die Kunstgeschichte der Moderne so vielschichtig und vielgestaltig, dass man ohnehin kaum einmal längere Entwicklungsreihen findet; die ständige Transformation der künstlerischen Sprachen und Mittel lässt selbst dann, wenn sich die Themen oder Motive wiederholen, diese in immer wieder grundsätzlich anderer Form erscheinen.

Das Problem wird ganz deutlich, wenn man den modernen Werken etwa die holländische Malerei des 17. Jahrhunderts gegenüberstellt. Hier kann man ein recht genaues Bild der Esskultur zumindest der Auftraggeberschicht gewinnen. Ein Bürgertum, das weltumspannend Handel treibt und breiten Luxus entfaltet, lässt seinen Lebensstil von Malern in Szene setzen. Exquisite Stillleben entstehen, die, neben anderem, immer auch die Freude an den «guten Dingen» der Tafel demonstrieren. Diese Werke zeigen eine «gleichmässig liebevolle Teilnahme» an allem Sichtbaren, noch hinter emblematischer Verrätselung einen festen Glauben an die Wirklichkeit.[34] Was aber zeigt die Kunst der Moderne? Bei Manet kann man durchaus noch Spuren der holländischen Stillebenkunst entdecken, aber das steht hier in gänzlich veränderten Zusammenhängen. Geht man von hier aus weiter bis zum Ende des 20. Jahrhunderts, so gibt es wohl erstaunlich vielfältige Bezugnahmen auf das Thema des Essens, die allerdings kein eindeutiges Bild ergeben; zugleich kann man nicht übersehen, dass weite Bereiche, wie etwa das früher so wichtige gemeinsame Essen, fast ganz ausgeklammert sind, vielleicht weil es auch in der alltäglichen Realität seltener geworden ist.

Ein Thema jedoch kehrt immer wieder, und es ist eines, das nicht nur in der Kunst, sondern auch in der Kulturgeschichte von zentraler Bedeutung ist. Gemeint sind die Auswirkungen der Industrialisierung auf die Esskultur. Erspürt haben dies in aller Deutlichkeit schon die Futuristen, auch wenn sie etwas exzentrische Konsequenzen aus ihren Beobachtungen zogen. Nach dem Zweiten Weltkrieg aber und mit der Ausbildung der Konsumkultur setzt eine bis heute anhaltende Folge von künstlerischen Reflexionen ein, in denen, verkürzt gesagt, die wachsende Künstlichkeit des Natürlichen thematisiert wird. Einen vorläufigen Höhepunkt markiert Jeff Koons mit seiner «Easyfun-Ethereal»-Serie. Doch er steht nicht allein. Wer nach einem architektonischen Äquivalent suchte, einem Raum zum Essen von der artifiziellen Qualität der Bilder von Koons, könnte ihn finden in Helmut Jahns Berliner Sony Center. In den gewaltigen Neubau sind zwei Säle des ehemaligen Hotels Esplanade integriert, die etwas verschoben und dann tranchiert wurden. Übrig blieben Räume wie Bühnenbilder mit z.T. nach aussen gekehrten Innenwänden. Dieser Hybrid unter dem modernen Zelt heisst nun nicht Esplanade, sondern Café Josty, das in der historischen Wirklichkeit aber gut 100 Meter vom heutigen Ort entfernt stand. Die Geschichte der lokalen Vergnügungsstätten ist damit zu einer einzigen Kulisse der Konsumation komprimiert. Wo alles so kunstvoll falsch ist, fällt einzig der frisch gekochte Kaffee aus dem Rahmen.

Anmerkungen

1. s. Kat. Manet 1832–1883, Berlin 1984, S. 165 ff.
2. Werner Hofmann: Edouard Manet – Das Frühstück im Atelier, Frankfurt 1985, S. 17 f., 46 f.
3. Robert Musil: Der Mann ohne Eigenschaften, Reinbek 1978, S. 22.
4. Karl Ruhrberg u. a.: Kunst des 20. Jahrhunderts, Köln 2000, S. 336.
5. Georg Simmel: Soziologie der Mahlzeit (1910), in: Brücke und Tür, Stuttgart 1957, S. 248.
6. Sigfried Giedion: Die Herrschaft der Mechanisierung, Frankfurt 1982, S. 262.
7. ebd., S. 238 ff., 257 ff.; Upton Sinclair, Der Dschungel, Reinbek 1985, S. 48 f., 53 f.
8. Giedion: Mechanisierung, a.a.O., S. 249 ff., 256 ff.
9. Sinclair: Dschungel, a.a.O., S. 58.
10. zit. n. Janos Frecot u. a.: Fidus, München 1972, S. 32.
11. Justus v. Liebig: Chemische Briefe (1844), Leipzig/Heidelberg 1865, S. 316 f.
12. Helmut Fritz: Das Evangelium der Erfrischung, in: Frankfurter Rundschau v. 20.8.1983.
13. Reproduktion der Anzeigen bei Michael Weisser, Annoncen aus der Jahrhundertwende, Hannover 1981, S. 191, 78 f.
14. Henry van de Velde: Die Linie (1902), in: Zum neuen Stil, Hg. Hans Curjel, München 1955, S. 181.
15. F. T. Marinetti u. Fillia: Die futuristische Küche, Stuttgart 1983, S. 162 .
16. ebd., S. 24 ff., 32. Vgl. Roland Barthes: Mythen des Alltags, Frankfurt 1964, S. 36 ff.
17. Alfred Gotthold Meyer: Eisenbauten, Esslingen 1907, S. 184; Gropius n. Sigfried Giedion: Raum, Zeit, Architektur, Ravensburg 1965, S. 307.
18. s. Claus-Dieter Rath: Reste der Tafelrunde, Reinbek 1984, S. 262.
19. Jean Baudrillard: Vom zeremoniellen zum geklonten Körper, in: D. Kamper/Ch. Wolf: Die Wiederkehr des Körpers, Frankfurt 1982, S. 350, vgl. Rath: Tafelrunde, a.a.O., S. 315 f.
20. Kat. Manet, a.a.O., S. 497 f.
21. s. Charles Sterling: Still Life Painting, New York 1981, S. 145.
22. Kat. Vom Essen und Trinken, Hg. U. Peters u. G. F. Schwarzbauer, Wuppertal 1987, S. 36.
23. Alexander Dückers: Francis Bacon – Painting, Stuttgart 1971, S. 10, vgl. 3 ff.
24. Christian Geelhaar: Paul Klee, Köln 1977, S. 104.
25. Götz Adriani u. A.: Joseph Beuys, Köln 1986, S. 340, vgl. 52.
26. Eric Hobsbawm: Das Zeitalter der Extreme, München 1998, S. 334.
27. Marshall McLuhan: The Mechanical Bride (1951), Boston 1967, S. 118ff.
28. Thomas Lawson: Bunk: Eduardo Paolozzi and the Legacy of the Independent Group, in: Modern Dreams, Hg. The Institute for Contemporary Art u. A., Cambridge MA/London 1988, S. 25 f.; vgl. ebd., S. 53 ff.
29. Kirk Varnedoe/Adam Gopnik: High & Low – Moderne Kunst und Trivialkultur, München 1990, S. 266.
30. ebd., S. 281.
31. Kat. Sensation – Young British Artists from the Saatchi Collection, Berlin 1998, S. 91, 199.
32. Kat. Sunshine & Noir, Hg. H. S. Hansen, Wolfsburg 1997, S. 178.
33. s. Kat. Jeff Koons: Easyfun – Ethereal, Berlin 2000, S. 49 ff.
34. Max J. Friedländer: Von Kunst und Kennerschaft, Leipzig 1992, S. 81, vgl. Johan Huizinga: Holländische Kultur im 17. Jahrhundert, Frankfurt 1977, S. 105.

Autorinnen und Autoren

Christoph Asendorf, geb. 1955. Studium von Germanistik und Geschichte in Heidelberg. 1981 Magister an der Freien Universität Berlin, 1984 Promotion mit *Batterien der Lebenskraft. Zur Geschichte der Dinge und ihrer Wahrnehmung im 19. Jahrhundert.* Tätigkeit als freier Autor und Mitarbeiter an diversen Ausstellungen. 1988–1990 Lehrbeauftragter an der Hochschule der Künste, Berlin. 1990–1995 wissenschaftlicher Mitarbeiter bei Bazon Brock, 1995 Habilitation mit «Super Constellation», *Flugzeug und Raumrevolution.* Seit 1996 Professor an der Europa Universität Viadrina, Frankfurt a/O. Diverse Publikationen, u.a. *Ströme und Strahlen. Das langsame Verschwinden der Materie um 1900,* 1989.

Claus Buddeberg, geb. 1946. Studium der Medizin in Tübingen, Lausanne und Hamburg. 1972 Promotion an der Universität Hamburg. Weiterbildung zum Spezialarzt für Psychiatrie und Psychotherapie an der Universität Zürich. 1979–1984 Oberarzt, 1985–1991 Leitender Arzt an der Abteilung für Psychosoziale Medizin des Universitätsspitals Zürich. 1984 Habilitation. Seit 1991 Professor für Psychosoziale Medizin und Leiter der Abteilung für Psychosoziale Medizin, Psychiatrische Poliklinik, Universitätsspital Zürich. 1997 Gründung und Co-Leitung der interdisziplinären Forschungsstelle für Sexualwissenschaften der Universität Zürich. 1991–1996 Präsident der Schweizerischen Gesellschaft für Psychosoziale Medizin. Forschungsschwerpunkte: Paar- und Familientherapie, Psychoonkologie, psychische Störungen bei chronisch körperlich Kranken, Sexualmedizin und Sexualtherapie. Publikationen, u.a. *Sexualberatung – Eine Einführung für Ärzte, Psychotherapeuten und Familienberater,* Stuttgart 1996. *Psychosoziale Medizin* (hg. mit J. Willi), Berlin 1998.

Barbara Buddeberg-Fischer, geb. 1946. Studium der Medizin in Tübingen, Wien und Freiburg i. Br.. Promotion an der Universität Freiburg i. Br. Ausbildung zur Fachärztin für Kinder- und Jugendpsychiatrie sowie Erwachsenenpsychiatrie und Psychotherapie an verschiedenen Kliniken der Universität Zürich. Seit 1980 Lehrbeauftragte für die Gebiete Kinder- und Jugendpsychiatrie sowie Psychosoziale Medizin an der Medizinischen Fakultät der Universität Zürich. Wissenschaftliche Oberärztin an der Abteilung für Psychosoziale Medizin, Universitätsspital Zürich. 1998 Habilitation. Wissenschaftliche Arbeitsgebiete: Familientherapie, psychosomatische Störungen bei Jugendlichen, besonders Essstörungen, Gesundheitsförderung in Schulen, Geschlechterforschung. Publikationen, u.a. *Früherkennung und Prävention von Essstörungen – Essverhalten und Körpererleben bei Jugendlichen,* Stuttgart 2000. *Auf dem Weg zu einer gesundheitsfördernden Schule* (zusammen mit P. Ritzmann), Bern 2000.

Pierre Bühler, geb. 1950. Studium der Theologie und der Philosophie in Lausanne und Zürich. Praktische Ausbildung und Ordination in der Evangelisch-reformierten Landeskirche des Kantons Zürich, Assistent in der Theologischen Fakultät der Universität Zürich. 1979 Promotion mit einer Dissertation über Kreuzestheologie. 1982–1997 Professor für systematische Theologie und Hermeneutik an der Universität Neuchâtel, seit 1997 Professor für Systematische Theologie an der Universität Zürich. Seit 2002 Dekan der Theologischen Fakultät. Forschungsschwerpunkte: Kierkegaardforschung, Lutherforschung, philosophische und theologische Hermeneutik (u.a. Paul Ricœur); Theologie und Literatur (vor allem Dürrenmatt); das Gespräch zwischen der Theologie und den Wissenschaften. Zahlreiche Publikationen, u.a. *Freiheit im Bekenntnis. Das Glaubensbekenntnis der Kirche in theologischer Perspektive*, Zürich 2000.

Robin A. Chanda, geb. 1962. Studium der Medizin. Assistenzarzt und Mitarbeiter von Prof. Ulrich Keller in der Abteilung Diabetologie und Klinische Ernährung des Kantonsspitals Basel. Seit Mitte 2002 Arzt in Bellinzona.

Felix Escher, geb. 1942. Studium der Agronomie und Agrotechnologie an der ETH Zürich. 1971 Promotion über ein Trocknungsverfahren für Lebensmittel. Forschungs- und Unterrichtstätigkeit in den USA und in Brasilien. 1974 Oberassistent im neu gegründeten Institut für Lebensmittelwissenschaft der ETH Zürich, Koordinator der Beteiligung der Schweiz in der europäischen COST-Forschungszusammenarbeit für Lebensmittelwissenschaft. 1985 Habilitation, seit 1991 ordentlicher Professor für Lebensmitteltechnologie. 2000–2002 Vorsteher des Departements für Agrar- und Lebensmittelwissenschaften. Tätigkeit in verschiedenen internationalen Gremien, u.a. in der International Union of Food Science and Technology. Forschungsgebiete: Erhaltung der Qualität während der Lebensmittelverarbeitung, physikalische Eigenschaften und Struktur von Lebensmitteln, Lebensmittelsensorik.

Vinzenz Hediger, geb. 1969, Studium von Philosophie, Filmwissenschaft und Amerikanistik. Promotion. Oberassistent am Seminar für Filmwissenschaft der Universität Zürich, Filmkritiker für die NZZ. Längere Forschungsaufenthalte in den USA. Autor verschiedener Aufsätze zur Filmtheorie und Filmgeschichte sowie der Monographie *Verführung zu Film. Der amerikanische Kinotrailer seit 1912*, Marburg 2001.

Ulrich Keller, geb. 1944, Studium der Medizin an der Universität Zürich, 1970 Promotion, 1975–1977 Forschungsaufenthalt an der Vanderbilt University, Nashville (USA), 1980 Habilitation, 1988 Ernennung zum a.o. Professor an der Universität Basel ,1989 Leitender Arzt für Stoffwechsel- und Ernährungsfragen der Abteilung für Endokrinologie und Stoffwechsel, Kantonsspital Basel; seit 1999 Leitender Arzt für Diabetologie und Klinische Ernährung des Kantonsspitals Basel und vollamtlicher Extraordinarius der Universität Basel. Mitglied der Eidgenössischen Ernährungskommission. 1998–2001 Präsident der Redaktionskommission des 4. Schweiz. Ernährungsberichtes. Zahlreiche Publikationen, u.a. *Management von kardiovaskulären Risikofaktoren: Schlussfolgerungen aus den PRIMA-Veranstaltungen, 1997; Hyperlipidämie, Adipositas und Alkoholkonsum als Risikofaktoren für Herz-Kreislauf-Erkrankungen*,1999.

Peter von Matt, geb. 1937, Studium der Germanistik, Anglistik und Kunstgeschichte in Zürich, Nottingham und London. Promotion über den Dramatiker Grillparzer, Habilitation über den Erzähler E.T.A. Hoffmann, 1971 Assistenzprofessor, 1976–2002 Ordinarius für Neuere Deutsche Literatur an der Universität Zürich. 1980 Gastprofessor an der Stanford University in Kalifornien, 1992/93 Fellow am Wissenschaftskolleg zu Berlin. Mitglied der Deutschen Akademie für Sprache und Dichtung zu Darmstadt, der Akademie der Wissenschaften in Göttingen, der Sächsischen Akademie der Künste zu Dresden und der Bayerischen Akademie der Künste. Zahlreiche Publikationen, u.a. *Die tintenblauen Eidgenossen. Über die literarische und politische Schweiz*, 2001, sowie Editionen, Aufsätze und literaturkritische Arbeiten.

Hans J. Nissen, geb. 1935. Studium in Rechtswissenschaft und in altorientalischen Sprachen und Archäologie. 1964 Promotion in Heidelberg, 1965–1967 Forschungstätigkeit am Deutschen Archäologischen Institut in Bagdad, 1968–1971 Assistenzprofessor für Vorderasiatische Archäologie am Oriental Institute der University of Chicago, USA. 1971–2000 Ordinarius auf den Lehrstuhl für Vorderasiatische Alterskunde der Freien Universität Berlin. Zahlreiche Ausgrabungen im Irak, im Iran, in Jordanien (Basta, 1986–1992) und in Pakistan. Neben seiner Tätigkeit als akademischer Lehrer und Forscher Einsatz in der Selbstverwaltung der Freien Universität, über mehrere Amtsperioden Dekan seines Fachbereiches und von 1976–1981 Vizepräsident der Universität.

Volker Pudel, geb. 1944. Studium der Psychologie an der Universität Göttingen, 1972 Promotion an der naturwissenschaftlichen Fakultät, 1976 Habilitation für klinische Psychologie an der Medizinischen Fakultät der Universität Göttingen und 1982 Ernennung zum apl. Professor. Seit über 30 Jahren Leiter der Ernährungspsychologischen Forschungsstelle im Zentrum 16: Psychosoziale Medizin. Forschungsschwerpunkte: klinische und experimentelle Fragen des menschlichen Ernährungsverhaltens, zur Hunger-, Appetit- und Sättigungsregulation, über Grundlagen und Therapiemöglichkeiten bei Übergewichtigkeit, Magersucht und Bulimia nervosa. Konzeption von präventiven Kampagnen. 1988–1998 Präsident und Vizepräsident der Deutschen Gesellschaft für Ernährung. Vorsitzender der Gütegemeinschaft Diät und Vollkost e.V. Vorstand im Internationalen Arbeitskreis für Kulturforschung des Essens. Ordentliches Mitglied der Europäischen Akademie der Wissenschaft und Künste.

Uwe Spiekermann, geb. 1963. Studium von Neuerer Geschichte, Politikwissenschaft und Publizistik an der Westfälischen Wilhelms-Universität Münster; 1996 Promotion mit einer Arbeit über die Ernährung in Deutschland 1880–1930 bei Hans J. Teuteberg am Lehrstuhl für Sozial- und Wirtschaftsgeschichte. Research Fellowship an der University of Exeter. 1987 Wissenschaftlicher Mitarbeiter, 1998–2001 Geschäftsführer der Dr.-Rainer-Wild-Stiftung, Stiftung für gesunde Ernährung, Heidelberg. Seit 2001 Wissenschaftlicher Assistent am Institut für Wirtschafts- und Sozialgeschichte an der Universität Göttingen. Habilitation mit dem Thema *Deutsche Ernährungsgeschichte im 20. Jahrhundert*.

Jakob Tanner, geb. 1950, Studium von Geschichte und Germanistik, 1982–1991 Wissenschaftlicher Assistent an der Universität Basel. 1985 Promotion mit einer finanzsoziologischen Analyse der Schweiz im Zweiten Weltkrieg und den Jahren danach. 1995 Habilitation an der Universität Zürich, seit 1997 ordentlicher Professor für Geschichte der Neuzeit an der Universität Zürich. 1996–2001 Mitglied der Unabhängigen Expertenkommission Schweiz im Zweiten Weltkrieg. Forschungsschwerpunkte sind schweizerische Zeitgeschichte, Wirtschafts- und Finanzgeschichte sowie Wissenschafts-, Medizin- und Technikgeschichte. Zahlreiche Publikationen, u.a. *Raubgold – Réduit – Flüchtlinge. Zur Geschichte der Schweiz im zweiten Weltkrieg*, Zürich, 1998, *Fabrikmahlzeit – Ernährungswissenschaft, Industriearbeit und Volksernährung in der Schweiz 1890–1950*, Zürich, 1999.

Publikationen der Reihe «Zürcher Hochschulforum» v/d|f

Peter Walde, Pier Luigi Luisi (Hrsg.)
VOM URSPRUNG DES UNIVERSUMS ZUR EVOLUTION DES GEISTES

Das Buch enthält Beiträge von verschiedenen Autorinnen und Autoren zu Fragen, die die Menschheit seit Jahrhunderten beschäftigen: Wie ist das Universum entstanden? Welches sind die gegenwärtigen Ansichten über den Ursprung des Lebens? Wie haben sich komplexe Organismen aus einzelligen Lebewesen entwickelt? Welche Vorstellungen gibt es über die Entstehung von Geist und Bewusstsein?

Neben rein naturwissenschaftlichen Ausführungen wird auch versucht, gewisse Antworten in der Mythologie zu finden und die ganze Fragestellung durch eine philosophische Betrachtung zu ergänzen.

Zürcher Hochschulforum, Bd. 33,
2002, 252 Seiten, zahlreiche Abbildungen,
Format 17 x 24 cm, broschiert
ISBN 3 7281 2761 2

Georg Kohler, Stanislaus von Moos (Hrsg.)
EXPO-SYNDROM?
MATERIALIEN ZUR LANDESAUSSTELLUNG 1883–2002

«Expo-Syndrom?» – Thema des vorliegenden Buches ist nicht nur und auch nicht in erster Linie die Expo.02. Sowohl der Begriff Expo (=Exposition, Ausstellung) als auch der Ausdruck «Syndrom» zielen über den Schweizer Kontext hinaus. Was geschieht, wenn die moderne Warenwelt, wie 1851 im Londoner Kristallpalast, einen Grad an Vielheit und Vielfalt erreicht, dem das Auge nicht mehr gewachsen ist? – In einer solchen Situation müssen neue Formen der Wahrnehmung sowie mittel- und längerfristig neue Strategien der Inszenierung von Fortschritt und nationaler Identität erfunden werden. Die Geschichte der Schweizerischen Landesausstellung von 1883 bis heute bietet spannendes Anschauungsmaterial dazu. Sie wird in diesem Buch an exemplarischen Fallstudien vorgestellt. Dabei wird sichtbar, wie diese einzigartige und für die Schweiz charakteristische Institution immer wieder ein Ort kollektiver Selbstverständigung geworden ist. Das Zustandekommen der ersten Landesausstellung im dritten Jahrtausend ist in diesem Zusammenhang ein auffälliges Indiz.

Zürcher Hochschulforum, Bd. 32,
2002, 288 Seiten, zahlreiche Abbildungen,
Format 17 x 24 cm, broschiert
ISBN 3 7281 2744 2

Publikationen der Reihe «Zürcher Hochschulforum»

Jakob Tanner, Sigrid Weigel (Hrsg.)
GEDÄCHTNIS, GELD UND GESETZ
VOM UMGANG MIT DER VERGANGENHEIT
DES ZWEITEN WELTKRIEGES

Mit den Begriffen Gedächtnis, Geld und Gesetz wird die Diskussion um das Verhalten der Schweiz im Zweiten Weltkrieg in einen grösseren historischen und theoretischen Zusammenhang gestellt. In den hektischen Wendungen der öffentlichen Auseinandersetzung wird oft vergessen, wie sehr das Geld beziehungsweise die Geldmetaphorik Geschichtsbilder dominiert und wie stark die so genannte Vergangenheitsbewältigung in den Sog der Verrechtlichung geraten ist.

Der Sammelband stellt diese Vorgänge zur Diskussion. Er geht auf die national unterschiedlichen Pathosformeln und Mythenbildungen ein, die sich im Umgang mit unabgeschlossener Geschichte zeigen und die der Gedenkpolitik ihr Gepräge geben. Die Funktion von Recht und Geld in Bezug auf Krieg, Nationalsozialismus und Shoah steht dabei ebenso zur Debatte wie Verlaufsformen, Kontinuitäten und Brüche in der rechtlichen, ökonomischen und kulturellen Aufarbeitung der Vergangenheit.

Die Publikation greift eine Reihe von Streitfragen auf, in denen sich die Verunsicherung manifestiert, und analysiert sie aus der Perspektive verschiedener Wissenschaftsdisziplinen. Dabei geht es immer auch um die grundsätzliche Bedeutung von Vergangenheit für die Gegenwart und für Entwürfe der Zukunft.

*Zürcher Hochschulforum, Bd. 29,
2002, 380 Seiten, zahlreiche Abbildungen,
Format 17 x 24 cm, broschiert
ISBN 3 7281 2658 6*

Brigitte Boothe, Bettina Ugolini (Hrsg.)
LEBENSHORIZONT ALTER

Die Altersforschung stösst in jüngster Zeit auf reges Interesse: Nicht nur, weil die Menschen der reichen Industrienationen lange leben und gute medizinische und medizinisch-soziale Versorgung brauchen, nicht nur, weil sie gesund altern wollen und dabei möglichst viel Selbstbestimmung wünschen, sondern auch, weil Menschen im höheren Alter als reife und erfahrene Gesprächspartner, als Mentoren und Ratgeber und im Kontakt der Generationen zunehmend gefragt sind.

Die Publikation gibt einen Einblick in die medizinische Altersforschung heute, fragt nach dem Alltag alter Menschen, nach ihren Beziehungen, ihren Träumen, Erinnerungen, ihrem religiösen Erleben, ihren Hoffnungen und ihrem Standort im Leben. Es geht um körperliche und seelische Einschränkungen, Belastungen und Erkrankungen im höheren Lebensalter und die therapeutischen Möglichkeiten. Es geht um das Antlitz des Alters in der Geschichte der Kunst, in der Mode und der aktuellen Geschmackskultur.

*Zürcher Hochschulforum, Bd. 35,
2003, 264 Seiten, zahlreiche Abbildungen,
Format 17 x 24 cm, broschiert
ISBN 3 7281 2820 1*